ABENTEUER SAHARA

Mit dem Auto durch die Wüste

Rainer Falk

Abenteuer SAHARA

Pietsch-Verlag

Einband und Schutzumschlag: Siegfried Horn

ISBN 3-87943-443-3

3. Auflage 1988
Copyright © by Paul Pietsch Verlag, Postfach 1370, 7 Stuttgart 1.
Sämtliche Rechte der Verbreitung – in jeglicher Form und Technik – sind vorbehalten.
Satz und Druck: Vaihinger Satz + Druck, Dr. Wimmershof GmbH + Co., 7143 Vaihingen/Enz.
Bindung: Großbuchbinderei E. Riethmüller, 7000 Stuttgart.
Printed in Germany.

Inhalt

Tips und Kniffe für den Sahara-Fahrer 215

Einleitung

Noch tiefer drücke ich den Kopf zwischen die Lehne der Rücksitzbank und die Benzinkanister. Hier hat sich noch ein Rest Nachtkühle erhalten. Mein Körper ist schweißnaß, die Luft im Wagen flimmert staubgefüllt, das Thermometer steht kurz vor 60 Grad. Der Staubsturm tobt um das Auto, heftige Böen schütteln den Wagen. Obwohl die Sichtweite weniger als 10 Meter beträgt, heizt die von oben durch das Staubinferno dringende Sonne das Wageninnere unerträglich auf. Seit Stunden hält uns der orkanartige Sturm an diesem Fleck fest. Vor dem frühen Abend können wir kaum mit seinem Abflauen rechnen.

Wie gestern schon, als wir fast den ganzen Tag im Sturm festlagen, beginne ich mir wieder Vorwürfe zu machen: Warum nur hast du dich in diesen Schlamassel begeben? Das zweite Mal schon in diesem Jahr! Bei jedem Atemzug kommt dir das Gefühl, daß die Staublunge nicht mehr lange auf sich warten läßt. Und wozu das alles? Warum gehst du nicht skifahren, in die kalte, klare Luft des Gebirges? Und – wie oft hast du dir diese Frage schon gestellt? Jedesmal, jedesmal das gleiche!

Gegen Abend werden Stimmen hörbar, ich muß wohl eingedöst sein. Der Sturm hat nachgelassen. Schemenhaft sind Häuser zu erkennen. Menschen, die sich zuvor in ihnen verkrochen hatten, kommen nun zu uns herüber. Wir müssen unmittelbar vor Assaouas sein, an der Piste zwischen Agadez und In Gall. Und in einer halben Stunde wird sich mit der untergehenden Sonne auch der Sturm soweit gelegt haben, daß wir weiterfahren können. Ob ich das nächste Mal auch wieder in dieses Staubeck fahren soll?

Das nächste Mal? Ja, eben habe ich noch über meinen Sahara-Wahn geflucht und schon träume ich wieder von der nächsten Fahrt! Ich bin süchtig, abhängig. Die Droge hat einen einfachen Namen: ›Sahara‹. Aber was verbirgt sich nicht alles hinter diesem Wort! Sonne, Hitze, Licht. Freiräume, die bei uns schon lange nicht mehr vorhanden sind. Entscheidungen, die nicht nur Alltäglichkeiten betreffen – du entscheidest oft genug über dein Weiterleben. Sandflächen, unberührt wie Gletscher nach einem Schneefall. Steinfelder, chaotisch wie eine Trümmerlandschaft nach der Urexplosion, Bergzüge, die andernorts im Reiseführer alle verfügbaren Sternchen bekämen und Dünen, Dünen,

7

die mit ihren Rundungen, Schwüngen, Kanten und Riffelstrukturen die optische Sensibilität überfordern. Aber auch Pisten und Landschaften, die es mit dem Fahrzeug, auf dem Kamel oder zu Fuß regelrecht zu bewältigen gilt, langweilig, eintönig, Stunden um Stunden deine Ausdauer auf die Probe stellend, oder heimtückisch und schwierig, nur mit einem Höchstmaß an Konzentration zu bezwingen. Und Stürme, hart und peitschend, mit Sandkörnern, die die Haut aufreißen, den Lack vom Auto hobeln und alle Glasteile milchtrüb werden lassen. Oder Staub, Wagenladungen von Staub, der dir den Atem nimmt und die Augen verkleistert. Wann hast du je richtig Durst gehabt, existentiellen Durst, nach Wasser, Feuchtigkeit? Lösche ihn mit der Feldflasche, bekämpfe die aufkommende Panik, wenn nach einem unmäßig heißen Tag die Glut auch am Abend nicht nachlassen will. Erlebe, was es heißt, Hitze zu empfinden. Schau in eiskalter Nacht in diese unfaßbare glasklare Tiefe des Wüstensternenhimmels und ich bin sicher – auch du denkst mitten im Staubsturm ans Wiederkommen, auch du wirst süchtig. Die Droge heißt ›Sahara‹.

Abenteurer auf der Tanezrouft-Piste

1 Die Mai-Reise

Auf früheren Sahara-Reisen, die uns jeweils eine schöne Stange Geld gekostet hatten, haben wir immer wieder Leute kennengelernt, die Lkw und Pkw nach Schwarzafrika überführten und so mit ihren Sahara-Reisen noch Geld verdienten. Das wollten wir auch einmal versuchen. Wir (Schwager Til und ich) erstanden günstig einen 9-Tonnen-Pritschen-Lkw, den wir mit alten Betten und einem Tisch sogar noch wohnlich machten. Über Tunesien und Nordalgerien fuhren wir auf gutem Asphalt problemlos nach Süden. In Adrar begann die Piste. Als Lkw-Neulinge und verwöhnt vom sanften Verhalten unserer bisherigen Wüsten-Fahrzeuge, hatten wir nicht mit den brutalen Schlägen gerechnet, die der hartgefederte Lkw bei Löchern, Steinen oder anderen Unebenheiten austeilte: Auf der Pritsche ging so ziemlich alles zu Bruch, was nicht mit Seilen einzeln festgezurrt war. Das Schlimmste: Die Kanister mit Diesel platzten bei den harten Stößen auf. Der ganze Wagen war immer wieder von oben bis unten, von vorn bis hinten Diesel-überschwemmt. So benötigten wir für 180 Kilometer Piste von Adrar nach Reggane volle drei Tage. Ziemlich entnervt erreichten wir Reggane, wo die Polizei für die Durchquerung der Tanezrouft-Wüste, annähernd 1400 Kilometer öde Wüste, Fahrzeuge zu Begleit-Konvois zusammenstellt. Unserem Lkw wurden zwei Pkw mit deutschen Autoverkäufern, Wolf und Karl-Heinz, und zwei Klein-Lieferwagen mit je einem Franzosen, Henri und Dominique, zugewiesen. Die Aufstellung dieses Zwangs-Konvois nahm fast zwei Tage in Anspruch. Am Abend des ersten Fahrtages auf der Piste nach Reggane verlieren wir unseren Konvoi in der Dunkelheit.

*

14. MAI, SAMSTAG

Wir räumen den Wagen neu ein, werfen alles weg, was dieselgetränkt ist. Zwei Stunden später sind wir wieder auf der Piste. Bereits im nächsten Loch mit entsprechendem Schlag läuft erneut Diesel von der Pritsche! Das 50-Liter-Faß ist geplatzt! Verdammte Sauerei. Aber so kurz vor Bordj Mokhtar, der algerischen Grenzstation, wollen wir nicht schon wieder räumen müssen – also weiter. Solange wir vor dem Grenzfort auf unsere Pässe

9

Tanezrouft-Piste

warten, verzurren wir wenigstens die 20-Liter-Kanister. Wir sind noch nicht damit fertig, kommt der Grenzer mit unseren Pässen zurück. Er schaut auf die Uhr: Genau 60 Sekunden hätten wir Zeit, hier abzuhauen! Wenn es länger dauert, wird er uns die Pässe für drei Tage abnehmen. Ist der Kerl verrückt? Wir werfen alles auf die Pritsche und machen, daß wir wegkommen. Nur langsam klingt die Wut in uns ab.

Es ist wieder verflucht heiß, echte 45 Grad. Die Sonne ist völlig in einer gleichförmigen, den ganzen Himmel bedeckenden Wolkenschicht verschwunden. Aber so quält uns wenigstens nicht diese dauernde penetrante Helligkeit. Immer wieder schütteln heftige Staubböen den 9-Tonner. Aber da ist noch ein anderes Schütteln. »Hör mal, haben wir einen Plattfuß?« Til beugt sich weit aus dem Fenster. »Mensch halt an, der ist platt.« Verfluchter Mist, gerade jetzt, in größter Hitze, Staubwirbel ringsum. Til bastelt sich aus irgendwelchen Lappen erstmal einen Kopfschutz, obwohl die Sonne nicht scheint. Ich krame inzwischen den Wagenheber vor, Unterlegbretter, Radkreuz und ein Verlängerungsrohr. Gemeinsam wuchten wir die Radschrauben los. Eine, noch eine, Pause. Weiter, noch eine, Pause. Wir hängen an der Wasserflasche. Ob wir den Radwechsel bei der Hitze schaffen? Das Reserverad wird unter der Pritsche gelöst, es wiegt mehr als zwei Zentner. Laß es auf dich runterfallen, es wird dich erschlagen! Und der Spindelwagenheber! Du drehst und drehst – Millimeter nur hebt sich die Achse. Til hat schließlich die Idee, ein Loch um den platten Reifen zu graben. Eine Schaufel, noch eine Schaufel, Pause. Weiter, noch eine Schaufel, Pause. Das Wasser läuft literweise in uns rein. Wenn die Räder doch nicht so schwer wären! Wir schaffen es zu zweit gerade noch: Unter Aufbietung aller mobilisierbaren Kräfte bringen wir das intakte Reserverad an, verstauen das defekte Rad unter der Pritsche. Klar, wenn es nicht so teuf-

lisch heiß wäre, ginge es leichter. Aber es *ist* heiß, es ist sogar verflucht heiß!

Alles ist wieder verstaut, wir haben erheblich Substanz abgebaut. Unter dem Lkw gibt es so etwas wie Strahlungsschatten. Hier ruhen wir uns erst einmal aus.

Tessalit! Es ist später Nachmittag, als wir unter schweren Schlägen auf der steinigen Piste bergab in das kleine Dorf rollen. Da stehen die Wagen von Wolf, Karl-Heinz und den Franzosen – unser Konvoi ist schon da. Wir sind jetzt in Mali, Schwarzafrika! Das ist ein Unterschied. Da sitzen schwarzhäutige, saubergekleidete Männer in liegestuhlähnlichen Sesseln vor ihren Lehmhütten. Es ist Samstag, Ruhetag. Und jetzt kommen wir – und wollen weiter. Das heißt Arbeit. Klar, kann man machen. Aber ihr habt doch so einen schönen Tisch auf eurem Lkw und wenn wir den bekommen, arbeiten wir für euch auch am Samstagnachmittag. »Wofür bist du, sollen wir denen den Tisch lassen?« »Bevor wir den Sonntag und den halben Montag hier verbringen...« Der Tisch wird abgeladen. Eine Menschenmenge versammelt sich begutachtend um ihn, es sei der beste Tisch in Tessalit. Wir werden abgefertigt. Immerhin, die ›Securité interieur‹ haben wir damit hinter uns. Da ist noch der Zoll. Und wir haben doch so ein schönes Bett. »Einer von uns wird wohl auf den Reservereifen pennen müssen, die lassen uns sonst nicht durch...« Til zieht die Reifen einem längeren Aufenthalt hier vor. Und wir haben den Zoll geschafft. Aber da ist noch die Polizei, eine burgähnliche Station hoch oben auf dem Hügel. Und der Polizeichef ist bereits ins Wochenende gegangen – und müßte doch unsere Pässe unterschreiben! Aber bis wir das kapiert haben, hat uns der eine Polizeigehilfe dieses und der andere jenes abgenommen. »Ver...! Und wir dachten...!«

Auch Henri und Dominique sind hängengeblieben, die beiden Deutschen genauso. Wir bauen eine Art Wagenburg, unten im Wadi, genau zwischen Poli-

11

zei, Zoll und Securité. Henri, mit sieben Autoverkaufsreisen durch die Sahara, Profi unter uns, erzählt noch lange von den Maschen der ›descendeurs‹.

15. MAI, SONNTAG

Das Dorf hält scheinbar geschlossen Sonntag-Vormittag-Schlaf. Als gegen 11 Uhr die ersten ›Passanten‹ unterwegs sind, hat es schon über 40 Grad. Wir hängen rum, sind aggressiv. Drüben fährt ein Landrover vor. Einer der Einheimischen, die uns belagern, meint, das sei der Chef de Police. Ich rase hin, kann aber noch nicht den Mund auftun, da winkt der schon ab: »Demain, demain«. Morgen, Morgen. Und fährt wieder weg. Verfluchter Mist! Damit ist alles gelaufen. Vor Montag kommen wir hier nicht weg. Kurz vor Mittag versuchen Dominique und Henri nochmal ihr Glück oben am Berg. Vergebens. Wir hören nur, wie Dominique aus der Rolle fällt und lauthals mit den Polizisten rumschreit.

Gegen 14 Uhr fallen plötzlich dicke Regentropfen, ein eigenartiger knarrender Donner ist zu hören. Ein heftiger Wind wirbelt immer wieder Staubhosen auf. Dann spitzt sich die Situation dramatisch zu. Til hat mich eben darauf aufmerksam gemacht, daß Matratzen in die Arrestzellen der Polizei gebracht werden. Ein Ziviler kommt zu uns (das Tragen einer Uniform kennzeichnet häufig niedere Chargen) und kommandiert Henri und Dominique in barschem Ton zur Polizei. Was geht hier vor? Auf dem Polizeiberg entwickelt sich zwischen den Franzosen und den Mali-Polizisten ein heftiges Streitgespräch, dessen Wortfetzen bis zu uns herunter dringen. Nach einer guten Stunde, in der wir immer wieder damit rechnen, daß unsere beiden Konvoibegleiter in den Knast wandern, kommen sie zurück. Sie sind weiß wie die Wand, antworten aber auf unser Befragen nur mit ›c'est rien‹, es ist nichts. Das soll uns einer mal erzählen! Eine Viertelstunde später werden sie nochmals auf den Berg kommandiert. Was tut sich hier? Wieder geht das Spiel von vorn los, doch dann kehren sie sichtlich erleichtert zurück, aber wir bekommen auch diesmal keine Aufklärung.

Irgendein schmächtiger Tuareg kommt und offeriert für den Abend Ziege vom Spieß, Mechoui. Henri, noch ganz aufgedreht vom erfolgreichen zweiten Abgang bei der Polizei, überredet uns zu dem ›Festessen‹.

Am Nachmittag mache ich unter Ausnutzung der Siesta offizieller Augen einen (verbotenen) Spaziergang Richtung Dorf. Dabei werde ich unfreiwillig Zeuge der Vorbereitungsarbeiten für unser gemeinsames Abendessen: Ein kleiner magerer Bub hält einen Hammel am Strick, der schmächtige Tuareg haut dem Tier (zum wievielten Male?) einen mächtigen Knüppel über den Schädel: Romms. Der Hammel fällt. Aber hier in Tessalit sind Hammel zäher als schwere Knüppel. Der Hammel steht wieder auf. Romms. Erneut haut der Tuareg dem Hammel den Knüppel über den Schädel, erneut geht das Tier zu Boden, steht wieder auf. Romms. Der Knüppel ist dem Schmächtigen zu groß! Der Hammel steht, der Tuareg steht und schöpft Atem. Romms. Mensch, diese Schweinerei haben wir angerichtet! Mir dreht sich der Magen, ich habe schwarze Flecken vor den Augen. Da haut der Kerl unter Aufbietung aller Kräfte wieder und wieder zu, und wieder und wieder steht der Hammel. Ich kann nicht mehr, wanke zurück zu den Autos. Courage, Mensch, Courage! Angst davor, auf verbotenen Wegen ertappt zu werden! Aber hat der Hammel nicht schon beim ersten Schlag was abgekriegt? Und ist es für den schmächtigen Tuareg nicht lebenswichtig, den Hammel totgeschunden als Mechoui an uns verkaufen zu können? Oh du verflucht grausame, widersprüchliche Welt.

12

Der dreimal und öfter zutode gebrachte Hammel schmeckt nicht schlecht. Das halbe Dorf beteiligt sich an unserem Abendessen. Da ist kein Knochen, weitergereicht von Hand zu Hand, den nicht ein Ärmerer nochmal auf verwertbare Teile abnagt.

16. MAI, MONTAG

Es geht mir schlecht. Kaum auf den Beinen, muß ich mich mehrmals heftig übergeben. Die anderen erledigen die Formalitäten, ich stehe dabei wie ein Statist, immer den nächstbesten Kotzplatz im Auge. Wir verkaufen den Lkw auf Pump an Wolf und Karl-Heinz. Sie erhoffen sich davon die Rettung des Peugeot 404, der mit einer Reihe von Defekten kaum noch fahrbar ist. Das halbe Dorf läuft zusammen, als sie den 404 auf den 9-Tonner laden. Von diesem Augenblick an fahren wir nur noch als Gäste. Ich habe – immer noch angeschlagen – den Vorzug, im Pkw mitfahren zu dürfen. Til muß weiterhin im Lkw bleiben und sich durchschütteln lassen.

Wolf fährt – mit einem Arm. Und erzählt dabei Geschichten. Wie er als Sechzehnjähriger bei einem Motorradunfall seinen Arm verlor. Wie er seinen Fiat, der wegen der Hitze nur bei Nacht lief, in zwei Nächten durch die Tanezrouft geknüppelt hat, alleine. Von einem Prototyp-Omnibus im Wert von DM 140000, den er an der Elfenbeinküste zu Geld (und das Geld dann zu Gold) machen will. Immer noch geplagt von Übelkeit und Darmbeschwerden lasse ich mich durchs Gelände schaukeln. Zu schwach, um selbst viel reden zu können, höre ich wie im Traum den faszinierenden Erzählungen zu, den Geschichten eines einarmigen Zwanzigjährigen mit den Erfahrungen eines Großvaters.

50 Kilometer vor Anefis beginnt die Markouba, eine sandige, mit Grasbüscheln bewachsene Ebene, tief von Lkw-Spuren zerfurcht. Wolf kennt die Ecke nur zu gut. Mit viel Gas treibt er seinen Wagen durch. Am Ende der schweren Strecke ist der Tank leer und Wolf ermattet. Ich bekomme die Aufgabe, den Wagen aus dem 200-Liter-Faß auf dem Rücksitz per Schlauch nachzutanken. Aber verdammt – das Faß ist beinahe leer. Ich sauge und sauge, aus dem Faß kommt mehr Luft als Benzin, immer wieder reißt die Flüssigkeitssäule. Nach einer halben Stunde ist der Tank voll und ich habe zusätzlich zu meinen sonstigen Beschwerden einen Benzinrausch. Im engen Schatten des Pkw versuchen wir uns zu erholen. Aber warum kommt der Lkw nicht? Schon mehrfach hat Wolf besorgt auf die Uhr gesehen. Irgendwann fällt die Entscheidung, zurückzufahren. Wieder das Sandstück. Wolf kurbelt mit seinem einen Arm so gut er kann, wieder kommen wir durch. Dort steht der Lkw, ganz am Anfang der schwierigen Zone. Till und Karlheinz hatten einfach keine Lust, den dicken Diesel durch das schwere Stück zu blechen. Sie sind einmal eingesandet, und das genügte ihnen. Jetzt erhoffen sie sich Hilfe von einem Einarmigen und einem Schwächling, der im wahrsten Sinne des Wortes die Hosen vollhat. Wut steigt in mir hoch. Warum sind die zwei Typen nicht Manns genug, den Lkw allein dort durch zu bringen? Voll Zorn hänge ich mich hinter das Lkw-Lenkrad. Anlasser, erster Gang, Gas, zweiter. Der Wagen kommt auf Tempo. Weiche Stellen, Vollgas, schneller Gangwechsel, der Lkw orgelt mit hohen Drehzahlen, in der Hauptfahrspur geht es am besten. Eine Viertelstunde später ist die Karre durch. Ich falle aus der Kabine. Wieder lasse ich mich von Wolf durchs Gelände schaukeln.

Es ist schon dunkel, als wir in Anefis ankommen. Hier müssen wir wieder einmal die Pässe abgeben. Die Uniformierten weisen uns einen Platz außerhalb des Militärgeländes an: Wir sollen hier übernachten. Da es tatsächich schon recht spät ist, bleibt uns wohl nichts anderes übrig. Wir richten uns ein.

Die Kocher werden ausgepackt, die nachlassende Hitze bringt den Appetit zurück. Büchsenfraß. Aber was solls unter solchen Verhältnissen? Ein großer Dicker in Uniform gesellt sich zu uns. Auch ihn scheint der Büchsenfraß nicht zu beeindrucken. Er hält tüchtig mit, bekommt von allem seinen Teil. Die eine oder andere Büchse, für die er besonderes Interesse zeigt, schenken wir ihm: Er ist der Chef der Station und muß unsere Pässe unterschreiben. Wir offerieren sogar Dessert: Apfelmus im Glas mit vorgeweichten Sultaninen. Köstlich! Der dicke Chef ist ein angenehmer Gast. Er lacht und plaudert drauflos, ist an allem interessiert, weiß zu allem und jedem etwas zu sagen. Schließlich schickt er einen seiner Adjudanten unsere Pässe holen, unterschreibt sie mit einem Kugelschreiber, den er sich zunächst von uns leiht und dann schenken läßt. Für unsere Bewirtung bedankt er sich dann mit dem großzügigen Angebot, wir könnten heute abend noch weiterfahren. Eigentlich haben wir gar keine Lust mehr dazu, das vergnügliche Abendessen hat den Streß weggewischt. Jetzt wieder alles einpacken und sich noch einmal auf die Piste werfen? Aber während des Abendessens war mehrfach dumpfer Donner zu hören, noch immer zucken Blitze am Horizont. Wie lange werden wir hier bleiben müssen, wenn uns ein Gewitterregen in dieser Schlammebene überrascht? Noch ist alles trocken und hart! Wir müsen uns zu einem Entschluß geradezu zwingen.

Die Piste ist voller Wasserlöcher. Immer wieder wühlt sich der 9-Tonner auf der Hauptspur gerade noch auf den letzten Metern aus dem Schlamm. Der Pkw hat es einfacher, er kurvt quer durchs Gelände, um Pfützen und Schlammlöcher herum, soweit das Licht der Scheinwerfer reicht. Die Zwangspause in Anefis hat uns gut getan, wir kommen zügig voran. Noch einmal Fahrerwechsel, dann ist der erste Tank leer. Schluß für heute. Feierabend!

Die restlichen 80 Kilometer bis Gao ziehen sich hin, auch wenn sie nicht schlecht zu fahren sind. In Gao kündigt sich extreme Hitze an: Die Luft steht, jeder hat sich an einen schattigen Platz zurückgezogen. Wir geben die Pässe bei der Polizei ab und verdrücken uns dann ins Hotel Atlantide. Hier gibts kühle Getränke, vorausgesetzt, die Stromversorgung von Gao funktioniert zufällig einmal. Wolf und Karl-Heinz wollen sich einige Tage in Gao aufhalten, um hier einen Pkw oder den Lkw zu verkaufen. Die beiden Franzosen bieten uns an, mit ihnen bis Niamey zu fahren.

Wolf hat inzwischen den aufgeladenen 404 direkt an die Polizei verkauft. Der Wagen ist schwer ramponiert: Die Benzinkanister auf der Ladefläche haben dem Pkw die Außenhaut aufgerissen, kein Glasteil ist noch heil, Stoßstangen und Auspuff wurden nach oben gedrückt. Aber derlei Dinge spielen hier eine untergeordnete Rolle, Hauptsache, die Mechanik funktioniert.

Die Hitze lähmt. Beim Umladen unserer Siebensachen auf die Wagen der Franzosen zeigt das Thermometer im Schatten eines großen Baumes und einer Hauswand 53 Grad. Und dazu diese Schwüle! Selbst der Markt kommt zum Erliegen. Wir sind ganz rammdösig. Aber Henri hat es eilig, er drängt zum Aufbruch. Dann fahren die beiden wie die leibhaftigen Teufel, ohne Rücksicht werden die Wagen über Steine und Rinnen geprügelt. Mehrere Reifenpannen rauben uns viel Zeit. So erreichen wir den Grenzübergang bei Labbezanga erst in der Dunkelheit, die Grenze ist schon geschlossen. Wir fahren einige Kilometer zurück an einen steinigen und dornigen Platz abseits der Piste auf einem Hügel. Hier warten wir auf die Kühle abendlicher Luftbewegungen. Um 20 Uhr zeigt das Thermometer immer noch 39 Grad. Die Stimmung ist gereizt.

Die Telefonleitungen verschwinden in hohen Sanddünen bei El Oued

Linke Seite:
Spurenbündel in
der Tanezrouft-
Wüste südlich Reg-
gane. Der Konvoi
verschwindet am
Horizont

Spurenbündel in
der Tanezrouft-
Wüste. Sie sind auf
weiten Strecken
einzige Orientie-
rungshilfen

Rechte Seite:
Im Zentrum der
Tanezrouft-Wüste.
Der Lkw quält sich
im weichen Sand

Kurzpause in der
Tanezrouft-Wüste.
Als Tisch dient der
Kofferraumdeckel
des Peugeot 404

Pause am Wende-
kreis des Krebses.
Aus französischer
Zeit steht hier noch
ein Schild

17

Im Licht der Standbeleuchtung ihrer beiden Fahrzeuge machen sich Henri und Dominique ans Kochen. Till liegt irgendwo ziemlich k. o. im Gelände. Plötzlich sehe ich am Vorderreifen des einen Wagens die schemenhaften Bewegungen eines Tieres. Was ist das? Ich hole eine Taschenlampe, das Herz fällt mir fast in die Hose vor Schreck: Es ist eine Spinne, der Leib so groß wie eine kleine Kinderfaust. Sofort huscht sie aus dem Bereich des Lichtkegels. Hier sollen wir auf dem Boden schlafen? Unmöglich! Das Vieh muß weg!

Mit der Taschenlampe nehme ich die Jagd auf, aber die Groß-Spinne ist ungeheuer schnell, sie macht Sprünge von einem Meter Weite und mehr, immer wieder entkommt sie dem engen Bereich des Taschenlampenlichtes, indem sie Haken schlägt wie ein Hase. Irgendwann ist sie mir entkommen. Fünf Minuten später stößt Dominique einen Entsetzensschrei aus. Vor Schreck wirft er seinen Topf vom Kocher. Wieder ist die Spinne hinter dem Vorderrad aufgetaucht, keinen Meter von ihm entfernt. Kaum hat Henri das Vieh einmal im Taschenlampenlicht erblickt, beteiligt auch er sich an der Jagd. Till, bislang groggy am Boden, ist nach dem ersten Anblick auch sofort munter. Zu viert geht eine Jagd an, bei der oft nicht klar ist, wer hier wen jagt! In die Enge getrieben, greift die Spinne an! Bis in Kniehöhe springt sie gegen die Beine, mit Riesensätzen bringen wir uns jedesmal in Sicherheit. Mehrmals ist sie uns entschwunden, taucht unvermittelt hinter einem Reifen wieder auf. Die Szene ist grotesk. Dort ist sie! Einer stiebt wutentbrannt auf das Vieh los, schlägt mit abgebrochenen Ästen, tritt mit den Stiefeln. Wieder kann die Taschenlampe der tarngefärbten Spinne nicht folgen. Irgendwann geben wir auf. Dominiques Essen verschüttet, das von Henri angebrannt. Verdammt. Gibt es eben Knäkkebrot und Büchsenwurst, hinterher Pastis, pur. Das dämpft etwas die erregten Gemüter aller Helden. Aber die Spinne? Sollen wir einen anderen Platz suchen, dort womöglich wieder auf eine Spinne stoßen? »Schläfst du heute nacht hier auf dem Boden?« »Du bist wohl nicht ganz…! Ich penn auf dem Wagen!« So schlafen Dominique und Henri eingeschlossen in ihren Fahrzeugen, Till und ich dagegen auf den Dächern. Schnaken hindern am Schlaf und so haben Überlegungen hinsichtlich der Kletterfähigkeit und der Neugierde dieses unangenehmen Riesenviehs freien Lauf.

18. MAI, MITTWOCH

Der Erholungseffekt der heißen Nacht war minimal. Aber wenigstens ist jetzt bei Tag die Spinne verschwunden. Nach aufwendigen Räumaktionen (Henri und Dominique rechnen damit, eines ihrer Fahrzeuge in einem der kleinen Dörfer entlang unserer Strecke verkaufen zu können) geht es wieder auf die Piste. Die Grenzkontrollen verlaufen für uns ziemlich problemlos. Nur bei der Einreise in den Niger wird einer der Zöllner auf die Werkzeugtasche von Henri aufmerksam, die dieser immer wieder sorgfältig von den Kontrolleuren weg von einer Seite auf die andere stellt. Die Tasche hat einen doppelten Boden! Und darin befinden sich eine ganze Menge kleiner Plastiktütchen mit einem weißen Pulver! Henri erklärt das Zeugs dem Zöllner gegenüber als Desinfektionsmittel fürs Wasser und der gibt sich damit zufrieden. Aber wir werden nur noch mißtrauischer. Wir kennen Henri und sehen genau, wie nervös er bei diesem Fund wurde. Rauschgift? Wir finden keine Erklärung, und die beiden direkt zu fragen reicht unsere Courage nicht.

Während der Kontrollen an den weit auseinanderliegenden Grenzstationen ist es wieder brutal heiß geworden. 46 Grad zeigt mein Thermometer auf der Schattenseite eines Baumes! Und während der Fahrt im Wagen steigt er gar auf 70 Grad! Und

19

dann das Hotel Amenokal in Ayourou! Klimatisiert, sauber, gutes Essen, Ruhe. Da fällt man geradezu von der heißstaubigen Piste ins zivilisierte Paradies, beides durch nichts anderes als eine schmale Hofeinfahrt voneinander getrennt. Das Hotel wurde an einer landschaftlich sehr schönen Stelle erbaut, der Niger zwängt sich hier durch einige Felsbrocken (etwas großspurig nennt sich das dann ›Stromschnellen‹), es gibt Inseln mit einer sehr interessanten Fischer-Bevölkerung, in weiten Flußausbuchtungen mit Schilfwäldern finden sich Schwärme von Vögeln, auch Flußpferde soll es geben.

Was aber wohl den Ausschlag für den Bau dieses Hotels gerade in Ayourou gegeben hat, ist der weithin bekannte Sonntags-Markt, ein Markt, dem zurecht der Ruf anhängt, einer der schönsten und interessantesten in ganz Westafrika zu sein. Auf Pirogen kommen die Bewohner der Inseln, Songhrais, Sorkos, Wogos, Kourteys, mit ihren Waren: geräucherten Fischen, Flechtmatten, Feldfrüchten. Verschiedene Tuareg-Gruppen, vor allem Aoulimiden und Kel Ataram bieten Vieh an, Kühe und Kamele, außerdem Lederarbeiten vom kleinen Cri-Cri bis zur kompletten Zelthaut. Die ehemaligen Sklaven der Tuareg, die Bouzous, bieten Holzartikel und Ocker (zum Färben der Zelthäute) feil. Webartikel und Tonwaren sind die Erzeugnisse der Djerma. Daneben finden sich Haussa-Handwerker, Schmiede, Sandalenmacher. Händler aller Abstammungen preisen das übrige Warenangebot an, wie man es auf allen Märkten des Nigers und in Mali findet: Kolbenhirse und Getreide aller Art, Metallwaren, Töpfe, Messer, Zangen, Kleider und sonstige moderne Textilien.

Die Hitze zwingt uns mehrfach zu Erholungspausen zwischen den Marktgängen. Die Terrasse des Amenokal, schattig leicht erhöht über dem Niger, ist ein idealer Ruheplatz. Pirogen werden an langen Stangen über den Niger geschoben, Reiher und Milane kreisen über dem Fluß, überall huschen rotkopfige Echsen umher.

Es ist schwer, ein Paradies zu verlassen. Bis Niamey sind es noch 200 Kilometer, mehr als die Hälfte davon sind asphaltiert. Das sollte doch ein Ansporn sein!

Die Backofenglut im Auto ist kaum vorstellbar. Nur schnell fahren, für Luftzug sorgen! Der Schweiß läuft in Strömen. In Tillabery erreichen wir endlich den Asphalt. Für die an dieser Stelle obligatorischen Aufnahmen legen wir eine kurze Pause ein, Dominique und Henri sind dabei schon wieder am Räumen. Plötzlich wutentbranntes Geschrei von Dominique: Die Ersatzwindschutzscheibe ist ihm zerbrochen! Da schleppt er das sperrige empfindliche Ding von Frankreich aus auf der Tanezrouft-Piste quer durch die Sahara und zerbricht es beim Erreichen des Asphalts. Wer sollte da nicht wütend werden! Zornig schleudert er die Glaskrümmel in die Umgebung, zur Freude einiger Kinder, für die Dominiques Wutanfall Anlaß zu ausgelassenem Gelächter ist.

In der Dunkelheit erreichen wir Niamey und bekommen wider Erwarten noch Hotelzimmer. Das ist uns Grund genug, ein aufwendiges Abendessen auf der Terrasse des Restaurants Damsi einzunehmen. Es gibt Kapitänsfisch, einen fettarmen, sehr großen Fisch, der nur im Niger vorkommt, eine Spezialität also, die man sich nicht entgehen lassen sollte.

19. MAI, DONNERSTAG

Das war wieder eine Nacht! Die Klimaanlage stellte gegen zwei Uhr morgens ihren Dienst ein, Schnaken fanden genug Lücken, in Scharen ins Zimmer zu schlüpfen. Ergebnis: 30 Grad im Zimmer um 6 Uhr morgens und Stich an Stich am ganzen Körper! Aber was soll es! Wir sind frei und ledig. Auf uns wartet nur noch der Heimflug. Wir bekommen noch am Abend des heutigen Tages Plätze für den Nachtflug zurück ins regnerisch frische, angenehm kühle Europa!

Am Nachmittag durchbricht das Flugzeug die Wolkendecke beim Anflug auf Genf. Alles ist regnerisch-trübe, eine graukühle abweisende Atmosphäre. Es ist so dunkel, daß in den Flughafengebäuden Licht brennt. Wo blieb sie, die afrikanische Helligkeit? Die Hitze? Ich habe nur ein Hemd an und Schauer laufen mir über den Rücken. In dieser Kälte ausharren bis im kommenden Winter wieder die Afrika-Saison anbricht?

Am liebsten würde ich ins nächste Flugzeug steigen, dieser trüb-kalten Welt adieu sagen, zurück zu Hitze und Licht.

2 Die August-Reise

Mein Freund Jochen wollte mich schon immer mal durch die Sahara begleiten, ich selbst träumte schon lange davon, die Wüste einmal von ihrer heißesten Seite kennenzulernen, im Sommer. So nutzten wir zwei freie Wochen im Hochsommer, um mal eben so durch die Sahara zu ›düsen‹. Dazu hatten wir zwei billige Autos gekauft, einen Peugeot 204 und 304. Schon in Südfrankreich hatten wir damit die ersten Pannen, dies ging so weiter über Spanien und Marokko. Den Grenzübergang Marokko – Algerien erreichen wir abends, wir müssen davor übernachten.

*

20. AUGUST, SAMSTAG

Bereits um 6 Uhr wird es hell. Wir haben genügend Zeit, frühstücken ausführlich und umständlich, dann fahren wir gemächlich zur Polizei. Natürlich ist der zuständige Beamte noch nicht da, also besichtigen wir erst einmal die Oase Figuig, die Wagen vertrauen wir in der Zwischenzeit der Polizei an. Bei unserer Rückkehr geht es dann trotz einer peinlich genauen Durchsuchung der Fahrzeuge relativ flott. Der eigentliche Grenzübergang außerhalb der Oase ist von starken militärischen Kräften gesichert. Überall Maschinengewehre hinter Sandsäcken, ein Panzer unter Palmen. Der Schlagbaum öffnet sich vor uns – wenig später sind wir auf algerischem Territorium. Auch hier viel Militär. Der Grenzverlauf ist umstritten, jede Seite hofft, die andere um ein paar Meter übervorteilen zu könen, jeder glaubt, die Argumente hierfür auf seiner Seite zu haben.

In Algerien ist noch Ramadan, der Fastenmonat. Mit griesgrämigem Gesicht versichert uns einer der Zöllner, daß man in dieser Zeit nicht gerne arbeitet, schon garnicht vor Sonnenuntergang. Dies hindert ihn dann aber doch nicht daran, die Wagen

21

mehr als genau zu untersuchen, wir kommen ja aus Marokko, dem Land des billigen Haschisch. An Stelle von Hasch findet er in meinem Geldbeutel eine algerische 10-Dinar-Note, die er sich kurzerhand einsteckt. Auf meinen Protest hin meint er nur, auf ein kleines Geschenk für die viele Mühe mit uns wolle er nicht verzichten. So kann man das natürlich auch sehen!

Hinter Bechar verläßt die Straße das Gebirge, bei klarem Wetter hat man hier eine eindrucksvolle Aussicht in die vorsaharischen Ebenen. Heute liegt dort vor uns eine eigenartige Dunstpfütze. »Sag mal, was ist das dort vorne deiner Meinung nach?« »Sieht aus wie Nebel im Tal bei Inversionswetterlage, nur ist das dort grau und nicht weiß!« Wenige Kilometer später tauchen wir in diese bleierne Pfütze ein. Es raubt uns fast den Atem: Das ist Hitze, nichts als aufgestaute, überhitzte, staubige Luft! Der bisher blaue Himmel ist jetzt gelbgrau, die Sicht auf wenige hundert Meter beschränkt, nichts als stehende, überheiße, spannende Luft! Es ist wie ein Schock.

Bei Abadla machen wir in einem kleinen Cafe am Straßenrand eine längere Hitzepause. Zwei Stunden sitzen wir hier, tratschen mit Lkw-Fahrern, die mit ihren Ungetümen nach Süden oder Norden unterwegs sind. In dieser Zeit geht die Sonne unter. Auch wenn die Hitze kaum abklingt, läßt doch durch die fehlende Blendwirkung die stärkste Anspannung nach.

So machen wir uns nochmal auf die Straße, Kilometer um Kilometer gehts nach Süden, die schönsten Dünen ziehen in der Dunkelheit vorbei. Um nicht alle zu versäumen hören wir hinter Kerzaz auf. Nur wenige Meter neben der Straße werfen wir die Steppdecken in den Sand. Es gibt Fisch aus der Büchse und zum Nachtisch – fürstlich – gesalzene Erdnüsse. Aber wir sind zufrieden. Wenn nur die Hitze endlich nachlassen wollte! Seit drei Stunden ist es dunkel, aber das Thermometer steht immer

noch bei 38 Grad! Wo bleibt sie, die vielgerühmte nächtliche Abstrahlungskälte der Sahara? Ich hole die Michelin-Karte heraus, schlage die Klima-Tabelle auf: Reggane, das dürfte für uns ein Vergleichspunkt sein. 31 Grad mittlere Nachttemperatur steht da für den August verzeichnet! Verdammt, das hätten wir uns auch schon zuhause klar machen können!

Das wird eine Nacht! Irgendwann beginnt ein schwacher Wind. Statt Kühle hat er nur die immer noch zu heiße Luft in Bewegung gebracht. Außerdem führt er dicht über dem Boden, also genau da, wo wir liegen, Sand mit. Wie ein Fisch auf dem Trockenen schnappe ich immer wieder nach Luft. Hilfe bringt dann ein nasses Handtuch, das ich mir über den Kopf lege. Wie lange? Keine fünf Minuten später ist der Stoff wieder trocken! Die extreme Hitze und die Trockenheit reißen die Feuchtigkeit geradezu aus dem Gewebe. Jochen geht es nicht besser. Ich höre, wie er sich von einer Seite zur anderen wälzt, schwer atmet, die trockene ausgedörrte Nase putzt.

21. AUGUST, SONNTAG

Kurz vor Sonnenaufgang steht das Thermometer auf 33 Grad. Hervorragend, das könnte man in Deutschland brauchen! Mit offenen Augen liege ich da, die Sonne muß jeden Augenblick aufgehen. Sonnenaufgang! Was empfindet man zuhause nicht alles, wenn die ersten Strahlen über den Horizont kommen, dann die ganze wärmende Scheibe! Aber jetzt! Jeder Strahl mehr steigert das Verbrennempfinden. Jeder Strahl mehr bringt mehr Hitze. Ein Strahl mehr und noch ein Strahl mehr... dann ist dieses glühende Ungeheuer voll da, steigt höher, wird heißer und heißer. Eine entsetzliche, tödliche Strahlung... Ein ganzer Tag voll Sonne, schattenlose, gnadenlose Sonnenstrahlung. Die Dünen um uns herum reflektieren bereits das gleißend harte Licht.

Am späten Vormittag sind wir in Adrar. Hier ist die letzte sichere Tankstelle vor dem Beginn der 1400 Kilometer langen Tanezrouft-Piste. Der Tankwart macht ein bedenkliches Gesicht: Es ist schon so heiß, daß er an der Möglichkeit, den Sprit aus den Tanks hochzupumpen zweifelt. Durch Dampfblasenbildung reißt die Benzinsäule, die Pumpe läuft leer.

Aber zum Glück ist unser Benzinbedarf mit 400 Litern nicht allzu hoch, so daß sich der Mann immer wieder zu neuen Versuchen überreden läßt. Ein paar Kleidungsstücke als Geschenk tun ein übriges dazu – Hemden sind heiß begehrt. Schwer beladen mit der so wichtigen Flüssigkeit fahren wir beim Zoll vor, der uns vor der Mittagspause noch rasch abfertigt.

Bei glühender Hitze gehts raus auf die Piste. Ein Wahnsinn, den sicheren Ort zu verlassen! Hier schattenspendende Gassen, Palmen, Tamarisken, Wasser. Und draußen? Nichts als Hitze, gleißende, wabernde, versengende Helligkeit.

Die Piste ist hart. Wellblech, Steine, Unebenheiten. Schon nach 20 Kilometern reiße ich an dem vollbeladenen und viel zu tief liegenden Wagen den Auspuff ab. Wenig später glauben wir an Halluzinationen: Vor uns erstreckt sich das schwarzglänzende Band einer nagelneuen Asphaltstraße! »Mensch Jochen, warum fangen die hier mittendrin 30 Kilometer hinter Adrar mit einer Asphaltstraße an?« »Unklar, aber das ändert nichts an ihrer Existenz«. 50 Kilometer dauert die Pracht, 50 Kilometer die wir uns fast so vorsichtig vorantasten wie auf der Piste, immer in der Angst, jeden Augenblick wieder ins Gelände zu müssen. 50 Kilometer auch mit voll offener Heizung und laufendem Gebläse, da ohne diese thermische Entlastung beide Wagen schon kochen würden. Nach diesen 50 Kilometern beginnt die Pisten-Quälerei aufs neue. Mein 304

schüttelt rasch seine restlichen Auspuffteile ab, Jochens 204 erzwingt die erste von vielen noch folgenden Koch-Pausen. Reggane erreichen wir kurz vor Sonnenuntergang. Vor der Polizeistation, an der die Fahrzeuge am Beginn der eigentlichen Tanezrouft-Piste (früher auch Bidon-V-Piste genannt) kontrolliert werden, steht schon eine lange Reihe Lkw's. Die ganze Gruppe ist offensichtlich gerade im Aufbruch begriffen. Na, da werden wir uns wohl auf eine längere Wartezeit einrichten müssen. Erstens kommen wir spät, zweitens fährt der Lkw-Konvoi gerade los, und ohne Lkw-Begleitung werden Pkw normalerweise nicht auf die Piste gelassen. Einer der Polizisten erkennt mich von früheren Reisen wieder. Ich erkundige mich nach seinem Chef. »Mon Dieu, der ist doch schon längst wieder in Algier. Wir haben jetzt einen neuen! Und das ist so ein Typ…« Dort drüben fertigt er gerade die Lkw ab. Wir haben den Eindruck, daß er sie regelrecht wegjagt. Na, uns kann das eigentlich egal sein. Wir bereiten uns aufs Übernachten vor. Da kommt der neue Chef zu uns über den leeren Platz rüber. Klar, er wird einige von unseren Büchsen bekommen, hier in Reggane ist immer Mangel an haltbaren Lebensmitteln. »Wo sind ihre Papiere?« Wir geben ihm die Pässe und die Stempelkärtchen vom Zoll in Adrar, die Bestätigung unserer dortigen Abfertigung. Er zieht eine Papiertüte aus der Außentasche seiner Uniformjacke, wickelt Stempel und Stempelkissen aus dem Papier. Auf der Motorhaube des 204 stempelt er unsere Pässe. »Sie haben hier genau 30 Sekunden oder 3 Tage! Schauen sie zu, daß sie den Konvoi einholen!« Was ist das? Der jagt uns genauso vom Gelände wie zuvor die Lkw! Leicht erschrocken werfen wir unsere Siebensachen in die Wagen.

Dort vorne hinter dem Sandfeld sind die Lkw noch gut zu sehen, die werden wir gleich haben. Los gehts. Aber da ist das Sandfeld! Und Jochen – wer könnte es ihm als Neuling verdenken – bleibt voll darin hängen. Mittendrin. »Mensch Jochen, du Idiot, was fährst Du denn für nen Scheiß, siehst Du denn nicht, daß hier der Sand viel zu tief ist? Mach mal voran, wir müssen die Lkw einholen.« Wir rakkern und schuften, der 204 mit seinem Vorderradantrieb geht einfach nicht auf die Sandbretter! Sie müssen schön eben liegen, nur dann zieht er hoch. Und das bedeutet Arbeit, Sand schaufeln. Und natürlich ist es mit *einem* Einsanden nicht getan. Die Dämmerung bricht herein. Schaufeln – qualmend suchen die Reifen auf den Brettern Halt. Ich schiebe mir die Seele aus dem Leib. »Gib doch Gas du Rindvieh, bleibst doch sonst gleich wieder hängen!« Aber natürlich bleibt die Karre unter solchen Verhältnissen auch mit viel Gas wieder hängen. »Heben wir die Karre doch auf die Bretter hoch.« Aber wir sind nur zu zweit und heben uns fast einen Bruch, der Scheißkarren steht noch immer genauso da wie zuvor. Es hilft alles nichts, nur schaufeln, schaufeln und schieben. Es wird dunkel, und wir sind eben wieder nur knapp zwei Meter vorangekommen. Die Lkw sind längst verschwunden, sie wissen ja auch nichts von unseren verzweifelten Versuchen den Anschluß zu bekommen. »Das schaffen wir nicht.« Wir geben auf, lassen den 204 eingesandet wie er ist stehen. Unsere Unterhaltung verläuft sehr gereizt. »Wie stellst Du Dir das denn vor, wenn Du schon hier auf den ersten Kilometern den Karren so in die Scheiße fährst! Wir haben 1400 Kilometer vor uns. Mann, so geht das doch nicht.«»Du hättest mir ja vielleicht erklären können, wie man in sowas reinfährt«. »Sag mir doch mal wann, vielleicht in den 30 Sekunden vor der Station?« »Gestern abend hätten wir genug Zeit dazu gehabt.« »Wenn ich geahnt hätte, daß du dich so blöd anstellst...« In meinem Zorn und auch in meiner Angst, wie es weitergehen soll, lade ich alles auf Jochen ab. Wirklich, er kann nichts dafür. Aber dieser neue Chef! Wie kann er uns so den Lkw hinterherjagen, die ja von uns nichts wußten!

Nach Reggane zurück sind es nur 15 Kilometer. Aber was passiert mit uns, wenn wir zurückkommen? Werden sie die Ausreise annullieren oder unsere Pässe nach Algier schicken, wegen eines neuen Visums? Vor Jahren habe ich in Reggane Franzosen getroffen, die saßen dort aus genau demselben Grund schon vier Wochen! Vier Wochen in Reggane? Jetzt im Sommer? Nein, wir müssen eben sehen, wie wir morgen bei Tag weiterkommen. Erst einmal die Nacht überschlafen, dann sieht alles anders aus.

22. AUGUST, MONTAG

Wir kommen zeitig auf die Piste. Die Temperaturen sind noch angenehm, die Piste weniger. Sie ist stark ausgefahren und wellig. Da wir ein hohes Tempo fahren, kommt es immer wieder zu heftigen Durchschlägen. Die Fahrzeuge sind auch noch – jetzt am Beginn der Tanezrouft – durch die Benzin- und Wasservorräte sehr schwer, um nicht zu sagen überladen. Bei einem der routinemäßig durchgeführten Stops mit Kurzüberprüfung der Fahrzeuge stelle ich im Kofferraum meines Wagens im Bereich der Stoßdämpferaufnahmen riesige Löcher fest! Verfluchter Rost! Der Kofferraum muß geleert werden, alles wird im Fahrzeuginnern verstaut. Wo gibt es sonst noch Durchbrüche? Die Überprüfung und das Umräumen nimmt Zeit in Anspruch, die kühlen Morgenstunden – oder sind es Minuten? – sind längst vorbei. Die Sonne brennt vom diesighellen Himmel – unbarmherzig. Wenige Kilometer später erneut Halt: Jochens 204 ist schon wieder am Kochen. Wasser auffüllen, nebenbei Kontrolle. Entsetzen: An meinem 304 bricht der Kofferrraum auf seiner ganzen Breite ab! Die Blechteile der Kotflügel sind schon ganz verschoben, an den hinteren Türen klafft ein Spalt, ein Riß zieht sich unterhalb des Rückfensters entlang.

24

Wie konnte ich mir für diese Sahara-Durchquerung nur so eine miese Rostkiste andrehen lassen?!? »Sag mal, sollen wir nicht doch besser umkehren? Mit der Karre kommen wir doch nie an!« »Geht das hier noch ewig so?« »Besser wird's kaum, und vor allem kommen nach der Grenze noch Steine dazu«. Zum Umkehren ist jetzt noch Gelegenheit, viel weiter als 200 Kilometer sind wir noch nicht. Sonne und Hitze lähmen die Entschlußkraft. Rings um uns gleißende, sonnendurchglühte, heiße Ebene, hunderte von Kilometern vor uns, neben uns, hinter uns. Am wenigsten weit hinter uns! Wir fahren zurück! Wie gelähmt sitze ich hinter dem Steuer. Hitze, Anstrengung – alles vergessen. Meine Gedanken konzentrieren sich nur auf einen einzigen Punkt: Was wird bei unserer Rückkehr nach Reggane passieren? Werden sie unsere Ausreise annullieren, uns zum Zoll nach Adrar schicken? Werden die uns dort neue Papiere für die Wagen ausstellen? Oder werden sie uns bereits in Reggane die Pässe abnehmen und nach Algier schicken, damit uns ein neues Visum erteilt wird? Wie lange werden wir dann in Reggane bleiben müssen?

330 Kilometer Piste haben wir zu bewältigen, um nach Norden hin den Asphalt zu erreichen. Und wenn bis dahin die Fahrzeuge den Geist aufgeben? Wohin kommen wir mit 330 Kilometer Richtung Süden? Das reicht uns fast bis zur Grenze! Halt. Erneute Diskussion. Wir malen die Rückkehrsituation in Reggane mit den schwärzesten Farben aus. Richtung Süden müssen wir Glück haben, sind aber nur auf uns selbst angewiesen, nicht auf die Launen irgendwelcher Militärs! Jedes Auto wird eben so lange mitgeschleppt, wie es läuft und trägt. Tragen! Das ist wichtig, das Gepäck schleppen, bis es eben nicht mehr geht. Dann erst kann es dem anderen Fahrzeug aufgebürdet werden. Also erneute Umkehr. Jetzt ist der Entschluß unabänderlich. Wir fahren nach Süden, nur noch nach Süden.

Bei Poste Weygand, den alten Blechruinen aus französischer Zeit, wollen wir eine kurze Hitzepause einlegen. Aber ohne Fahrtwind sind die Temperaturen noch unerträglilcher. Also fahren wir rasch weiter. Zum Glück wird auch die Piste besser, der Untergrund fester. Tempo 80, oft sogar 90. Dabei kocht auch der 204, dem wir schon längst den Kosenamen ›Old Cookie‹ gegeben haben, nicht mehr. Am Wendekreis des Krebses sind wir um 17 Uhr. Auch hier ein Relikt der Franzosen: Ein übermannshohes Schild: Tropique du Cancer. Wir halten kurz an, um die unverzichtbaren Photos zu machen: Jochen und ich, die beiden Peugeots am Wendekreis! Die Dias, zu Hause betrachtet, zeigen wenig von der Situation. Wie kann ein Bild brutale Hitze wiedergeben?

Jochen meistert die Sandstellen im Bereich des Wendekreises erstaunlich gut. So geht es flott voran. Nur anderthalb Stunden später erreichen wir Bidon V. Schon von weitem ist der alte Funkmast zu erkennen, lenkt aber beim Näherkommen nur zu gerne von den weichen Sandstellen unmittelbar davor ab. Zwei Lkw, voll beladen mit Hammeln aus Mali, machen hier Station. Die ersten Menschen für uns am heutigen Tag!

Als wir aufbrechen, ist es schon so dunkel, daß wir die Scheinwerfer einschalten müssen. Dann macht sich wieder einmal mangelnde Absprache deutlich: Jochen hatte sich tagsüber vor allem an die Hauptpiste gehalten, ich war immer mehr seitlich im Gelände geblieben. Jetzt bei Nacht hält sich Jochen aber an meine Rücklichter. Und ich, in der Meinung, Jochen sei an der Hauptpiste, orientiere mich im Rückspiegel an seinen leicht seitlich versetzt immer sichtbaren Scheinwerfern: Wo Jochen ist, wird schon die Hauptspur sein, ich darf nur nicht zu weit seitlich von ihm wegkommen. Und Jochen denkt: Er wird schon wissen, wo er hinfährt, schließlich macht er das nicht zum ersten Mal. Es dauert lange, bis wir unseren Irrtum bemerken. Wir suchen noch einige Zeit nach der verlorengegange-

Im Zentrum der
Tanezrouft-Wüste.
Jeder fährt da, wo
es ihm am besten
erscheint

Popoffs
Sprunghügel:
15 Meter weit,
fast schon eine
Meisterleistung

Die
herausgerissene
Hinterachse
wird wieder
befestigt

nen Piste, finden sie aber in der Dunkelheit nicht. So bleiben wir an Ort und Stelle. Unsere Gespräche an diesem Abend drehen sich natürlich in erster Linie um die verlorengegangene Piste. Dabei ist vor allem eine Überlegung beruhigend: Wir wissen, daß sie östlich von uns sein muß, da ich die Spur nach Westen hin verlassen und anschließend nicht wieder gekreuzt habe.

23. AUGUST, DIENSTAG

Angenehme Kühle am Morgen, kurz vor sechs Uhr steht das Thermometer auf nur 25 Grad! Eine Dose Büchsenobst zum Frühstück trägt zusätzlich zum Wohlbefinden bei. Dann kommt der Schock! Beide Wagen springen nicht an! Wir mühen uns zunächst mit dem 204. Aber irgendwann steht der mit halbleerer Batterie ein paar hundert Meter weiter in einem weichen Sandfeld, aus dem wir, bereits ausgepumpt, den Wagen mit eigener Kraft nicht mehr rausschieben können. Jetzt dürfen wir mit dem 304 kein Risiko eingehen! Wir bauen die Sandbretter zu einer kleinen Rampe auf, schieben den Wagen rückwärts hinauf und dann mit Schwung hinab. Vergeblich! Beim zweiten Rampenbau hören wir Motorengeräusche! »Mensch schau doch mal, da kommt ein Militärfahrzeug«! Tatsächlich, wir sind kaum zweihundert Meter von der Piste entfernt – bei Nacht erschien es uns endlos – und jetzt kommt dort ein Landrover der algerischen Armee. Das Fahrzeug fährt direkt auf uns zu. Zwei Männer sitzen darin, einer in Zivil, der andere in Uniform. Der Zivile hat das Sagen. Knapp gibt er Anweisungen, gekonnt schleppt der Uniformierte beide Wagen an. Sie laufen anschließend wieder einwandfrei und springen genauso einwandfrei an, als wäre nie etwas gewesen. So aber müssen wir uns von den beiden Vorwürfe anhören. Natürlich, mit zwei derartigen Mühlen alleine durch die Tanezrouft, und

dann springen die Motoren nicht an, was hätten wir ohne ihre Hilfe gemacht?
Zum Glück wissen sie nichts davon, daß wir bis zu ihrer Ankunft nicht einmal wußten, wo die Piste verläuft! So etwas darf nicht noch einmal passieren! Wir rauchen noch eine gemeinsame Zigarette, dann verabschieden sich die beiden. Sie wollen wie wir nach Bordj Mokhtar.
Um 8.30 Uhr sind wir dort. Die Sanddüne 30 Kilometer davor haben wir problemlos umkurvt. Wir geben die Pässe ab, füllen unsere Wasserbehälter am Brunnen.
Die Zeit schleicht. Schattenlos warten wir vor den vom hohen Funkmast überragten Unterkunftshäusern – Stunde um Stunde. Leichte Schleier ziehen vor die Sonne. Kurze, heftige Böen treiben Staubfahnen über die sanften Hügel. Bald ist alles verhüllt von Staub- und Sandschleiern, die der unheimlich heiße Wind mit sich jagt.
Es ist bereits nach 12 Uhr, als endlich ein Uniformierter über die von einer Sanddüne überwehten Umfassungsmauer des Militärgeländes steigt. Er hat unsere Pässe in der Hand – endlich! Freundlich streckt er sie uns hin. »Au revoir! Bonne route!« »Merci.« Und nach einer kurzen Pause: »Ist das alles? Gibt es keine Kontrolle?« »Nein, nein, wir wollen jetzt Mittagessen, fahren sie nur weiter.« Verdammt! Und dafür sind wir vier Stunden hier in der Hitze gestanden und haben die besten Stunden des Vormittags verpaßt, und müssen jetzt raus in den Sandwind, in die Hitze und Spannung der Piste. 50 Kilometer ist die Strecke passabel, wir kommen ohne Probleme voran. Dann wird das Gelände wieder sehr uneben, die Piste ist wellig und steinig. In einer engen Kurve schlitzt mir ein Stein die Reifenflanke auf, schlagartig verliert der Reifen die Luft, der Wagen gerät außer Kontrolle, das Heck bricht aus. Alles Gegenlenken hilft auf dem losen Untergrund nicht mehr. Mehr auf zwei als auf vier Rädern schieße ich quer ins Gelände, voll über zwei

28

große Steinblöcke weg. Mensch – das ging haarscharf am Überschlag vorbei!

Wo bleibt Jochen? Ich steige aufs Dach des Fahrzeugs. Nichts. Fernglas raus – nochmals aufs Dach. Dort, hinter dem Hügel, das ist er, er steht außerhalb des Fahrzeugs. Weit weg ist er nicht, aber flirrende Luft und unklare Atmosphäre schränken die Sicht erheblich ein. Na, es sieht nicht so aus, als hätte er größere Probleme. Ich mache mich an den Radwechsel, in der Zwischenzeit kommt auch Jochen nach. »Was machst Du denn hier im Wald?« »Du hast eben was verpaßt, einen Flug hier über die Steine!« »Wenn Du natürlich auch immer zufährst wie ein Verrückter«. Recht hat er, mit weniger Tempo hätte der aufgeschlitzte Reifen nicht die Folgen gehabt. Wenn ich mich nun tatsächlich überschlagen hätte? Zum zweiten Mal heute schon nehme ich mir vor, daß sich so etwas nicht wiederholen darf. Aber die wie eine Bobbahn ausgefahrene Piste verleitet geradezu dazu, im Rallye-Stil durch die Kurven zu driften. Und der abgebrochene Auspuff und daraus resultierend das rennmäßige Getöse meines Motors trägt zu zurückhaltender Fahrweise auch nicht bei. Dennoch: Ein Unfall darf nicht passieren, eine ernsthafte Verletzung unter diesen Verhältnissen ist tödlich! »Komm, hilf mir mal, das Reserverad in den Korb zu drücken.« »Was war denn bei Dir los, warum hast Du angehalten?« »Old Cookie, hat wieder mal seinen Tribut gefordert, ich habe Wasser nachgefüllt. Mensch ist das verflucht heiß!«

In gemäßigtem Tempo fahren wir weiter. Doch die Probleme werden dadurch auch nicht weniger! Wir haben Rückenwind aus NO von ungefähr 30 km/h, unsere eigene Fahrgeschwindigkeit liegt kaum höher. So fehlt uns der Fahrtwind, Old Cookie kocht in Abständen von 5 bis 10 Kilometern! Wir demontieren den Kühlergrill, später noch die Motorhaube, dann wickeln wir gar naße Handtücher um den Wasserkasten des Kühlers, leiten das Scheiben-

waschwasser dorthin. Alles vergeblich. Die Abkühlintervalle werden kaum länger. So stoppeln wir uns nach Süden voran. Endlich kommen die ›schwarzen Berge‹ von Tessalit in Sicht. Vor 18 Uhr müssen wir dort sein, um die Grenzabfertigungen noch erledigen zu können.

Die ersten Kanister sind schon frei von Benzin-Ballast. Ich sehe die begehrlichen Blicke der Zöllner. Nun meinetwegen, sie sollen sie bekommen, aber erst wenn wir den Abfertigungsstempel haben. Das beschleunigt das Verfahren enorm. Schon zehn Minuten später sind wir bei der Polizei. Der Chef ist aber gerade unterwegs, außerhalb des Ortes kauft er ein Huhn für das Abendessen. »Wird er lange weg sein?« »Nein, nein, er kommt ›sofort‹ zurück.« In der Zwischenzeit löchern uns die Polizisten. Es gibt nichts, was sie nicht haben wollen. Einer von ihnen fährt ausgerechnet einen Peugeot 304. Und ich habe doch zwei Ersatzreifen und er nur einen. Und ich bin doch schon bald in Niamey und kann alles kaufen, was ich benötige, wogegen er hier in Tessalit sitzt und nichts aber auch rein gar nichts bekommt. Nach nicht enden wollender Diskussion verkaufe ich ihm schließlich meinen besten Reifen für 50 DM und das Versprechen, unsere Pässe so vorzubereiten, daß sie der Chef bei seiner Rückkehr nur noch unterschreiben muß.

Es ist schon lange dunkel, als wir endlich aus dem Ort rauskommen. Die Piste hinter Tessalit ist steinig. Aber im Licht der Scheinwerfer sind Steine gut zu erkennen und die Piste verläuft eindeutig. So stellen wir uns bei nachlassender Hitze noch auf etliche Dutzend Kilometer ein. Morgen in der Hitze wird uns Old Cookie wieder einen Strich durch die Rechnung machen.

Drei Kilometer nach Tessalit sind Jochens Scheinwerfer nicht mehr hinter mir. Ich warte kurz, fahre zurück. Er hatte schon am Ortsrand einen Plattfuß. Beim Radwechsel bricht der Wagenheber ab, krachend landet der Wagen auf der Bremsscheibe. Das muß wohl einen Soldaten aus seinen Träumen gerissen haben. Gewehr im Anschlag, eine Taschenlampe zwischen den Zähnen, kommt er auf uns zu: »Was machen sie hier?« Mit der Taschenlampe im Mund ist er kaum zu verstehen. »Sehen sie doch, wir haben Probleme beim Radwechsel!« Er läßt das Gewehr sinken, nimmt die Taschenlampe aus dem Munde: »Hier können sie nicht bleiben!« Wenn der wüßte, wie gerne wir schon weiter wären! »Können sie vielleicht eben mithelfen hochzuheben?« Er legt Gewehr und Taschenlampe auf die Kühlerhaube, zu zweit heben wir den Wagen, Jochen schraubt rasch das Rad an. »Merci bien, das war's«. Er wünscht uns noch gute Fahrt, dann gehts auf die Piste, raus in die Nacht. Steine, Wellblech – im Licht der Scheinwerfer erscheint alles härter, gröber, die Löcher noch tiefer. Die Piste ist eindeutig im bergigen Gelände, ein Verirren unmöglich. Doch dann kommen Jochens Scheinwerfer nach einer Kurve wieder nicht zum Vorschein. Was ist denn jetzt schon wieder los? Das Wenden des Wagens auf der engen Piste ist mühsam, vor, zurück, vor, zurück. Nach wenigen hundert Metern bin ich wieder bei Jochen. Er steht schon da, die Hände in die Hüfte gestützt. »Na?« »Nichts weiter, nur schon wieder ein Plattfuß«. Jetzt haben wir kein Reserverad mehr und müssen erst einmal flicken. Also suchen wir einen Platz, der einigermassen eben ist und den wir von der Piste aus auch erreichen können. Mit einem platten Reifen ist schlecht große Sprünge machen!

Wir stehen 15 Meter neben der Piste, vor uns ein paar Akaziendornbüsche, auf der Südseite von einem großen Stein geschützt. Wie immer, geht die erste Reifendemontage der Reise nicht ganz leicht von den Fingern. »Wo fängt man nochmal an? Am Ventil oder auf der dem Ventil gegenüberliegenden Seite?« »Montiereisen am Ventil, Reifen gegenüber ins Tiefbett«. Das Standlicht erhellt die Szene auch nicht gerade blendend und die Ta-

schenlampe im Mund ist auf Dauer kaum tragbar – im wahrsten Sinn des Wortes. Zum Glück sind die Reifen in dieser Pkw-Größe nicht sehr steif, sie lassen sich fast ohne Montiereisen einfach mit den Händen von der Felge ziehen. Irgendwann sind alle Reifen wieder in Ordnung, das Werkzeug verstaut, die Hände gewaschen. Ein paar Büchsen Obst, mit feuchten Lappen umwickelt und auf die Wagendächer gestellt, konnten in der Zwischenzeit im leisen Nachtwind abkühlen. Immer noch erhitzt und schwitzend, sind sie jetzt für uns eine wahre Wohltat. Zum Kochen haben wir keine Lust mehr. So hocken wir noch eine Zeitlang auf den vollen Benzinkanistern, die die Tageshitze noch in sich speichern. »Wir hätten in Tessalit den Reifen nicht verkaufen sollen – wenn das so weitergeht…!« »Ja, wir brauchen wohl Glück! Die kleinen Reifen taugen erstaunlich wenig auf dieser Stein-Piste.« Mit der Taschenlampe leuchte ich das Gelände ab: Dornstrauch-Bewuchs, dazwischen größere und kleinere Felsbrocken, die sandige Fläche auf die die Fahrzeuge stehen ist durchsetzt von Steinen jeder Größe – da werde ich nicht im Freien auf dem Boden schlafen. Was hatte uns der Sanitäter in Tessalit erzählt? Zehnmal wird im Schnitt jeder Einheimische im Jahr von einem Skorpion gestochen! Natürlich, im Regelfall verläuft alles harmlos, ein paar Tage hohes Fieber, heftige Schmerzen. Aber ich will doch hier nicht hängenbleiben, wenige Dutzend Kilometer hinter Tessalit! Also schlafe ich zum ersten Mal auf den Liegesitzen im Fahrzeug.

24. AUGUST, MITTWOCH

Bis auf einen vorbeifahrenden Lkw, der mich aus schönstem Tiefschlaf riß, war die Nacht nicht schlecht. Ich werde weiterhin *im* Wagen schlafen! Der erste Blick beim Aufstehen gilt den am Abend zuvor reparierten Rädern. Gott sei Dank, alle sind dicht! So kommen wir nach kurzem Frühstück schnell weg. Exakt 15 Kilometer später auf immer noch steiniger Piste ist Jochen wieder verschwunden. Zurück. Erste Reifenpanne! Das fängt ja gut an! Mit den Sandbrettern als Hebel und den Kanistern als Unterlagen wechseln wir das Rad. Weiter. Exakt 10 Kilometer weiter fehlt Jochen wieder. Zurück. Er hat mehr als beunruhigende Geräusche an der Vorderachse. Im ersten Schreck denke ich sofort an die homokinetischen Gelenke. Eine Kontrolle ergibt dann aber eine vergleichsweise harmlose Ursache: Wir hatten beim Radwechsel die Radschrauben nicht richtig angezogen! Weiter.

15 Kilometer später ist Jochen wieder weg. Zurück. Reifenpanne. Verdammt. Jetzt haben wir kein Reserverad mehr, also geht die Flickerei wieder los. Darüber verrinnen die kühlen Morgenstunden, die leicht verschleierte Sonne knallt schon wieder enorm, das schwarze Gestein scheint die Hitze zwar aufzunehmen aber genauso auch wieder abzustrahlen. Das ganze Gelände um uns her – ein einziger riesiger, diesiger Backofen! Unsere Stimmung ist wieder einmal auf einem Tiefpunkt. Wie soll das weitergehen – mit diesen unaufhörlichen Reifenpannen? 25 Kilometer später ist Jochen wieder weg. 10 Reifenflicken haben wir noch, ich rechne durch, wie weit wir so kommen werden. Ist das ein Mist! Doch zurück bei Jochen, kommt die erleichternde Mitteilung, daß nur der Wagen wieder kocht! Und um es vorwegzunehmen: Wir hatten die restliche Reise (fast) keine Reifenpanne mehr! Jetzt aber werfen wir erst mal eine Decke in den kurzen Schatten hinter dem Wagenheck und ruhen uns während der Abkühlungspause für den Motor selbst aus. »Hör mal, was summt denn da so komisch.« »Du wirst Dich wundern, das Benzin im Tank ist am Sieden!« »Aber so heiß ist es doch noch gar nicht!« »Der Boden strahlt jetzt beim Stehen so viel Hitze ab, daß sich das Benzin mehr erhitzt als bei der Kühlung durch den Fahrtwind.« Auch die

Kanister im Fahrzeug-Innern, billige Einweg-Kunststoff-Kanister für Reinigungsmittel, sind schon wieder kugelrund, aufgedunsen durch den hohen Dampfdruck des heißen Benzins. Im Wageninnern kommt ja zu der Stauwärme durch die Sonnenstrahlung noch die zusätzliche Erwärmung durch das dauernde Fahren mit eingeschalteter Heizung.

Der Wind steht so ungünstig und die Piste ist so schlecht, daß wir wieder und wieder Abkühlpausen für den kochenden 204 einlegen müssen. ›Old Cookie‹ macht seinem Namen nach Etappen von jeweils 10 bis 20 Kilometern alle Ehre. Bei einer dieser Pausen wollen wir nachtanken. Vorsichtig öffne ich den Schraubverschluß des Kanisters, um den größten Druck erst einmal abzulassen. Da reißt es mir den Deckel aus der Hand und vom Kanisterhals – pschschsch wie ein Feuerlöscher geht der Kanister hoch! Meterweit schäumt das Benzin ins Gelände. Schreckensbleich stehen wir da. Ein Glück, daß keiner von uns geraucht hat! Wie war das möglich? Im Kanister, ehemals voll mit fünfunddreißig Litern schönstem Super, platschen noch fünf, sechs Literchen, alles andere – perdü! Ob die plötzliche Druckentlastung zusammen mit Verunreinigungen im Kanister zu diesem explosionsartigen Aufkochen geführt hat?*

In Aguelhok ist ›Old Cookie‹ wieder am Kochen, aber hier müssen wir die Pässe vorzeigen und so gehen Abkühlpause und Paßkontrolle Hand in Hand. Die Piste wird besser, das höhere Fahrtempo verlängert die Auskühlphasen, da der Fahrtwind ein frühzeitiges Kochen des 204 verhindert. Nur in steinigen Passagen, wenn Fahrtempo wieder gleich Rückenwind wird, fordert ›Old Cookie‹ seinen Tri-

* Am Kunststoff-Kanister als solchem kann es nicht gelegen haben. Jahre später ist mir dasselbe auch mit einem überhitzten Blech-Kanister passiert, auch in diesem Falle ist alles glimpflich verlaufen. Seither wahre ich beim Öffnen eines heißen Benzinkanisters immer einen sehr großen Abstand vom Fahrzeug!

but. Reifenpannen? Toi, toi, toi, sie lassen auf sich warten! Im Sandstück vor Anefis behindern wir uns gegenseitig bei der Suche nach der besten Durchfahrmöglichkeit und bleiben so beide im Sand hängen. Wieder beginnt eine enorme Schinderei, da die Vorderradantriebler einfach nicht auf die Sandbretter hochgehen. Am frühen Abend kommen wir auf jetzt sehr ›gführiger‹ Piste nach Anefis. Die Paß-Kontrolle ist schnell erledigt. Ein ›Cadeau‹ in Form eines Kanisters tut ein übriges. Und dann die Wohltat: Die Rennbahn im Vallee Tilemsi: Die Piste führt hier über eine riesige Schlammfläche, die der Fluß nach der Regenzeit hinterläßt. Unter Entwicklung enormer Staubwolken donnern wir (aufgrund des fehlenden bzw. undichten Auspuffs im wahrsten Sinne des Wortes) mit Tempo 90 bis 100 Richtung Süden. Schwierigkeiten treten erst wieder mit Einbruch der Dunkelheit auf: Der Wüstentagwind läßt nach, die Staubwolken des vorausfahrenden Fahrzeugs legen sich erst sehr spät. Unser Abstand erhöht sich auf mehrere Kilometer, 20 Minuten, eine halbe Stunde. Eine gegenseitige Kontrolle ist nicht mehr möglich, selbst die Scheinwerfer durchdringen die Staubwolken nicht mehr. So entschließen wir uns unter Sicherheitsaspekten, frühzeitig einen Nachtplatz zu suchen. Aber wo? Um uns her ist eine einzige Schlammfläche, ausgetrocknet, rissig, hart. Es gibt keinerlei Bezugspunkte. Wir fahren zwei, drei Kilometer von der Piste weg und stellen ringsum einige Kanister als Vorwarnung für nächtliche ›Raser abseits der Piste‹ auf. Ich schlafe weiterhin auf den Liegesitzen. Wir sind jetzt nur noch 100 Kilometer vor Gao!

25. AUGUST, DONNERSTAG

Gemächliches Aufstehen. Wir machen uns ›stadtfein‹, in Gao gibt es ja wieder Wasser, also rein in die Vollen und alles gründlich gewaschen! Zwei Tuaregfrauen kommen und sehen uns interessiert beim Frühstück zu. Wir schenken ihnen verschiedene Lebensmittel, aber alles, was sie in unserem Beisein davon versuchen, spucken sie angeekelt wieder aus. Knäckebrot erscheint ihnen besonders suspekt. Wir überreden sie zu einem Versuch und amüsieren uns dann sehr darüber, mit welchen Abscheu-Ausbrüchen sie selbst den kleinsten Bissen wieder weit von sich spucken! Nur Büchsenobst, Haselnüsse und Rosinen finden Anklang. Alles andere – Pfui Teufel, was die Europäer essen! Von unseren Medikamenten scheinen sie schon mehr zu halten. Jochen als Arzt hat allerhand zu tun. Augen-, Magenkrankheiten, entzündete Hautverletzungen, für alles hat er etwas dabei.

Dann fahren wir durch weite grüne Wiesen, die Luft ist frühlingshaft, in den Dornakazien, sonst grau und unansehlich, grünt und blüht es, ganze Vogelschwärme scheinen sich dem Nestbau zu widmen. Die Nähe der sommerlichen Regenzone macht sich bemerkbar. Bei nach wie vor großer Hitze wird es immer feuchter. Es muß hier kurz zuvor geregnet haben.

Einige Kilometer vor Gao drängt dichterer Bewuchs und die hügelige Landschaft alle Fahrzeuge wieder auf eine Spur zusammen. Dadurch ist die Piste, hier ohnehin sandig, tief ausgefahren. Wie Bobfahrer schwingen wir uns durch die Kurven, immer zwei Räder einer Seite auf dem Wall in der Mitte oder außerhalb der Piste. Mit reichlich Tempo meistern wir diese Passage ohne einzusanden. Am späten Vormittag erreichen wir Gao. Der Niger! Nur wer hunderte von Kilometern, genauer 1460 Kilometer seit Adrar auf Piste und mehr als 2000 seit den letzten Ausläufern des Atlas-Gebirges durch Wüste gefahren ist, wird ermessen können, welchen Eindruck der träge dahinströmende Fluß auf den Ankömmling macht. Wasser! Eine tiefe, breite Wassermenge! Man kann hineinsprin-

Tuareg-Frau der Kel Iforas bei Gao/Mali

gen, tauchen, schwimmen – ein unglaublicher Vorgang, denkt man zurück an das, was man in den letzten Tagen oder Wochen gesehen und erlebt hat. Gao, die Stadt am Fluß: Boote, die mit der Strömung gemächlich hinabschwimmen, Pirogen, an langen Stangen nach oben geschoben, Leben am Wasser. Wir sitzen auf einer Mauer am Kai, wo in den Wintermonaten die Schiffe aus dem Binnendelta anlegen, und lassen das alles erst einmal auf uns wirken. Darüber wird es Mittag und jetzt hat die Polizei, bei der wir uns eigentlich zu allererst hätten melden müssen, geschlossen. Na, wir werden erst einmal ins Hotel Atlantide gehen, ausführlich dinieren und ein, zwei, drei Bierchen trinken, schön kühle Bierchen, schön langsam.

Das Bier war ein Traum. Die letzten Flaschen wurden vor einigen Tagen verkauft und kühle Getränke anderer Art gibt es leider auch nicht. Der Kühlschrank, elektrisch betrieben, funktioniert mangels Strom nicht und einen Petroleumkühlschrank hat ein modernes Hotel natürlich nicht mehr. Das Wasser, das in Glaskrügen nach französischer Art zum Essen auf den Tisch gestellt wird, kommt direkt aus dem Niger. Die Wasserversorgung ist wegen fehlender Elektrizität ebenfalls nicht in Betrieb. Wir trösten uns mit Ananas-Saft in Büchsen (Fabriqué en Côte-d'Ivoire) und einem vorzüglichen Fischessen: Kapitäns-Fisch, eine Spezialität des Nigers.

Die Hitze ist enorm groß und macht sich bei der herrschenden Luftfeuchtigkeit umso unangenehmer bemerkbar. Der Schweiß rinnt in Strömen.

Gegen 16 Uhr gehen wir gemächlich los, Richtung Polizei. Wir überqueren dabei den Markt und wundern uns über die Hektik, in der die Händler ihr Warenallerlei einpacken: Im Osten steht eine dunkelgelbe Wand und vor der scheinen sie großen Respekt zu haben. Wir haben im Polizei-Gebäude die Formulare für Anmeldung und Photographiererlaubnis noch nicht ausgefüllt, da bricht ein Staub-

sturm von ungewöhnlicher Heftigkeit los. Die Fensterläden werden geschlossen.

Da das Licht nicht funktioniert sitzen wir im Halbdunkel zusammen mit Polizisten und einer Reihe einheimischer Besucher auf den Holzbänken im Polizeibüro, die Luft füllt sich mehr und mehr mit Staub, wird stickiger und stickiger. Der Sturm rüttelt an den Blech-Fensterläden, von einem nahestehenden Baum bricht ein Ast und fällt mit Getöse auf das Wellblechdach. Wir sind doch leicht beunruhigt. Die Polizisten dagegen bewahren Optimismus:

»Das ist gleich vorüber, in 5 Minuten ist alles vorbei«. Tatsächlich legt sich der Sturm kurz darauf genauso schnell, wie er ausgebrochen war. Es fallen einige wenige dicke Regentropfen, dann ist der Spuk vorbei. Die Fensterläden werden wieder geöffnet, die Staubschicht, die sich auf alles gelegt hat, wird weggeblasen oder mit einem Wedel weggewischt. Unsere Kugelschreiber funktionieren nur noch mit Unterbrechung, alles ist bedeckt von feinstem Staub. Um den abgebrochenen und aufs Dach gefallenen Ast gibt es einen großen Auflauf. Einige Männer in dunkler Sträflingskleidung schaffen den Ast weg.

Leider hat der Sturm auch das Markttreiben beendet, die Atmosphäre draußen ist düster, der Himmel bedeckt, die Luft steht wieder in unangenehmer Schwüle. So führt unser Weg nach einem nur kurzen Umweg am Niger entlang schnell zurück ins Hotel, zum Ananassaft aus Büchsen.

Vor Einbruch der Dunkelheit fahren wir noch einige Kilometer raus aus Gao, flußabwärts. Direkt am Ufer finden wir einen Nachtplatz. Der Abend ist still und mild, ab und zu gluckst es im Fluß. Flußpferde?

Zwei Tuareg-Frauen der Kel Iforas im ›Vallée Tilemsi‹ (Tilemsi-Tal)

26. AUGUST, FREITAG

Die Schnaken haben uns in der Nacht heftig zugesetzt. So stehen wir spät und ziemlich gerädert auf. Das Wetter ist gut, klarer Himmel, milde Brise. In der Nähe des Marktplatzes hat der Limonadenfabrikant Badou seinen Laden, er soll an unserem Peugeot 304 interessiert sein. Über dem Eingang ein Schild: ›Babadi et babadou, le meilleur eau c'est le Badou' – babadi und babadou, das beste Wasser ist das von Badou. Der Herr Badou macht einen durchaus seriösen Eindruck, sein Preisvorschlag ist weniger eindrucksvoll. Wir diskutieren lange, er kennt alle Tricks und weiß den Zustand des Fahrzeugs durchaus richtig einzuschätzen. Natürlich ist der 304 kein gutes Fahrzeug für die Piste, natürlich sind die größeren Wagentypen besser geeignet, natürlich gibt es in Gao keine Ersatzteile und ebensowenig Super-Benzin, das für diesen Wagentyp erforderlich ist – sofern überhaupt Benzin verfügbar ist.

All dieses und die vielen Mängel und Defekte werden immer wieder ins Feld geführt, dann 2000 DM in CFA-Francs in bar auf den Tisch gelegt: Ich gebe klein bei, jetzt oder nie. Ein Vertrag wird aufgesetzt, Geld und Fahrzeugpapiere wechseln den Besitzer. Wir fahren zusammen mit einem der Bediensteten des Herrn Badou zum Hotel, um den Wagen leerzuräumen. Keine Sekunde läßt uns der Adlatus aus den Augen, wir könnten ja noch irgendetwas am Fahrzeug zum Nachteil seines Herrn und Meisters verändern. Uff, diesen unangenehmen Teil der Reise hätten wir hinter uns gebracht, ein Fahrzeug ist verkauft, ein Problem gelöst. Bis zum Mittagessen ist noch etwas Zeit, wir vertrödeln sie bei einer Büchse Ananassaft.

Die Landschaft ist frühlingshaft. Grüne, hochstehende Wiesen, klare Luft, ein Wolkenhimmel wie in Finnland! Da kann uns auch die schlechte Piste nicht sehr verdrießen, mit ihrem groben Wellblech,

den vielen Querrinnen jetzt am Ende der Regenzeit. Wir genießen die Freiheit der Piste.

Paß-Kontrolle in Ansongo. Wir halten vor dem Schlagbaum, das Kontroll-Häuschen steht nur wenige Meter unterhalb des Fahrdammes, auf dem sich die Piste befindet. Ein Uniformierter steht im Türeingang des Lehm-Häuschens, er pfeift heftig auf seiner Triller-Pfeife und winkt uns herab zu ihm vors Haus. »Warum fahren sie nicht bis hierher?«. »Aber der Schlagbaum und das Stop-Schild sind doch dort oben...«. »Sie denken doch nicht, daß ich Ihretwegen bis dorthin laufen will?«. Nein, das denken wir natürlich nicht. Wir geben Ruhe, er gibt Ruhe, stempelt und unterschreibt die Pässe. »Und beim nächsten Mal stellen sie ihr Fahrzeug hier vor dem Haus ganz genau gerade ab! Es muß alles seine Ordnung haben!«. Zu Befehl, beim nächsten Mal. Wir bedanken uns, er wünscht uns sogar noch ganz freundlich gute Fahrt. Es ist schon schwierig, immer alles richtig zu machen.

Inzwischen ist es dunkel geworden. Wir sind ziemlich schlaff und freuen uns auf einen geruhsamen Abend, ohne Fahr-Streß, ohne Reparaturen von Reifen und ähnlichem. Wir haben ja nur noch *ein* Fahrzeug und das können wir jetzt zu zweit betreuen. Luxus. Wieder finden wir einen Platz direkt am Wasser. Es ist mild, immer noch weht eine leichte Brise. Ein richtig schöner, lauer Sommerabend. Jochen schläft auf dem Dach des Wagens, ich wie gehabt auf den Liegesitzen.

27. AUGUST, SAMSTAG

Wir stehen sehr früh auf. Im ersten Tageslicht räumen wir alles aus, was wir nicht mit zurück nach Europa nehmen können und was wir getrennt vom Auto verkaufen wollen. Wir sind ja kurz vor Niamey, vielleicht fliegen wir morgen schon zurück! Die Piste ist nach wie vor in schlechtem Zustand. Je

36

weiter wir nach Südosten vorankommen, um so grüner wird die Landschaft. Große Pfützen stehen auf der Piste und im Gelände. Und man kann von einem Peugeot 204 bestimmt nicht behaupten, daß er besonders schlammtauglich wäre. Also werden große Wasserstellen zuerst zu Fuß erkundet, dann umständlich der bestmögliche Weg gefahren. Kurz vor der Grenze sieht es mehrmals so aus, als würden wir in einer der langgezogenen Schlammpfützen steckenbleiben, aber immer wieder wühlt sich der Wagen gerade noch durch, und sei es Zentimeter um Zentimeter.

Die letzten hundert Meter zur Grenze arten in eine Schlamm-Wasser-Schlacht aus: Hirsefelder säumen die Piste, engen sie von beiden Seiten ein, geben keinen Weg frei, um den Wasserlöchern auf der Piste auszuweichen. Es wird ein Hasard-Spiel. Aber wie so oft – wir haben wieder Glück.

Die Grenzer sind bester Laune. Auch bei ihnen scheint sich das angenehme Wetter positiv bemerkbar zu machen, sie lachen und scherzen und nehmen ihre Aufgabe auf drollige Art ernst: »Haben sie etwas anzumelden? Gewehre, Pistolen, sonstige Waffen?«. »Nein, nichts dergleichen.«. »Na gut, dann warten sie noch auf den Stempel und dann gute Fahrt.« Minuten später sind wir aus Mali ausgereist.

Erst in Ayourou gibt es wieder Probleme: Der zuständige Mann, der einzige, der unterschreiben darf, ist nicht anwesend. Es ist ohnehin kurz vor Mittag und so bitten wir um die Erlaubnis, ins Dorf fahren zu dürfen um im Hotel ›Amenokal‹ essen zu können. Dies wird uns großzügig gestattet und so rollen wir wieder einmal nach Ayourou hinein. Ayourou! Noch vor Gao schönster Ort an diesem Teil des Nigers, ist heute, einen Tag vor dem legendären Markttag, wie ausgestorben, jeder verschiebt seinen Marktbesuch, morgen wird man ohnehin anwesend sein. Nur wenige der Läden haben geöffnet und bieten uns so Gelegenheit, wenigstens ei-

nige der buntemaillierten Blechteller zu kaufen, die für westafrikanische Märkte so typisch sind und aus aller Herren Länder, China, Hong-Kong, Rumänien, Polen, Taiwan, Nigeria hierher exportiert wurden. Das wie ausgestorben in der Mittagshitze daliegende Dorf und der öde, viel zu große leere Marktplatz sind uns Anlaß genug, schnell ins Amenokal weiterzugehen. Enttäuschung auch hier: Das Hotel ist während der Regenzeit geschlossen. Da jedoch ein stark eingeschränkter Restaurant-Betrieb aufrechterhalten wird, können wir wenigstens essen und bekommen sogar kühle Getränke serviert. Bier! Wir gurgeln zum Essen einige Flaschen des lange vermißten Getränkes in uns rein, bekommen davon prompt Mattscheibe und erholen uns deshalb erst einmal im Schatten der Hotel-Terrasse mit Blick auf den Niger. Leder-Kissen auf breiten Mauern laden zum Langstrecken ein. Wenn ich ab und zu die Lider öffne, fällt mein Blick hinaus auf den trägen Niger, der dort im Sonnenlicht um Felsklippen herumströmt. Ab und zu Pirogen, die hinüber zu den Inseln der Fischer gesteuert werden oder den Fluß hinauf, wo in Schilfdschungeln Wasservögel nisten. Am Ufer auf den Felsplatten waschen ein paar Frauen ihre Wäsche, ein Pferd wird getränkt. Vor mir ein mit roten Blüten übersäter Strauch, exotische Schmetterlinge umgaukeln ihn.

Der Swimming-Pool ist jetzt grün und undurchsichtig, vollkommen veralgt. Aber da – ich bin mit einem Schlag hellwach – war da nicht eben ein schlanker Kopf, der aus dem Wasser auftauchte und sofort wieder verschwand? Eine Schlange? Ich beobachte die Wasseroberfläche. Dort – am anderen Ende des Beckens, ein grüner schlanker Kopf, schnappt Luft, ist weg. »Jochen, im Swimming-Pool ist eine Schlange!« Auch Jochen ist sofort wach. Unsere plötzliche Aufmerksamkeit fällt auch einigen Einheimischen auf, die wie wir die Mittagshitze hier verdösen. Ein junger Bursche hat schnell

›Rennstrecke‹ im Tilemsi-Tal

Die Piste kurz vor Gao: Die Wüste bleibt zurück

Folgende Doppelseite: Markttag in Ayourou. Viele Besucher kommen mit der Piroge

Grenzübergang Mali – Niger in Labbezanga: Im Hintergrund fließt der Niger-Fluß

Giraffen auf dem Weg zur Tränke am Niger – alltägliches Bild an der Piste kurz vor der Grenze Mali – Niger

einen Zweig in der Hand. Wieder lauern wir auf das Auftauchen des Kopfes. Dort ist er! Unerreichbar für den Zweig. »Ein Waran!« »Ein Waran im Wasser?« »Ja, sie leben von Fischen! Die sind hier im Niger häufig«. Der Junge mit dem Zweig legt sich auf die Lauer. Da ist er wieder! Der Typ macht einen Satz, faßt mit dem Zweig ins Wasser und hebt das Tier hoch: Eine Schlange mit Beinen! Fast einen Meter lang. Ein Waran! Das Tier fällt ins Wasser zurück.

So jetzt sind wir wieder munter. Über den leeren Marktplatz gehen wir zurück zur Zollstation. Die Sonne knallt vom klar-blauen Himmel.

Vor den Häusern des Grenzpostens hat sich schon eine ansehnliche Menschenmenge versammelt. Der Unterschriftsberechtigte fehlt immer noch. Verflucht! Es gibt kaum Schatten, unter einem schütteren Baum drängt sich alles zusammen. Nichts rührt sich, die Zeit scheint zu stehen. Plötzlich steht einer der Uniformierten auf: »Sie können weiterfahren!« »Wie bitte?« »Mann, frag doch nicht lange, schau daß wir wegkommen«. Minuten später sind wir wieder auf der Piste. »Sag mal, verstehst Du, warum die uns so lange haben warten lassen? Für nichts!? Wenn Sie im Endeffekt keinen für eine Unterschrift brauchen, hätten wir auch gleich fahren können!«

Die Piste zieht sich hin. Immer wieder stoßen wir auf tiefe Schlammlöcher, die uns viel Zeit kosten. Wir zählen die Kilometer bis zum Asphalt einzeln. 10 Kilometer vor Tillabery haben wir nochmal eine Reifenpanne! So schleichen wir die letzten Pistenkilometer, tragen den Wagen fast von Welle zu Welle und Loch zu Loch. Endlich sind wir in Tilla-bery! Es ist geschafft! Am Übergang von Piste zu Asphalt werden die üblichen Photos geschossen: Hinterräder noch auf der Piste, Vorderräder auf dem Asphalt. Die Helden vor, auf, oder neben dem Fahrzeug!

Die Asphalt-Kilometer nach Niamey vergehen wie im Fluge. 100, 110 km/h zeigt der Tacho, der Wagen scheint zu schnurren. Wir kommen so früh in der Landeshauptstadt an, daß die Büros der Luftfahrtgesellschaften noch geöffnet sind. So können wir zu allererst unseren Rückflug buchen. Zwei Tage werden wir noch hier bleiben müssen, Zeit genug, den Wagen zu verkaufen, unser Gepäck zu ordnen, Zeit genug auch für den einen oder anderen Bummel über den großen und den kleinen Markt und zu ausgedehnten Besuchen im Nationalmuseum des Niger.

30. AUGUST, DIENSTAG

Auf dem Flugplatz in Algier geht es zu wie im Tollhaus. An manchen Schaltern mit besonders großem Andrang steigen die Hintenstehenden einfach über die dichtgedrängte Masse ihrer Vorderleute hinweg zum Schalter vor – catch as catch can. Wir nehmen die vergleichsweise ruhige Maschine nach Genf. Genf! Der Sprung aus Hitze und Chaos in saubermännische Perfektion, in sachliche Kühle, könnte nicht größer sein. Eine Computer-Dame zieht ihrem Terminal in Sekunden unser Anschluß- und Umsteigeticket aus der Nase. Seltsam - das Ding scheint auf uns gewartet zu haben!

3 Die September-Reise

Wüstenfieber ist ansteckend! Neben Schwager Til, dem bewährten Begleiter einer ganzen Reihe vorausgegangener Sahara-Reisen, waren auf dieser ›Wüsten-Tour‹ noch sechs weitere Freunde und Bekannte, angesteckt vom Wüstenfieber, mit von der Partie. Fünf Fahrzeuge hatten wir und konnten so unseren eigenen Konvoi bilden. Die Fahrzeugwahl war wie schon zuvor wieder auf den altbewährten und in ganz Afrika weitverbreiteten Peugeot 404 gefallen. Billig mußten die Wagen sein und so konnte es nicht ausbleiben, daß an einem von den fünfen immer etwas nicht funktionierte oder seinen Geist gerade aufgab. Über Tunesien fuhren wir von Panne zu Panne nach Süden. Das Massenaufgebot beeindruckte sogar in Reggane, so daß wir hier ohne größere Wartezeiten in die Tanezrouft entlassen wurden.

*

17. SEPTEMBER, SAMSTAG

Maria, die heute bei mir mitfährt (Christian führte sein häufiges Einsanden auf die ›Gewichtigkeit‹ seines Wagens zurück), stößt plötzlich einen lauten Schrei aus: »Der Popoff…!« Dort drüben, keine fünfzig Meter von uns entfernt, landet eben Popoffs Wagen in einer an eine Explosion erinnernde Staubwolke mit den Vorderrädern zuerst auf dem Boden, wenige Meter weiter kommt er zum Stehen, wie es scheint – auf dem Bodenblech! Ich reiße den Wagen herum, rüber zu Popoff. Der sitzt noch benommen im Wagen, alles ist voll Glasscherben. Weiß wie eine frisch gekalkte Wand steigt er aus dem Wagen, sein Rücken voll Blut, das Hemd – die Flecken auf dem Hemd werden größer und größer,

Blut läuft den Rücken herunter. »Mensch Popoff, dein Rücken…!« Mir schnürt es die Kehle zu, nur keine Panik! Wo bleibt Christian, er ist Arzt. Wo sind die anderen? Wie weit werden sie fahren, bis sie merken, daß hinter ihnen nichts weiter ist als ihre eigene Staubwolke? »Mensch Mann, leg dich hin – dein Rücken, wir müssen wissen, was mit deinem Rücken ist!« Ich werfe eine Steppdecke auf den Sand, Popoff legt sich flach. Das Hemd hoch. Der Rücken ist übersät von kleinen Schnitten, Stichen, die Reservewindschutzscheibe wurde an Popoffs Rücken zerschmettert. Das sieht schlimmer aus, als es ist! Nur keine Panik! Und was ist mit Popoffs Wagen? Die Karosserie liegt auf den Rädern, die Hinterachse steht seitlich unter dem Fahrzeug vor, wie verloren liegen Einzelteile der Radaufhängung, Federn, Stoßdämpfer im Sand verstreut hinter dem Wagen. Wie konnte das passieren? Dort hinten, dorther kommt seine Spur, an einer mickrigen Welle bricht sie ab, der Wagen hat einen Satz von 15 Metern gemacht! Verdammt, irgendwo tropft es! Klar, der Kühler, der Motor hat ihn aufgerissen, er hat sich bei der harten Landung nach vorn bewegt und mit dem Ventilator den Kühler aufgeschnitten. Eben kommen die anderen zurück. Der Anblick von Popoff und der Zustand seines Wagens läßt ihre Gesichter versteinern. »Verdammt, was ist passiert?« Sie werden schnell aufgeklärt. Christian kümmert sich um Popoff. Gehirnerschütterung? Die Platzwunde an der Stirn ist groß genug! Und das benommene Sitzenbleiben nach dem Unfall? Til, unser Techniker, erfaßt in Ruhe das Debakel am Auto, liest die Einzelteile aus dem Sand. »Ob wir den jemals wieder zum Laufen bringen?« »Mal sehen, was sich machen läßt. Irgendwie werden wir uns schon aus der Affäre ziehen!« Soviel Optimismus kenne ich an ihm sonst gar nicht, aber es tut jetzt richtig gut, daß wenigstens er an das Wunder glaubt. Zwischen zwei Wagen wird ein aus mehreren alten Bettüchern zusammengenähtes Sonnensegel aufgespannt. Popoff bekommt einen Schattenplatz.

Wir anderen bereiten die Reparaturarbeiten vor. Da die Sonne wie üblich vom leicht diesigen Himmel knallt, wird auch über dem Unglücksfahrzeug im Motorbereich ein Sonnensegel gespannt. Der Kühler kommt raus. Er sieht wirklich übel aus! Segmentweise sägen wir mit einem feinen Metallsägeblatt die beschädigten Lamellen aus. Die Arbeit strengt enorm an, wir lösen uns im 15-Minuten-Rhythmus ab. Und die Hinterachse? Til legt alle Teile zusammen, jedes Stück wird gereinigt. Dann geht es an den Zusammenbau. Ein Loch ist völlig ausgerissen. Til kontert, nimmt alle verfügbaren Unterlagscheiben. Es muß halten – wir haben sonst nichts.

Ein hübscher, violettbrauner Vogel, ähnlich einer Türkentaube, sucht Zuflucht bei uns: Er legt sich in den Schatten eines Hinterrades am Unfallwagen und läßt sich durch unser Gewerke kaum stören. Wir haben den Eindruck, daß es ihm nicht sehr gut geht und schieben ihm deshalb so dicht, wie er es ohne Schreckreaktion gerade noch zuläßt, ein Schälchen mit Wasser zu. Am Kühler wird inzwischen Lamelle um Lamelle abgedichtet, zum Schluß füllen wir das verbleibende Loch mit Spachtelmasse. Hinten steht der 404 schon wieder auf beiden Rädern! Bleibt der Kühler dicht? Hält die Achse? Wir werden die Karre mitschleppen und mit ihr unser Zeug, so lange es eben geht. Stehenlassen können wir den Havaristen immer noch! Es ist später Nachmittag geworden, wir essen einige Büchsen Dosenobst. »Du siehst ja aus wie die sprichwörtliche Sau!« »Wenn du soviel unter dem Wagen gelegen wärst wie ich…!« »Na ja, spätestens in Anefis kannst du dich wieder waschen, aber vielleicht hast du dich bis dahin an den Dreck ge-

wöhnt.« Jetzt unser kostbares Wasser zum Waschen verwenden? Undenkbar!

»He, der Vogel ist tot!« »Das gibts doch nicht, der hat doch eben noch gelebt!« Tatsächlich, der Vogel *ist* tot. Und er macht den Eindruck, als wäre er schon vollkommen vertrocknet. Daß man so schnell sterben kann! Wir sind bedrückt. Hätten wir ihn zwangsweise tränken sollen? Warum mußte er ausgerechnet hier sterben, direkt bei uns? Irgendeiner fährt die erste Proberunde mit dem Unfallwagen. »Das sieht ja hervorragend aus!« »Der Kühler tropft.« »Wenn das alles ist – bekommst *du* eben etwas weniger zu saufen!« Bis alle Wagen abfahrbereit sind, vergeht immer einige Zeit. Heftig und unvermittelt hat in diesen Minuten ein Staubsturm eingesetzt, der wie eine Wand auf uns zukam. Solche Wände kenne ich schon! So drücke ich gegen den Widerstand der anderen die sofortige Abfahrt durch. Wir fahren so schnell es eben mit dem Havaristen geht nach Süden, vor die Staubfront. Zwanzig Kilometer später sind wir wieder im ›Freien‹, die Staubwand bleibt hinter uns.

Wir rollen noch bis 80 Kilometer vor Bordj Mohktar. Bei einigen flachen Dünenzügen finden wir einen netten Nachtplatz. Der Wind läßt nach, flaut ab auf Null. Und dann sind plötzlich eine Unmenge kleiner und kleinster gelblicher Stechinsekten da, die uns wie ein Schwarm überfallen. Aber wir sind viel zu müde, um uns nochmal auf die Beine zu machen. Und außerdem, warum soll es mit dem Ungeziefer ein paar Kilometer weiter im Süden besser sein? So mampfen wir um uns schlagend unsere Büchsenmenüs. Das Wasser in den Kanistern ist noch so heiß, daß man sich kaum die Hände damit waschen kann.

Wir stehen sehr früh auf. Dennoch sind die Stechinsekten schon wieder da. Unser Frühstück verläuft so noch kürzer als sonst schon. Die Morgenkühle tut den Wagen gut, rasch sind wir in Bordj Mokhtar.

Die Uniformierten im halb von Sand verwehten algerischen Grenzfort nehmen uns die Pässe ab. Hoffentlich dauert es nicht so lange! Die Sonne steigt höher und höher, der Tagwind nimmt an Heftigkeit zu. Jetzt ist es schon wieder so, daß man eigentlich besser daran täte, die Mittagshitze irgendwo im Schatten abzuwarten. Aber wir wollen weiter. Warum geben die unsere Pässe nicht heraus? Wir sprechen höflich vor und bekommen die Antwort, es sei hoher Besuch aus Algier da, um den sie sich kümmern müßten. Für uns bleibe da keine Zeit. Wenn nur diese verdammten Fliegen nicht wären! Hitze, Sonne, Staub, Fliegen. Da soll man nicht aggressiv werden, wenn man Stunde um Stunde vollkommen unnötig warten muß! Erneute Vorsprache. Schon im Hof des Forts werde ich heftig angepfiffen. Ist mir egal. Ich will jetzt hier weg und wenn ich Streit anfangen muß! Den Chef will ich sprechen! Aber der ist gerade so ein Bubi wie die anderen. Er redet plötzlich von der Verantwortung, die sie für uns hätten, daß sie uns während der Hitze nicht ohne Begleitung eines einheimischen Camions fahren lassen wollen. Zuerst stehlen sie uns die kühlen Vormittagsstunden und dann lassen sie uns wegen Hitze nicht weiter! Ich bekomme eine derartige Wut, daß ich die Pässe zurückverlange. »Es sind unsere Pässe, sie haben kein Recht, sie zu behalten. Wir fahren notfalls auch zurück nach Norden, wenn sie uns nach Süden nicht weiterlassen!« Komisch, der Zornausbruch zeigt Wirkung. Jetzt wollen sie die Wagen durchsuchen. Sollen sie doch! Aber Maria hat auch nicht mehr die besten Nerven! Als einer der Soldaten in ihrem Koffer wühlt, haut sie ihm den Deckel auf die Finger! »Ich lasse mir doch von dem Typ nicht meinen Koffer durchwühlen.« Der Bubi ist konsterniert. Er holt den Chef. Jetzt beginnt ein ziemlich skurriler Dialog: »Madame, wir müssen ihr Gepäck durchsuchen. Auch in Europa wird an einer Grenze das Gepäck durchsucht.« »Gut, aber nur in meinem Beisein, und der Kerl hier hat einfach drauflosgewühlt.« »Ich bin hier verantwortlich für Sie und die Soldaten und wie wir durchsuchen, müssen Sie schon uns überlassen.« »Dann verweigere ich eine Durchsuchung.« »Wenn Sie unbedingt hier in Bordj Mokhtar bleiben wollen – es steht ihnen frei, sich selbst Schwierigkeiten zu machen.« Sprichts und will zurück ins Fort. Verdammt, der Typ muß doch unsere Pässe unterschreiben! Ich halte ihn zurück, versuche es mit der bewährten Erfolgsargumentation von Reggane nochmal: »Monsieur, sie haben eben von der Verantwortung gesprochen, die Sie hier auch für uns Touristen haben. Aber (ich komme in Fahrt, muß den Zorn unterdrücken) was ist das für eine Verantwortung, wenn sie uns Stunden um Stunden hier in der schattenlosen Hitze hocken und warten lassen, während Sie selbst im kühlen Haus bleiben? Nicht einmal Wasser durften wir uns holen. Und dann sollen wir womöglich während der heißesten Zeit wieder auf die Piste, nachdem wir die kühlen Stunden hier vollkommen nutzlos zugebracht haben! Ist es das, was Sie unter Verantwortung verstehen? Wir haben nicht so viel Zeit wie Sie, Sie sitzen hier ihren Dienst ab, wir müssen pünktlich zu *unserem* Dienst wieder in Europa sein und die verlorene Zeit versuchen wir dann durch schnelleres und damit auch riskanteres Fahren wieder einzuholen. Damit helfen Sie keinem, Sie bringen uns nur in Gefahr!« Und tatsächlich, auch hier zeigt diese Argumentation wieder Wirkung. Sie hätten sich bisher – er sagt tatsächlich bisher – um ihren Gast kümmern müssen. Bisher – jetzt ist das Spiel gewonnen! »Dann erledigen Sie doch endlich unsere Papiere und lassen Sie uns in Gottes Namen fahren.« Tatsächlich schickt er einen der Bubis ins Fort, die Pässe abzustempeln und sucht selbst noch ein bißchen in den Wagen rum. Die Pässe kommen zurück, er unterschreibt, wünscht uns gute Reise. Am Abend wird sich eine lange Diskussion darüber entzünden, ob die Kerle uns aus Nachlässigkeit, Dummheit oder Faulheit so lange warten ließen. Warum sollten sie uns bewußt schikanieren?

Die Piste wird wieder enorm staubig. Ich muß Haken schlagen, um immer wieder ›Rück‹-Blicke auf meine Schützlinge zu haben. Dann ist hinter mir erneut nur noch Staub. Ich fahre zurück. Popoff, er ist schon ein echter Unglücksrabe, hat sich an einem unscheinbaren Stein den Auspuff abgerissen. Auspuffreparaturen, das sind Reparaturen nach der Klotz-Keil-Methode, festgerostete, festgebakkene Schrauben. Am Ende hilft meist nur noch die Metallsäge und das Abbrechen der Reststücke. Und heiß ist es dabei wieder. Zum Glück haben wir noch genug Wasser! Wie lange ist es noch bis zur Dämmerung? Von der Hitze her noch lange, aber das Licht ist doch schon wieder am Schwinden. 28 Kilometer vor Tessalit finden wir einen guten Platz mit viel Holz in einem Wadi. Wir kochen Unmengen von Tee – bis es uns fast den Magen umdreht, Tee, Tee, Tee. Hat einer geschwitzt den Tag über? Trockenheit und Hitze reißen uns das Wasser regelrecht aus den Poren.

Zwei-, dreimal überraschen uns bei unserem Teeabend heftige Staubböen und in der Nacht fallen ein paar Regentropfen! Wir sind bereits im Sahel!

19. SEPTEMBER, MONTAG

Wir trudeln erst spät in Tessalit ein. Die Zeitverschiebung von zwei Stunden läßt uns aber nach Mali-Zeit am frühen Morgen dort ankommen. Es scheint ausgesprochener Benzinmangel zu herrschen. Jeweils fünf Liter genügen bei Zoll und Polizei, die Formalitäten enorm zu beschleunigen. Kaum zwei Stunden später sind wir mit allen Fahrzeugen entlassen. Da bleibt noch Zeit für einen Pastis in der legendären Bar von Tessalit. Ein Glück, daß Alkohol so manches Tierchen tötet und daß die alkoholgeschwängerte Zutat jedes Wasser trübt! 12.00 Uhr Ortszeit gehts raus aus Tessalit, auf die steinige Piste. Es dauert nicht lange, da hat Christian Reifenpanne. Und schon wenige Kilometer weiter ereilt Heinz dasselbe Schicksal. Dann bin ich an der Reihe. So kommen wir nur mühsam voran. Im Licht der Dämmerung, das aus jedem Hund einen Wolf macht, legen wir eine längere Teepause ein. Die Abendkühle kommt. Entspannt werfen wir uns nochmal auf die Piste und kommen gut voran. Am Eingang des bewachsenen Sandfeldes vor Anefis, der Markouba, halten wir kurz an. Ich gebe Fahrinstruktionen: Nicht in der tief ausgefahrenen Spur der Hauptpiste bleiben, nicht in der Spur des Vordermannes fahren, hohe Grasbüschel umfahren. Aber schon nach wenigen hundert Metern erkenne ich am Stillstand der Lichter hinter mir, daß der erste festsitzt. Natürlich voll in der Hauptspur, wo keiner hingehört! Der Pkw hängt wie ein hilfloser Käfer auf dem Mittelwall, alle vier Räder fast in der Luft. Es beginnt eine mühselige Schaufelei, die schwüle Wärme läßt den Schweiß in Strömen fließen. Der Wagen kommt frei. Weiter gehts mit der ganzen Mannschaft. Doch dann sehe ich erneut nur noch Scheinwerfergeblinke von hinten. Zurück. Da hängt schon wieder einer auf dem Mittelwall in der Hauptspur! Ich bin wütend. »Verflucht, bist du denn blöd?! Bleib aus der Spur raus! Das nächste Mal kannst du deine Karre selbst rausschaufeln!« Wieder schweißtreibende Schindarbeit. Es hat bereits Kletten! Ihre spießigen Haken schlagen sich selbst durch die Fußsohle. Nach einer Stunde übler Rackerei geht es weiter. Plötzlich sehe ich gerade

48

noch im seitlichen Bereich der Scheinwerfer mehrere Augenpaare das Licht reflektieren. Hasen? Gazellen? Hinüber! War es nicht dort? Da ist die Hauptpiste! Mit einem dumpfscharrenden Geräusch falle ich hinein, der Wagen sitzt sofort mit dem gesamten Boden auf, vier Räder hilflos in der Luft. Wie war das noch? Aus der Hauptpiste rausbleiben? Und beim nächsten Mal den Karren selbst ausbuddeln? Da habe ich vor ein paar Kilometern den Mund wohl etwas sehr voll genommen! Wer verdenkts den anderen, daß sie mich tatsächlich allein schaufeln lassen? Erst als ihnen die Sache zu langweilig wird, fassen sie mit an. Ich werde mich in Zukunft wohl etwas mehr zurückhalten müssen! In der Nähe eines wasserführenden Wadis übernachten wir. Hier könnten sich Ifora-Tuareg aufhalten, und die möchte ich nicht versäumen.

20. SEPTEMBER, DIENSTAG

Die Nacht war wieder schwül-warm. Kaum Abkühlung, dafür traten eine Vielzahl von Stechfliegen in Aktion. Eigentlich kein Wunder, nur hundert Meter von einem stehenden Gewässer entfernt. Als sich mit aufkommender Helligkeit auch noch zeigt, daß keine Tuareg-Gruppe ihr Lager am Wadi aufgeschlagen hat, sind die anderen sauer auf mich. »Du mit deinem blöden Fimmel, immer dicht ran an die Leute. Dort draußen in der trockenen Wüste wären wir nicht verstochen worden.« Warum sich wohl die Nomaden nicht in Wassernähe aufhalten? Wegen des Ungeziefers? Oder ob die Weiden noch nicht genügend nachgewachsen sind?

Auf der staubigen ›Rennpiste‹ geht es die letzten Kilometer bis Anefis. Der dicke Chef erkennt mich wieder. Er ist freundlich und nett wie immer. Als er hört, daß ich in einigen Monaten wieder bei ihm durchkommen werde, berichtet er mir von einem großen Mißgeschick an seinem Auto. Ich muß ihm bei meiner nächsten Reise unbedingt ein Ersatzteil mitbringen. Die Tachowelle ist gebrochen! Und da er ein sehr rasanter Autofahrer sei, könne er nicht mehr feststellen, ob er gerade 70 oder 80 km/h fahre. Ein wirklich untragbarer Zustand! Aber eine Tachowelle kann leicht mitgenommen werden! Die Formalitäten sind Formsache, rasch bekommen wir die Pässe zurück. Rennstrecke bis Tabankort. Die Staubentwicklung ist enorm. Beim Hakenschlagen zwecks Zählung meiner Schäfchen hinter mir fällt mir eine Lücke im dritten Glied auf. Popoff! Heinz, Popoffs Vordermann, ist es noch gar nicht aufgefallen, daß er nicht mehr da ist. Seit wann also ist er uns entwischt? Til ist dazu bereit, die Hauptpiste wieder zurückzufahren, notfalls bis Anefis. Ich selbst fahre zurück nach Tabankort. Hier zweigt eine Piste nach Bourem ab, die allerdings kaum erkennbar ist. Ob Popoff sich auf diese begeben hat? Ich stelle mich auf einen hohen Hügel, um das Gelände so weit wie möglich überblicken zu können und selbst weithin sichtbar zu sein. Til fährt weiter Richtung Anefis, lange höre ich noch das dumpfe Brummen seines Motors. Die Zeit schleicht, Mükken werden lästig. Vom Brunnen in Tabankort kommen immer wieder Leute zu mir, die sich darüber wundern, was ich dort oben auf dem Hügel will. Die Verständigung ist schwierig, kaum einer spricht französisch, und lange können sie sich nicht aufhalten, die Arbeit des Viehtränkens hat Vorrang vor vermißten Touristen.

Auf der Südseite von Tabankort taucht plötzlich eine Staubwolke auf. Das könnte ein Fahrzeug sein. Tatsächlich, kurz darauf wird Popoffs grauer Peugeot sichtbar. Mit hohem Tempo jagt er zurück. Schon ist er zwischen den ersten Hütten von Tabankort. Er müßte mich doch sehen! Oder hat er nur die Piste im Auge? Ich springe ins Auto, rase Popoff hinterher, der auf die Piste zurück nach Anefis einschwenkt. Ich hupe, bis die Sicherung durchbrennt. Dann mit aufgeblendetem Scheinwerfer hinterher. Eigentlich ein Irrsinn. Irgendwann wird er doch Til treffen. Aber wenn er ihn an einer unübersichtlichen Stelle verfehlt? Popoff, der ja nicht weiß, daß ich hinter ihm bin, legt ein ganz schönes Tempo vor. Die Aufholjagd kostet Nerven und Stoßdämpfer.

Dann beginnt das Warten auf Til.

Wieder schleicht die Zeit. Die Fliegen sind enorm lästig. Nach einer Ewigkeit ist endlich Motorengeräusch zu hören: Til! Er ist tatsächlich zurück bis Anefis gefahren. Popoff dagegen hat immerhin 30 Kilometer der Bourem-Piste kennengelernt.!

Irgendwo im dornigen Nichts steht eine kleine Gruppe Tuareg-Frauen am Pistenrand. Eine der Damen will mit nach Gao. Jung und hübsch ist sie, Heinz ist gleich ganz begeistert. Ihre Bündel werden im Wagen verstaut, die anderen Frauen bieten der Mitfahrerin noch eine große Schüssel voll Milch als Abschiedstrunk an. Das Tuaregmädchen ist wohl auf Milch geeicht! Fürs Autofahren scheint dies aber nicht zu gelten. Auf der Kurvenstrecke vor Gao gab sie den ganzen Milchsegen wieder von sich. Heinz' Begeisterung erlitt daraufhin einen ganz enormen Dämpfer!

Gao! Am späten Nachmittag rollen wir in diese wunderbare Stadt am Niger ein! Wir kommen aus der Wüste, Gao liegt am Fluß. Es ist der Eintritt ins Paradies. Dabei müßten wir, um den Vorschriften zu genügen, zuerst unsere Pässe bei der Polizei abgeben. Aber auf einer Seitenstraße umfahren wir den Posten und genehmigen uns im Hotel Atlantide erst einmal ein Bier, oder auch zwei oder drei. Dann erst machen wir Behördengänge, Polizei, Photographiererlaubnis, Kfz-Versicherung. Versicherung! Das liest sich so einfach. Im Versicherungs-›Büro‹, einem Nebenraum von Monsieur Badous Limonadenladen, sitzt nur eine Hilfskraft. Der junge Mann darf allein eigentlich keine Versicherung abschließen. Aber die Formulare sind da,

die Schreibmaschine ist da. Also: »Wenn Sie mir 500 Mali-Francs Trinkgeld geben, bekommen Sie von mir die Police billiger.« »Was kostet sie bei Dir und wieviel beim Patron?« Nun, die Differenz war interessant. Und uns kam es nur auf die Police an. Im Hotel lassen wir uns verwöhnen. Abendessen mit mehreren Gängen, kühle Getränke, über unserem Tisch fächelt ein überdimensionaler Ventilator Luft. Hier läßt es sich aushalten. In der Dunkelheit fahren wir noch ein paar Kilometer flußabwärts. Direkt am Niger finden wir einen netten Nachtplatz.

21. SEPTEMBER, MITTWOCH

Das ungewohnte Bier vom Vorabend ließ uns trotz aller Stechfliegenschwärme gut schlafen. Beim Erwachen ist es schon hell, Dutzende von Kindern und Halbwüchsigen umlagern uns. Alle haben im Umgang mit Touristen schon so viel Erfahrung, daß sie deren höchsten Wunsch in solchen Augenblicken kennen: Für 50 Pfennig wollen sie das Auto waschen! Aber wen aus all den Kerlen erwählen? Ich suche mir einen etwas Zurückhalteneren aus, was sich schnell als Fehler erweist. Mehrfach muß ich ihn gegen die anderen verteidigen, die ihn von seiner Arbeit verdrängen wollen. Es geht ziemlich hektisch zu und jedes Fahrzeug ist von einer ganzen Horde umlagert. Christian geht dem ganzen Trubel aus dem Weg, indem er seinen Wagen weitab stellt: Die Karre soll ruhig dreckig bleiben.

Irgendwann ist das Chaos aber auch zu Ende, Wagenwäscher, Wasserschlepper und Wächter sind bezahlt und beschenkt. Leicht strapaziert aber mit aufgeräumten und einigermaßen sauberen Fahrzeugen geht es zurück nach Gao. In der Nähe des Marktplatzes werden die Autos abgestellt. Hier werden sie am meisten Aufmerksamkeit und Interesse erregen. Wir haben derweil Zeit zu einem

Bummel über den von vielen Völkergruppen besuchten Markt und hinab zum träge dahinziehenden Niger.

Christian gelingt es am Nachmittag tatsächlich, den lädierten Peugeot zu verkaufen. Der Richter des Ortes ist sein Kunde. Wer hätte angesichts des Wracks nach dem Popoff-Sprung in der Tanezrouft auch nur daran gedacht, mit dieser Kiste überhaupt noch Gao zu erreichen? Und jetzt ist ausgerechnet dieses Fahrzeug als erstes verkauft. Ein Stein fällt uns vom Herzen.

Die Piste raus aus Gao Richtung Niamey ist in relativ gutem Zustand. Die war schon schlechter. Wir kommen gut voran. In Ansongo ist Polizeikontrolle. »Hier habe ich mal Ärger gehabt, weil ich mit dem Wagen nicht bis vors Postenhaus gefahren bin, also bis vor die Tür und schön ordentlich aufgestellt.« Gesagt, getan. In Reih und Glied ausgerichtet, stehen alle vier Fahrzeuge vor dem Lehmhaus. Drinnen bricht einer in Gebrüll aus. »Haben Sie nicht das Stop-Schild gesehen? Das ist oben an der Straße! Wie können Sie es wagen, das Stopschild zu ignorieren, Sie haben einen Befehl mißachtet.« Vorsichtig versuche ich zu erläutern, daß ich auf einer früheren Reise eben wegen Haltens am Stop-Schild gerügt worden bin. Der Uniformierte schreit weiter. »Den Kollegen kenne ich schon, der war zu faul, um aus seiner Bude rauszukommen. *Ich ver-sehe meinen Dienst korrekt!* Stellen Sie sich sofort am Stop-Schild auf.« Wir ziehen uns zurück, schön ordentlich in gleichen Abständen vor das Stop-Schild. Als wir die Pässe ins Büro tragen wollen, werden wir zum Auto zurückgewiesen, wir sollen dort warten. Das dauert. Schließlich kommt der Schreihals. Ein Auto muß fünf Zentimeter weiter nach rechts rangiert werden. Dann gibts Fahrzeug-kontrolle: Scheinwerfer, Blinker, Hupe. Hier fehlt ein Scheinwerferglas, das auf der Piste zersprungen ist, dort ein Rücklicht, ein Blinker funktioniert nicht, auch meiner Hupe brennt gleich beim ersten

Versuch die Sicherung durch. Der Schreihals wird plötzlich ganz ruhig. »Das kostet zusammen 55 000 Mali-Francs!« 275.– DM wegen solcher Kleinigkeiten?! Die fahren hier doch mit Schrottfahrzeugen rum und wir sollen dafür 275.– DM bezahlen! Wir verlegen uns aufs Verhandeln, Bitten. Der Schreihals, jetzt immer noch leise, so leise, daß man ihn kaum verstehen kann, ist stur. Draußen wird es dunkel. Er zündet eine stinkige Petroleumlampe an. Die Luft im Lehmhaus ist kaum noch auszuhalten. Wir einigen uns darauf, die Strafe zu zahlen – gegen Quittung. Das bringt den Schreier auf eine andere Idee. Jetzt wird er plötzlich jovial, alles sei doch nicht so schlimm, er sei ein netter Mensch, würde alle Augen zudrücken, für uns. Und schließlich seien Schwarze und Weiße Brüder, und Brüdern könne man solche Kleinigkeiten nachsehen. Wir sind perplex. Was hat der vor? Freundlich werden wir fürs erste verabschiedet, wir sollen uns im Straßencafe oben am Schlagbaum bei einem Kaffee erholen, solange macht er unsere Pässe fertig. Ziemlich erschöpft von den langwierigen Verhandlungen und auch verunsichert durch die Taktik des Schreiers kippen wir den übersüßen Milchkaffee, zubereitet aus Nigerwasser und Pulverkaffee, in uns rein. Dabei ist die Atmosphäre umwerfend schön: Eine niedrige schilfgedeckte Hütte, harte, abgegriffene Bänke, ein Brettertisch, das Schilf des Daches innen vom Rauch des Petroleumofens geschwärzt, schwaches Licht der kokelnden Petroleumlaterne, die vielen Verkaufstische mit ebensolchen Petroleumlampen um die Hütte, Gespräche, Gerüche, Rufe von Vögeln, Froschgequake vom Niger her. Es hätte schön sein können, ohne die Anspannung. Nach einiger Zeit kommt ein Junge mit den Pässen. Meiner fehlt! Ich als ›Chef du Convoi‹ soll nochmal zum Patron kommen. Jetzt wirds spannend! Er redet erst einige Sätze über den Kaffee, dann setzt er im Scheine seiner Petroleumlampe, die er zu diesem Zwecke extra höher stellt, eine beleidigte Miene auf. »Ich war so nett zu Ihnen, keine Strafe und so viel Verständnis, da könnten Sie mir doch wenigstens ein kleines Geschenk zukommen lassen.« »Ein kleines Geschenk gerne, wieviel soll es denn sein?« »Na, ich meine, bei einer Strafe von 55 000 Mali-Francs, die wir vergessen, ist ein Geschenk von 50 000 Francs nicht zu wenig!« Es haut mich fast um! Vor Wut innerlich kochend, ziehe ich mich zu den anderen zurück. Kurzer Ratschlag. Wir einigen uns auf 5000 Mali-Francs, keinen Franc mehr soll er kriegen. Wieder zurück zum Schreier, ganz wohl ist mir nicht, als ich den gemeinsam gefaßten Vorschlag unterbreite. »Nur 5000 Francs? Die Freundschaft ist wohl doch nicht so groß! Aber sehen Sie, wir haben Anweisung, freundlich zu den Touristen zu sein, und deshalb gehe ich auf ihr Angebot ein. Zahlen Sie die 5000 Francs und Sie können weiterfahren.« Der Junge macht den Schlagbaum auf, wir können weiter. Ich befinde mich wie in Trance, verärgert, verunsichert. Hat der uns mit seiner 50 000-Forderung nicht total ausgenommen? Wäre der nicht auch mit 500 vollkommen zufrieden gewesen?

Die Sache hat uns allen so zugesetzt, daß wir schon nach wenigen Kilometern einen Nachtplatz suchen. Obwohl wir uns nicht in unmittelbare Niger-Nähe begeben, hat es wieder viele Schnaken. Mir ist es hundeelend, mehrfach muß ich mich übergeben. Das Niger-Wasser im Kaffee von Ansongo? Das Niger-Wasser aus der eigenen Feldflasche? In Gao gab es kein Wasser aus der Leitung. So waren wir gezwungen, wie jedermann im Ort unsere Wasservorräte direkt aus dem Niger zu ergänzen.

22. SEPTEMBER, DONNERSTAG

Früh raus. Es geht mir schlecht. Wieder muß ich mich mehrfach übergeben. Das würgt und würgt aus dem leeren Magen. Zu allem Überfluß habe ich

auch noch einen Plattfuß. Der Reifenwechsel kostet mich die letzten Kräfte. Ich muß immer wieder nach lächerlichen Arbeiten Ruhepausen einlegen. Aber irgendwann ist es geschafft, diese sonst so harmlose Arbeit, heute eine nicht endenwollende Quälerei. Beim Abziehen des Wagenhebers drehe ich unabsichtlich einen Stein um, auf den ich mich ab und zu gestützt hatte. Ein Skorpion sitzt darunter, klein, schwarz. Hatte ich nicht vor ein paar Minuten meinen Kopf auf eben diesen Stein gelegt? Na, das hätte böse ins Auge gehen können.

Wieder auf die Piste. Die Hitze setzt mir sehr zu. Langsam erhole ich mich aber, die gemächliche Fahrerei trägt ihren Teil dazu bei.

Im Grenzgebiet sehen wir eine sehr große Gruppe Giraffen – wie auf fast jeder Reise hier am Niger entlang. Giraffen! Diese uninteressanten Zoo-Allerweltstiere können in freier Wildbahn regelrecht begeistern. Wie vorsintflutliche Dinosaurier recken sie ihre Hälse über die Dornakazien, ihre Bewegungen wirken wie Zeitlupe, selbst der Galopp. Nur schwer können wir uns von den schönen Tieren trennen.

Die Grenzkontrolle in Labbezanga auf der Mali-Seite geht problemlos vonstatten. Dann kommt es jedoch zu einem Zwischenfall, der mir heute noch Kopfzerbrechen bereitet. Ich hatte meine Schuhe unter einem Baum abgestellt, steige dann barfuß ins Auto, die Schuhe bleiben stehen. Schon nach hundert Metern bemerke ich es und fahre zurück – die Schuhe sind weg. Ich gehe zu einem der Grenzsoldaten, höhere Charge, frage, ob er zufällig meine Schuhe gesehen hätte. »Sie haben Ihre Schuhe hier unter dem Baum vergessen? Hier vor der Polizeistation? Die werden wir sofort wieder haben. Warten Sie drei Minuten.« Ich wundere mich über seinen Optimismus, er geht zwischen den nächsten Hütten in Richtung Dorf. Tatsächlich vergehen höchstens fünf Minuten, kommt er zurück, in der einen Hand meine Schuhe. Mit der anderen schleppt er einen mageren Jungen mit, vielleicht acht, zehn, zwölf Jahre alt, wer weiß das, bei diesen vergreisten Kindern. Ohne mich zunächst eines Blickes oder Wortes zu würdigen, geht er an mir vorbei zum Polizeigebäude, wirft den Jungen in die mit einer Blechtüre versehene Arrestzelle. »Aber ich bitte Sie, das ist doch nur ein Dummer-Jungen-Streich…« »Haben Sie ihre Schuhe hier vergessen oder nicht? Und hat er sie weggenommen oder nicht? Also – er ist ein Dieb! Und Diebe werden bestraft.« »Aber wegen der alten Schuhe, er hat sicher gedacht, ich hätte sie weggeworfen. Ich bitte Sie, lassen Sie den Jungen doch laufen.« »Weggeworfen? Dann hätte er sich erst erkundigen müssen, ob er sie wegnehmen kann, nein, er hat sie gestohlen, er ist ein Dieb.« »Aber hören Sie doch…« »Nein, nein, Sie müssen es schon uns überlassen, wie wir Diebe behandeln. Sie sind ein Tourist. Was mischen Sie sich in unsere Angelegenheiten? Sie haben die Formalitäten erledigt, also fahren Sie jetzt bitte weiter.« Diese verfluchten ausgelatschten Schuhe, in den Niger könnte ich sie werfen! Monate später bin ich wieder in Labbezanga. Die Arrestzelle ist leer, der Polizist von damals versetzt, keiner weiß etwas von dem Jungen. Die Grenzstation Firgoun auf der Nigerseite lädt mit schattigen Bäumen zu einer Pause ein. Vögelgeschnatter, Echsen huschen an den Baumstämmen, Schmetterlinge gaukeln im Sonnenlicht, der Niger fließt träge braungrün vorbei. Die Kontrolle der Fahrzeuge verläuft oberflächlich. Am zweiten Kontrollposten, am Ortseingang von Ayourou, werden wir aufgehalten. Der Chef macht Siesta. Die Wagen stehen in der prallen Sonne, ein magerer Baum verbreitet nur wenig Schatten und der ist schon von Zöllnern und den Tableau-Händlern besetzt. Großzügigerweise werden wir bis zur Rückkehr des Chefs ins Dorf entlassen. Im Hotel Amenokal tauchen wir hinein ins luxuriöse Leben, genießen kühles Bier, essen. Anschließend trinken wir Kaffee, unter schattigen Bäumen auf der Terrasse über dem Niger: Träge fließt der Fluß vorbei, zwängt sich hier durch eine löchrige Felsbarriere, Pirogen verkehren zwischen Inseln, Frauen waschen Wäsche. Der Marktplatz liegt leer und verödet in der Hitze.

Irgendwann hat auch der Chef des Kontrollpostens seine Siesta beendet. Mit dem Laissez-passer geht es weiter. In Tillabery endlich stoßen wir wieder auf Asphalt. Anlaß zu einer kleinen Photo-Orgie: Hier endlich haben wir die Piste beendet! Rasch bricht die Dunkelheit herein, und mit ihr ein Naturereignis, wie es sich in dieser Heftigkeit wohl nur in tropischen Bereichen entwickeln kann: Eine gelbe Wand rast auf uns zu, von Blitzen durchzuckt. Ein Staubsturm beutelt die Autos, droht sie von der Straße zu werfen, unser Tempo fällt auf 50 bis 60 km/h. Und dann bricht hinter der Staubwand die Sintflut aus: Regenmassen stürzen vom Himmel, man fühlt sich wie im Wasserfall. Mein Wagen stellt ab, die Zündung ist dieser Wasserflut nicht gewachsen. Wir warten wohl eine Stunde am Straßenrand aufgereiht. Der Regen läßt nach. Die Motorwärme hat die Zündanlage trocken werden lassen, der Wagen springt ohne Probleme an. Wenig später erreichen wir die Stadtgrenze von Niamey. Die Suche nach Hotelzimmern verläuft wieder einmal für alle erfolglos: Sämtliche Zimmer sind belegt oder reserviert. So übernachten wir noch einmal im Wagen, unten am Niger.

23. SEPTEMBER, FREITAG

Wir stehen sehr früh auf, machen Ordnung so gut es geht. Heute sollen die Fahrzeuge verkauft werden! Hinein in die Stadt. Christian und Popoff kümmern sich vor allem um ihren Rückflug, wir anderen um den Autoverkauf. Die Kunden sind zahlreich, die

Preise schlecht! Es gelingt uns bis zum Abend, alle Fahrzeuge zu verkaufen. Wir leisten uns ein ausführliches Abendessen in einem der besseren Lokale von Niamey. Den Aperitif nehmen wir auf der Terrasse des Restaurants. Unter uns strömt der Niger träge vorbei. Scharen von fliegenden Hunden ziehen über den dämmerungshellen Himmel. In einem Hotel haben wir ein Doppelzimmer bekommen. Hier verbringen wir alle zusammen eine unruhige Nacht. Immer wieder fällt der Strom aus und unterbricht das monotone Summen der Klimaanlage.

4   Die Dezember-Reise

Die Reise stand unter der Devise ›Gewinn‹: An ihrem Ende sollte die Reisekasse nicht wie sonst mit einem erheblichen Minus sondern einem größeren Plus abschließen. Zu diesem Zweck hatte ich einen schönen Mercedes 7,5-Tonnen-Pritschen-Lkw gekauft, auf diesem wurde ein Peugeot Pkw sicher vertäut, ein weiterer Peugeot sollte als schnelles Begleitfahrzeug nebenbei fahren. Ludger und Dietrich, beide noch Studenten, sollten gegen Erstattung ihrer Reisekosten Fahrerpflichten übernehmen. Über Genua–Tunis und durch Tunesien kamen wir an die algerische Grenze, dort aber nicht weiter: Für die Einreise nach Algerien mit einem Lkw war seit kurzem eine Sondergenehmigung erforderlich, die wir (noch) nicht besaßen. Das Begleitfahrzeug bewährte sich: In Höllentempo ging es nach Algier. Solange wir dort drei Tage mit Warten auf die Genehmigung verbrachten, wurde der Wagen zweimal ausgeräumt. Die zuständige Polizei weigerte sich, die Diebstahlsmeldung entgegenzunehmen. Endlich im Besitz der Genehmigung und wieder zurück mit Höllentempo zu unserem Lkw, überschritten wir problemlos die Grenze. Um die verlorene Zeit wieder gutzumachen, fuhren wir non-stop mit rollierendem Fahrerwechsel nach Adrar. Dort kommen wir mitten in der Nacht an. Wir schlafen direkt vor der Tankstelle, um am anderen Morgen als erste bedient zu werden.

*

1. DEZEMBER, DONNERSTAG

Kaum hat der erste Tankstellenbedienstete ausgeschlafen, machen wir uns ans Tanken. Sprit für den Lkw – 1500 Kilometer sind es bis Gao – und für den auf eigener Achse fahrenden Peugeot 404, dazu Reserven, falls der Peugeot 504 von der Pritsche genommen werden muß, um den Lkw zu entlasten, und für den Fall, daß es in Gao (wie so oft) kein Benzin gibt. Kanister um Kanister wird mit den so wichtigen Flüssigkeiten gefüllt, einer nach dem anderen auf der Ladefläche fest verzurrt. Dann werden noch die verfügbaren Wasserbehälter gefüllt. Die Piste liegt vor uns! Das Wetter ist sehr angenehm, trockene Wärme, endlich Wüstenklima! Wie sehr haben wir diese Temperaturen im kalten verregneten Nordalgerien herbeigesehnt. Wir haben den Reifendruck am Lkw schon jetzt auf das

Mindestmaß herabgesetzt. So fährt es sich ganz angenehm, allzu harte Schläge bleiben aus. Wir kommen zügig voran und sind am frühen Nachmittag in Reggane.

Vor der Polizeistation stehen bereits zwei 20-Tonnen-Kipper mit Schweizer Kennzeichen, schöne Fahrzeuge mit Alu-Pritsche und Allrad-Antrieb. Sie freuen sich über unsere Ankunft. Der zuständige Polizeimann, er ist neu hier, hat ihre Abfahrt von weiteren Fahrzeugen zur Bildung eines größeren Konvoi abhängig gemacht, obwohl Georges, der Führer der Schweizer Gruppe, die Reise in den schwarzen Erdteil schon zehnmal hinter sich gebracht hat. Während unsere Papiere fertig gemacht werden, tauschen wir Erfahrungen und Erlebnisse aus: Die Schweizer haben die Transit-Genehmigung, die uns so viel Kummer gemacht hat, an einem anderen Grenzübergang gegen Bezahlung von 200 DM erlassen bekommen! Traumhaft!

Am späten Nachmittag fahren wir los: Die zwei Allrad-Lkw voraus, ihr Begleitfahrzeug, ein 404 Break, dann ich im Lkw, dann unser 404. Das Tempo ist sehr gemächlich. Die 20-Tonner, leer, mit riesigen Reifen und Allrad, brummen durch jedes Sandloch mit einer beneidenswerten Gelassenheit. Ich selbst, im 7,5-Tonner, den Pkw, allen Sprit und alles Wasser aufgeladen, bleibe ohne Schwung schon im ersten berühmt berüchtigten Sandloch hinter Reggane hängen! Aber die Sandausrüstung liegt griffbereit. So sind wir schnell wieder frei und ich weiß, daß ich mich dem Tempo der Schweizer, ohne laufendes Einsanden nicht anpassen kann. Kaum 20 Kilometer nach Reggane schlagen sie ihr Nachtlager auf. Wir verbringen gemeinsam die Dämmerungsstunde, in der sich ohnehin schlecht sehen und damit fahren läßt.

Erst als es ganz dunkel ist, brechen wir auf, fahren weiter durch die Nacht, immer Richtung Süden, langsam, stetig.

2. DEZEMBER, FREITAG

Es wird bereits wieder dämmrig, drüben im 404, der gerade neben mir auf gleicher Höhe fährt, schläft Ludger erschöpft auf dem Beifahrersitz, während Dietrich den wenigen Unebenheiten ausweicht. 300 Kilometer sind wir in dieser Nacht schon gefahren! Nur einmal haben wir für eine kurze Teepause angehalten. Verfluchtes Dämmerungslicht! Ich erkenne ein schweres Sandstück zu spät – schon hänge ich drin! Dietrich und ich rakkern zwei Stunden, Ludger schläft den Schlaf des Gerechten. Bis wir wieder festen Boden unter den Lkw-Rädern haben, ist es hell geworden. Die Sonne kommt eben über den Horizont.

Einer der Dieselkanister war nicht ausreichend verzurrt. Er ist unter den 504 gerutscht, der hat ihn mit seinen Auf- und Abbewegungen leckgeschlagen, jetzt ist die Pritsche dieselschmierig. Der 504 ist aus seinen stählernen Haltebändern gerutscht. Bei jedem Abbremsen vor einem Loch oder einer Welle schlägt er von hinten gegen die Fahrerkabine. Bidon V ist nicht mehr weit, der ehemalige Stützpunkt für die Pistenfahrer in der französischen Protektoratzeit. Jetzt stehen hier nur noch Ruinen, die aber dennoch einen Bezugspunkt darstellen, mitten in dieser unendlich erscheinenden Sand- und Kiesebene, die sich so stolz Tanezrouft nennt. Bis Bidon V werden wir noch fahren, dort eine größere Pause einlegen, essen, den 504 wieder richtig festknebeln und die Kanister neu verzurren. 31 Grad zeigt das Thermometer im Schatten der Ruinen. Die Luft bewegt sich kaum und so wird es beim Arbeiten schon fast wieder zu heiß. Dieser ewig unangenehme Diesel-Gestank! Alles ist dieselgetränkt, überall hat sich ein schmieriges Gemisch aus Diesel und Staub gebildet. Wir werden den Dreck nicht mehr los werden, bis wir den Lkw verkauft haben.

Zwei Stunden später können wir weiterfahren. Alles ist überprüft, die Tanks frisch gefüllt, Kanister und Fahrzeug ordentlich festgemacht. Wieder bezugslose Ebene ringsum, nur die Piste zieht sich hindurch – meist schnurgerade, mal eine tiefe Rinne, mal weit ausgefächert, hunderte von Metern breit. Einige Kilometer nach Bidon V gibt es übles Wellblech. Der Lkw schlägt und bockt. Für deutsche Straßen ohne Stoßdämpfer gebaut, ist die Reibung zwischen den Federblättern hier doch überfordert. Es wird jetzt richtig heiß. Die unangenehme Piste tut ein übriges: Das Fahren des Lkw wird anstrengend.

Die Pass-Abfertigung in Bordj Mokthar verläuft vollkommen problemlos. Die Wagen werden nur oberflächlich untersucht. Schnell sind wir wieder auf der Piste, die jetzt in hügeligem Gelände verläuft. Immer wieder müssen wir Wadis queren, die das Tempo ungleichmäßig werden lassen und unser Stundenschnitt sinkt. Immerhin – in der Dämmerung sind wir nicht mehr weit von Tessalit entfernt. In einem von Dornakazien bewachsenen Wadi schlagen wir unser Nachtlager auf. Es bleibt angenehm mild. Wir haben genug Feuerholz zur Verfügung, kochen große Mengen Tee, sitzen noch schwatzend zusammen, bis uns die Müdigkeit ins Bett treibt. Dietrich schläft im Himmelbett – das ist der 504 hoch oben auf der Pritsche des Lkw, Ludger auf den Liegesitzen im 404 und ich selbst quer über Fahrer- und Beifahrersitz im Lkw.

3. DEZEMBER, SAMSTAG

Am frühen Morgen zeigt das Thermometer noch 17 Grad. Eine angenehme Temperatur. Ein leichter Pullover, und es läßt sich herrlich im ersten Morgenlicht frühstücken. Sitzplätze: Leere Kanister. Tisch: Ein Sandbrett. Allzuviel Zeit haben wir leider nicht. Samstag ist Samstag in Tessalit – zwar sind fast alle Bewohner dort Moslem, aber Sonn-

Bilder Farbteil I:

1. **El Golea, ›die Burg‹, letzter Ort mit guten Versorgungsmöglichkeiten**

2. **Dünen neben der Straße bei El Adeb Larache**

3. **Der Rand der Oase Gatrun. Die letzten Palmen, dann die offene Wüste**

4. **Kamelherde im Staubwind, Rückkehr aus der Tenere**

5. **Dünen bei Arak in diffusem Licht: Ein Sandsturm kündigt sich an**

6. **Nachtplatz in den Bergen von Mouydir**

7. **Sandstrukturen bei Arak**

8. **Schlechte Piste bei Djanet, Drahtnetze helfen aus der Spur**

9. **In den Straßen von Tamanrasset**

10. **Schwere Piste im Grenzgebiet Libyen – Niger**

11. **Weltberühmt: Der Blick vom Assekrem**

12. **Sonnenuntergang im Hoggar nach einem Staubsturm-Tag**

13. **Eine Guelta in der Nähe von Tamanrasset**

14. **Im Hoggar-Gebirge auf dem Weg zum Assekrem**

56

1 △   2 ▽

3 △   4 ▽

5 ▽

6 △   7 ▽   8 ▽

9 △   10 ▽   11 ▷

12 △   13 ▽   14 ▽

und Feiertage folgen dem christlichen Kalender. Wir müssen also vor zwölf Uhr die Abfertigungsstellen in Tessalit durchlaufen. Normalerweise wäre das kein Problem, wir sind ja nur noch wenige Kilometer vor der Grenze. Normalerweise! Aber jetzt: Dort vorne ist ein harmloses Sandstück, ich sitze gerade am Steuer, will mit dem Gas nachhelfen. Aber der Lkw zieht nicht, ich bleibe hängen. Was ist los? Der Sand ist so tief nicht! Ist einer der Zwillingsreifen platt? Nein! Der Bock geht nur mit Mühe auf die Sandbleche. Wir denken alles durch, was man uns als wenig erfahrenen Lkw-Fahrern an guten Ratschlägen über mögliche Fehlerquellen mit auf den Weg gegeben hat. Verstopfte Filter? Da ist ein riesiger Vorfilter, den machen wir jetzt mal auf. Gibts das denn? Der ist randvoll mit Teeblättern! Total zu! Das Saubermachen ist kein Problem. Aber wo kommt der Tee her? In einem der leeren Kanister, aus dem wir gestern abend nachgetankt haben, finden sich noch ein paar Blätter. Hat uns jemand an der Tankstelle beim Auftanken Tee reingeworfen? Oder schon in den leeren Kanister? Wir wissen es nicht. Aber der ganze Schlick ist jetzt jedenfalls im Tank. Hoffentlich gibt das nicht noch mehr Probleme. Solange es beim verstopften Vorfilter bleibt…!

Der Wagen läuft anschließend wieder wie zuvor, problemlos geht er durch Sandlöcher und Staubpfützen, Böschungen hoch. Aber schon wenige Kilometer später dieselben Symptome: Rascher Leistungsverlust, schließlich bleibt der Wagen ganz stehen. Erneut: Vorfilter von Teeblättern vollkommen zugesetzt. Wir haben jetzt schon Übung, dennoch müssen wir uns beeilen, wollen wir noch vor 12 Uhr Tessalit passieren. Zum Glück bleiben wir bis dort hin von Verstopfungen verschont.

Zoll, Polizei, Innere Sicherheit, alles scheint bester Laune zu sein. Der Mann von der Inneren Sicherheit kauft ein 504-Rad von uns und ist daraufhin so glücklich, daß er seinen Laden kurzerhand schließt

und uns nur noch gute Reise wünscht. Polizei und Zoll reißen uns Metall-Kanister und Steppdecken, die wir jetzt im wärmeren Klima nicht mehr benötigen, geradezu aus den Händen. Und – wer sagts denn – noch *vor* 12 Uhr sind wir nach Erledigung aller Formalitäten in Mali eingereist!

Steine und Wellblech hinter Tessalit! Die Hitze staut sich in dem unscheinbar hügeligen Gelände, die schwarzen Steine speichern die Wärme. Es ist jedesmal eine Erholung, sich nach zwei Stunden hinterm Steuer des Lkw im 404 durch die Gegend schaukeln zu lassen. Vor Aguelhok hat sich eine ansehnliche Sanddüne angelagert, ein deutliches Zeichen für das Vordringen der Wüste in diesem Gebiet. Ringsum stehen große, vertrocknete Dornakazien. Für uns ist die Düne Anlaß zum Ausflippen: Der leere 404 zeigt hier seine Sandqualitäten: Mit Schwung über den Kamm, oder wie Bobfahrer in die Wandung, sich über den Grat driften lassen. Wir tollen herum wie Buben mit dem Kett-Car.

Die Paß-Kontrolle in Aguelhok ernüchtert uns dann sehr schnell. Die wichtigste Aufgabe des uniformierten Kontrolleurs scheint darin zu bestehen, die Blinker auf ihre Funktion zu überprüfen. Ausgerechnet die Blinker! »Weißt Du, ich glaube, der hat uns mit seiner hervorragend gespielten Ernsthaftigkeit ganz schön reingelegt! Warum sollte er ausgerechnet prüfen, ob wir links, rechts, vorn, hinten blinken können – und sonst nichts?« Es ist eigenartig, wieviel Raum die Diskussion um einen solchen Punkt einnehmen kann. Beim nächsten Fahrerwechsel, zwei Stunden später, kommt das Thema erneut auf, neue Versionen werden selbst am nächsten Morgen noch zum besten gegeben. Ja, warum nur die Blinker?

Die Markouba vor Anefis fordert seine Opfer! Hat sie früher nicht erst 50 Kilometer vor Anefis begonnen? Jetzt hängen wir schon 80 Kilometer vor Anefis und zwar dick! Die Piste ist hundert Meter seitab, und dorthin und nur dorthin gehört der Lkw! Aber zum Teufel – der Sand ist so mulmig und schwer, daß die Karre kaum auf die Sandhilfen geht und keine zwei Meter hintendran schon wieder hängt! Da hilft nur noch eines: Luft raus auf 0,5 atü. Aber halten das die Steilschulterreifen durch? Mit dem Pkw hinten drauf? Dann verlassen den Lkw wieder die Kräfte. Tee im Vorfilter! Hat denn da einer den Teeabfall eines Gelages in den Kanister geworfen? Kaum dem Sand entronnen, pumpen wir alle sechs Reifen mit dem Bordkompressor wieder auf den üblichen Pisten-Luftdruck. Das nimmt soviel Zeit in Anspruch, daß es darüber dunkel wird. Wir bleiben an Ort und Stelle. Sollen sie morgen früh gleich den Tag mit uns gut beginnen in Anefis!

4. DEZEMBER, SONNTAG

Leider ist der dicke Chef der Polizeistation nicht da! Aber die Nachricht, daß ich die von ihm erbetenen französischen Taschenbücher gleich stapelweise mitgebracht habe, verbreitet sich wie ein Lauffeuer. Bei Büchern muß man beim Verteilen wenigstens nicht vorsichtig sein. Hat einer sein Buch ausgelesen, wird er es schon mit einem anderen tauschen. Minuten später haben wir die Stempel in den Pässen, die ganze Besatzung begibt sich geschlossen ans Lesen.
Rennstrecke nach Gao! Ebene Schlammflächen, gleichmäßiges Tempo. Aber mit dem Lkw ziehen sich auch die noch verbleibenden 230 Kilometer hin! Um 14 Uhr sind wir in Gao, gerade noch rechtzeitig zum Mittagessen im Hotel Atlantide. Wir sind in Gao, in Gao am Niger! Die Tanezrouft liegt hinter uns. Was für ein Gefühl! Ein gedeckter Tisch, weiße Tischdecke. Und draußen schattenspendende Bäume. Hinter den Häuserzeilen der Niger, träge nach Osten fließend, eine große ein-

heitliche Wasserfläche! Noch sind wir verdreckt, abgerissen. Aber nach dem Essen eine Dusche, frische Kleider – und schon sind wir wieder zivilisationsangepaßt.
Vor dem Hotel gibt es in der Zwischenzeit einen kleinen Menschenauflauf. Der metallig-silberne 504 auf der Ladefläche des Lkw sticht allen ins Auge. Man sieht dem Wagen an, daß er nicht auf den eigenen Rädern durch die Tanezrouft gekommen ist. Die Auto-Interessenten können es kaum erwarten, bis wir den Wagen an einer Böschung außerhalb Gao von der Pritsche nehmen. Wir waschen noch den Lkw und den 404 am Niger, der in dieser Jahreszeit sehr viel Wasser führt. Danach sind wir gerade wieder so weit, daß wir eine neue Dusche nötig haben und die Kleider können wir auch schon wieder wechseln. So erscheinen wir wie aus dem Ei gepellt zum Abendessen.
Wir schlafen im Campement des Hotels, in Schilfhütten mit Betten unter Moskitonetzen.

5. DEZEMBER, MONTAG

Schon vor dem Frühstück steht einer vor meiner Hütte, ein Kaufinteressent für den 504. Als er aber als Zahlweise Baranzahlung und Rest in Scheck vorschlägt, winke ich ab. Nein, so nicht. Nur bar. Beim Frühstück erscheint schon der Vermittler Osman mit einem Kunden, einem Bäcker, der Bargeld dabei hat. Okay, der Preis ist niedrig, aber das Geschäft ist schnell abgewickelt. Wir setzen einen kleinen Vertrag auf, Osman bekommt seine 5 Prozent Kommission. Dann müssen wir noch einen Notar aufsuchen, da in Mali der Kaufvertrag nur notariell Gültigkeit bekommt. Wir wollen zu Fuß dorthin, auf dem Wege paßt mich Yergha ab, der Wirt eines kleinen einheimischen Restaurants. Er hat angeblich einen Kunden, der 1000 DM mehr zahlen will. Er versucht mich zu beschwätzen, den eben unterschriebenen Kaufvertrag mit dem Bäcker wieder rückgängig zu machen. Aber so lieb mir 1000 DM mehr wären – wie kann ich das? Der Bäcker beharrt natürlich auf dem Wagen, Osman hat schon seine Kommission. Als ich Yergha dies klarzumachen versuche, fängt er an, mich in übelster Weise zu beschimpfen. »Ich bin am bauen und brauche jeden Sou. Hier habe ich einen Kunden, der sofort 20 000 Mali-Francs mehr zahlt als der Bäcker, und Du lehnst ab! Du betrügst nicht nur den Kunden, nein, auch mich um meine Kommission.« Es fällt mir schwer, bei seinen cholerischen Ausbrüchen ruhig zu bleiben. Aber ich kenne Yergha von vielen unangenehmen Geschichten her und weiß, daß ich ihn nicht noch mehr verärgern darf. Er will einfach nicht akzeptieren, daß ich aus dem Vertrag mit dem Bäcker nicht mehr rauskomme.

Der Notar läßt auf sich warten, ich kann in der Zwischenzeit noch Verhandlungen über den Lkw führen. Es wäre doch zu schön, wenn wir zwei Fahrzeuge schon hier in Gao verkaufen könnten. Dann erscheint der Notar und jetzt beginnt ein Possenspiel, das mich eigentlich hätte stutzig machen sollen. Aber ich habe das Geld für den Wagen, was interessieren mich die wortgewaltigen Streitereien zwischen dem Notar und seinem Klienten? Der Notar bedrängt den Bäcker, in den Vertrag nur den ›Netto-Preis‹ aufzunehmen, der Bäcker und sein Begleiter wehren sich dagegen, sind aber dem wichtigen Mann nicht gewachsen. Mensch, du hockst dabei, merkst du denn nicht, daß hier was läuft? Nein, ich denke immer nur an das Geld, das ich ja in der Tasche habe, alles andere ist mir gleichgültig. Ich habe die Streitereien zwischen den beiden satt, höre kaum hin und bin froh, als ich endlich das Formular unterschreiben kann.

Der Vormittag vergeht rasch mit weiteren Verhandlungen über den Lkw, einem Bummel über den Markt, kleinen Einkäufen, Abgabe der Pässe bei der Polizei und Erteilung der Photografiererlaubnis:

Republik Mali – Ein Volk, ein Ziel, ein Glaube – Ministerium für innere Verteidigung und Sicherheit – Generaldirektion der Sicherheitsdienste – Polizeikommissariat der Stadt Gao – Einwanderung/Auswanderung
Vorläufige Erlaubnis (zu photographieren und zu filmen)
No. 1209 CPG
Herr Soundso, Beruf Ingenieur, Staatsangehörigkeit deutsch, Heimat Frankfurt in Deutschland
(ist berechtigt) als Benutzer des Photoapparates und der Filmkamera auf dem Gebiet der Gemeinde Gao
– öffentliche Gebäude und Plätze
– öffentliche Institute und Gebäude
– künstlerische Objekte
– folkloristische Szenen (aufzunehmen)
    Ausgestellt in Gao am 5. 12. a. ad.
    Der Polizeikommissar
1) Marke und Nummer der benutzten Apparate: . . . .
2) Diese Genehmigung, die auf Verlangen jedem Vertreter der öffentlichen Ordnungsmacht präsentiert werden muß, ist nicht gültig in Bezug auf militärische Objekte oder solche der Sicherheit oder alle anderen, die das Schamgefühl verletzen.
3) Diese Genehmigung ist gültig für Gao und ist am Tage der Abreise auf dem Polizeikommissariat zurückzugeben. Anmerkung: Ich verpflichte mich, keine Aufnahmen zu machen, die dazu geeignet sind, das Ansehen der Republik Mali zu mindern
    Gao am 5. 12. im Jahre des Herrn
    Unterschrift.

Das ganze versehen mit Stempeln, Unterschriften und natürlich einem Photo des Ermächtigten! Ein sehenswertes Dokument!
Mittagessen im Hotel Atlantide. Wir sind bester Hoffnung, den Lkw am Nachmittag verkaufen zu können. Da erscheint ein Polizist. Der Kommissar möchte mich sprechen. »Ja, in Ordnung, ich bin sofort fertig. Ich möchte nur eben noch zu Ende essen.« »Nein, das geht nicht, ich habe Order, Sie festzunehmen und unverzüglich aufs Kommissariat zu bringen.« Das Herz rutscht mir in die Hosentasche. Was ist los?
Der Uniformierte geht auf dem Weg zur Polizei immer einen halben Schritt hinter mir, Gewehr im Anschlag. Wir müssen über den Markt, ganz Gao

bekommt so meine Verhaftung augenscheinlich vor Augen geführt. Ich werde in das Büro des Inspektors gebracht. »Yergha hat sie angeklagt, ihn um seine Kommission betrogen zu haben.« Daher weht der Wind! Na, das ist doch schnell aus der Welt geschafft. Natürlich hätte ich ihm seine Kommission gerne bezahlt, natürlich hätte ich auch den Wagen gerne an seinen Kunden verkauft, für 1000 DM mehr als dem Kunden Osmans. Aber ich hatte bereits an den Bäcker verkauft und die Kommission bereits an Osman bezahlt, tut mir leid. »Aber Yergha hat für sie gearbeitet, der Wagen ist verkauft, er hat einen Anspruch auf Bezahlung. Yergha ist als Vermittler zugelassen, er hat sein ›Patent‹, er zahlt darauf Steuer.« »Aber man hat doch nicht an jeden Kommission zu zahlen, der mit dem Verkauf gar nichts zu tun hat. Ich zahle Kommission doch nur an den, der den Wagen tatsächlich verkauft hat und nicht noch an alle anderen Vermittler in Gao!« Yergha hat sich wohl in einem Nebenraum aufgehalten, er stürmt bei diesen Worten wutentbrannt herein, wirft dem Inspektor ein Bündel Geld auf den Schreibtisch: »Hier das Geld meines Kunden, er hätte sofort bezahlt, also wurde ich um die Kommission betrogen.« »Wärst Du früher gekommen, ich hätte lieber von Deinem Kunden 1000 DM mehr genommen und Dir die Kommission bezahlt. Aber der Wagen war verkauft!« Yergha, wie üblich angetrunken, gerät jetzt außer sich vor Wut. Er schreit nur noch unverständlich in der Gegend herum. Dem Inspektor, obwohl offensichtlich auf seiner Seite, wird dies doch zuviel. Er ruft einen der diensthabenden Polizisten herein, der Yergha aus dem Raum schaffen muß. »Ich steche Dich ab, Christenschwein, ich steche Dich ab!« Verdammt, das kann ich nicht auf die leichte Schulter nehmen! Dennoch, ich habe den Eindruck, fürs erste aus dem Schneider zu sein. Aber der Inspektor hat noch mehr für mich: »Sie sind angeklagt, verdorbene Lebensmittel verkauft zu haben!«

»Wie bitte, ich habe überhaupt keine Lebensmittel verkauft!« »Und das hier?« Ich muß unwillkürlich lachen, als er eine angebrochene Packung Knäckebrot aus seiner Schreibtisch-Schublade zieht! Das Mehl auf den Brotscheiben – es soll Zeichen für Verdorbenheit sein, es sieht aus wie Schimmel. Nun, ich esse eine Scheibe, bin bereit, ihm auch eine neue Packung zu öffnen, alle Knäckebrot-Scheiben sehen so aus. »Aber in jedem Falle ist es verboten, Lebensmittel ohne Lizenz zu verkaufen.« »Aber ich habe das Zeug nicht verkauft, ich habe es verschenkt!« »An wen verschenkt?« »An all die Burschen zusammen, die uns beim Waschen der Autos geholfen haben!« »Sie haben sie für ihre Hilfe mit dem seltsamen Brot bezahlt, also haben Sie es verkauft!« »Es waren bestimmt zwei Dutzend Burschen, die uns genauso im Weg waren wie sie uns behilflich waren. Ich habe den meisten dafür Geld gegeben, jeder hat wie vereinbart, einen Mali-Franc bekommen und dazu habe ich Schuhe, Hemden, Büchsen und auch dieses Brot verschenkt. Aber Sie können sicher sein: Ich werde in Zukunft nicht *ein* Stück mehr verschenken!« Er bleibt ganz gelassen. Er hat noch mehr in seiner Schublade. Da ist noch eine Büchse mit Aprikosen und eine Fischbüchse: »Hier drin ist Schweinefleisch!« »Aber Monsieur, ich bitte Sie, Sie sehen doch selbst, das hier sind Aprikosen, das hier Fische!« »Auf dem Papier können viele Bilder sein, wichtig ist, was darin ist.« Also jetzt wird's lächerlich! Ich erkläre mich bereit, sofort beide Büchsen zu öffnen, um ihn von seinem Verdacht zu befreien. Das aber wird abgelehnt. »Und was ist mit der ›Attestation de Vente‹, die Sie heute vormittag beim Notar unterschrieben haben?« Verflucht! Das ist der heiße Brei, um den er bisher nur rumgeredet hat! »Welchen Betrag haben Sie als Kaufpreis eingesetzt?« »Ehrlich gesagt, als ich das Ding unterschrieben habe, war mir ganz egal was für ein Betrag daraufsteht. Ich habe das Ding unterschrieben, ohne hinzusehen. Ich hatte das Geld ja in der Tasche. Der Notar wollte jedoch einen Netto-Preis haben, an Osman habe ich die Kommission über den Preis bezahlt, den ich erhalten habe.« »Also haben Sie einen falschen Vertrag unterschrieben. Der Staat soll betrogen werden.« »Aber auch der Käufer wollte das nicht, es geschah auf Veranlassung des Notars, und der muß doch wissen, welcher Preis in einen Kaufvertrag gehört!« »Nun, was der Bäcker und der Notar miteinander haben, interessiert mich nicht. Sie haben auf jeden Fall den falschen Vertrag genauso unterschrieben wie der Bäcker. Wir werden jetzt losgehen, den Notar und den Bäcker suchen.« Mit einem Polizei-Rover fahren wir zum Notar, der wird auf den Nachmittag einbestellt. Dann zum Bäcker, der ist nicht anzutreffen. Zurück zur Polizei. Dort steht bereits mein ehemaliger 504, der schöne silbergraue. Auch der Bäcker und sein Begleiter sind bereits da. Sie müssen sich ausziehen, die Kleider werden ihnen abgenommen. In der Unterhose stehen sie im Hof des Polizei-Kommissariats und werden dann in eine Zelle gesperrt. Der Inspektor wendet sich an mich: »Sie stehen ab sofort unter Arrest. Halten Sie sich im hinteren Teil des Hofes auf.« Panik steigt in mir hoch, schnürt mir die Kehle zu. Wie komme ich hier wieder raus? Ein kleiner Baum bietet etwas Schatten, ich setze mich erschöpft auf den Boden. Ich muß unbedingt Ludger und Dietrich von der Situation unterrichten.

Am Nachmittag kommen zwei Holländer ins Kommissariat. Ich kann mich ihnen bemerkbar machen und sie sind bereit, Ludger und Dietrich zu informieren. Doch das ist nicht mehr nötig: Die Polizei hat bereits den Lkw und den 404 beschlagnahmt und die beiden müssen die Fahrzeuge ins Kommissariat bringen. Wir können uns kurz darüber verständigen, daß sie außerhalb alles unternehmen werden, um mich so schnell wie möglich hier wieder rauszubekommen.

Im Laufe des Nachmittages, der so träge dahinschleicht wie der Niger fließt, erscheint Osman mit seiner Leibesfülle auf dem Kommissariat. Der sonst eher friedfertige Mann poltert herum, schimpft über Yergha, der das alles angezettelt hat. »Hier, so weit ist es schon, ich habe mich bewaffnet! Den Dolch wird er zu spüren bekommen, wenn er so weitermacht!« Osman hat sich mit einem Unterarmdolch bewaffnet. Auch Yergha erscheint irgendwann einmal – er scheint hier überhaupt gut eingeführt zu sein – schimpft immer noch wütend in der Gegend herum und droht noch einmal, er werde mich abstechen, ich sei schließlich an allem schuld.

Am Abend, es ist schon dunkel, werde ich wieder zum Inspektor gerufen. »Wir haben hier keine Zelle für Sie. Sie stehen weiter unter Arrest, können aber im Hotel schlafen, unter der Voraussetzung, Sie bekommen ein Zimmer mit fest verschließbaren Türen und Fensterläden. Sie kennen die Drohungen von Yergha, ich will nicht noch mehr Probleme, als wir sie jetzt schon haben. Ihren Paß behalten wir hier. Versuchen Sie also nicht, sich in der Nacht aus dem Staube zu machen.« Eine Polizeieskorte von zwei Mann und der Inspektor persönlich bringen mich ins Gewahrsam zum Hotel Atlantide.

Der Inspektor untersucht die Türe unseres Zimmers, sie erscheint im ausreichend solide. Er schärft mir ein, mich immer einzuschließen und niemandem außer der Polizei und nur in Anwesenheit von Dietrich und Ludger die Türe zu öffnen.

Wir essen auf dem Zimmer, verrammeln die Türe von innen mit Bett und Tisch, vors Fenster stellen wir den Schrank. Dietrich besorgt noch mehrere Stöcke zur Verteidigung. Wir haben viel Angst in dieser Nacht, obwohl alles friedlich bleibt. Aber jedes Geräusch beunruhigt uns. Sobald jemand die Treppe hoch zu unserem Flur kommt, schrecken wir auf.

6. DEZEMBER, DIENSTAG

Kurz nach dem Frühstück auf dem Zimmer werde ich von bewaffneten Polizisten abgeholt und wieder in den Hof des Gefängnisses gebracht. Der Lkw steht dort, der 404, der 504, letzterer wird offensichtlich vom Inspektor auch zum Privatvergnügen benutzt. Er zeigt sich von dem Wagen ganz begeistert.

Im Laufe der Nacht scheint es zwischen der Familie des Bäckers beziehungsweise dessen Söhnen und denen von Yergha zu heftigen Auseinandersetzungen gekommen zu sein, Türen wurden eingetreten. Von beiden Familien sitzen weitere drei oder vier Mitglieder in den Zellen. Mehrfach erscheint Yergha, jedesmal außer sich vor Zorn, beschimpft und bedroht den Bäcker in seiner Zelle und mich, hinten im Hof. Eine bedrohliche Situation entsteht, als er einmal in einem Wutanfall auf die Zellentür des Bäckers losstürmt, sie mit den Füßen einzutreten versucht. Einer Gruppe von Polizisten gelingt es nur mit Mühe, ihn zu überwältigen. Der aufgeschreckte Inspektor beläßt es jedoch bei der Verwarnung, ihn im Wiederholungsfall nicht mehr ins Polizeigebäude zu lassen. Warum hat der Choleriker nicht längst Hausverbot, warum kann der hier aus- und eingehen wie er will? Was hat er hier alle halbe Stunde zu suchen? Ich beschließe, auf der Hut zu sein. Er könnte eine derartige Attacke auch gegen mich starten.

Der Tag vergeht. Die anderen Gefangenen bekommen von ihren Angehörigen Essen in Schüsseln. Ludger und Dietrich werden jedoch nicht zu mir vorgelassen. Ich habe Hunger, obwohl es ziemlich heiß ist. In einem unbeobachteten Augenblick hole ich mir aus dem Lkw ein Stück altes vollkommen vertrocknetes Brot. Das hilft über das Gröbste weg. Ich versuche, mich beim Inspektor zu beschweren, der vertröstet mich auf morgen, gibt keine weiteren Erklärungen ab.

Am Abend erneut Polizeieskorte zum Hotel. Wir haben uns an unseren Belagerungszustand schon etwas gewöhnt.

7. DEZEMBER, MITTWOCH

Ein einzelner Polizist holt mich ab. Hat sich die Situation schon soweit entspannt? Ich fange an, das Gefängnisleben zu beobachten. Ich bin jetzt in der Lage, mich nicht mehr nur auf meine eigenen Probleme zu konzentrieren. Am späten Vormittag spitzt sich die Situation erneut zu: Die Söhne des Bäckers werden verhört. In der Unterhose werden sie zuerst unter den Wasserhahn gestellt. Drei Mann führen das Verhör, einer stellt die Fragen, der andere schreibt mit und ein dritter steht mit der Peitsche daneben. Kommt eine Antwort nicht wie aus der Pistole geschossen, klatscht die Peitsche über die nassen Leiber! Ich bekomme Angst, mehr Angst, als ich je zuvor im Leben hatte. Nur unter Aufbietung aller mir noch bleibenden Konzentration mache ich beim Anblick der Auspeitschungen nicht in die Hose. Mir selbst bleiben derartige Verhöre erspart, aber wenn ich heute daran zurückdenke, fangen noch immer meine Hände an zu zittern.

Am Nachmittag wird auch der Bäcker verhört. In einer Pause setzt er sich so nahe zu mir, daß eine Verständigung möglich ist, ohne die Aufmerksamkeit unserer Bewacher zu erregen. Ich beginne, ihm Vorwürfe zu machen, daß er sich gegen den Notar nicht zur Wehr gesetzt hat und ein solches Risiko eingegangen ist. Ich bekomme eine überraschende Antwort: »Ich bin Senegalese und als solcher hier rechtlos. Ich kann machen was ich will, sie kriegen mich immer! Die Senegalesen werden hier verfolgt, weil sie tüchtig und erfolgreich sind.« Soll ich hier zwischen die Mühle von Nationalitäten-Problemen kommen? Ich will den Inspektor sprechen, will mich verteidigen können, will wissen, was mit mir weiter geschieht. Wie lange muß ich hier sitzen? Wer entscheidet über meine Verhaftung, wer über meine Freilassung? Ich werde ohne Antwort wieder in die Hofecke verwiesen und bedroht: »Wir werden andere Methoden gegen Sie anwenden, wenn Sie nicht Ruhe geben.«

Abends auf dem Weg zum Hotel bin ich so schwach, daß ich kaum noch gehen kann. Mir wird kotzübel, an einer Straßenecke muß ich mich heftig übergeben.

8. DEZEMBER, DONNERSTAG

Tag der Gegensätze! Am Vormittag erscheint Ludger am Gefängnistor und ruft mir über den ganzen Hof zu: »Du bist frei! Wir waren eben beim Richter des Ortes, der hat ein Urteil gefällt, daß du unverzüglich in Freiheit zu setzen seist!« Ich verlange wieder den Inspektor zu sprechen, teile ihm das eben gehörte mit. »Ja, ich habe schon davon gehört. Aber damit das klar ist: Solange wir hier mit Dir (er duzt mich plötzlich und das hört sich aus seinem Munde eher gefährlich an) noch nicht fertig sind, hat uns der Richter gar nichts zu sagen! Du bist hier auf der Polizei und wir entscheiden, was mit Dir geschieht, kein anderer. Aber wenn Du willst – wir beschäftigen uns mit Dir!« Drei Uniformierte erscheinen. Mit Schreibmaterial. Ich bekomme eine Karte in der malischen Verbrecherkartei! Persönliche Daten werden erfragt, Größe und Gewicht gemessen. Die Fragen selbst nach Nebensächlichkeiten kommen wie Drohungen. Dann werden mir Fingerabdrücke genommen. Aber so brutal, daß sie mir beim Abrollen fast die Finger brechen! Tränen schießen mir vor Schmerz in die Augen, ich schreie einmal laut auf. Der Inspektor kommt darauf kurz in den Raum, sieht nur herein, geht wieder. Wie weit werden die ihr Spiel

noch mit mir treiben? Und was ist Ursache und Anlaß für diese Brutalitäten? Ich denke an die Verhöre der anderen. Natürlich, ich habe es noch gut getroffen. Aber wann wird das alles zu Ende gehen? Wenig später erscheint der Inspektor bei mir, wedelt mit einem Blatt: »Hier ist eine neue Anklage!« Ich werde angeklagt, unter Umgehung der ›Sevices des Affaires Economiques‹ mehrere Fahrzeuge in Gao verkauft zu haben, darunter auch ein Fahrzeug, das Christian im September an den Richter des Ortes verkauft hat, womit ich absolut nichts zu tun hatte.

Die anderen Fahrzeuge kenne ich nicht, geschweige denn, daß ich sie hier verkauft hätte. »Aber diese Fahrzeuge kenne ich gar nicht!« »Das wird sich noch zeigen!« »Und das eine Fahrzeug, das war ein Bekannter, der es an den Richter verkauft hat, damit habe ich absolut nichts zu tun.« »Oh doch, Sie waren doch der Konvoi-Führer und das Fahrzeug war in ihrem Konvoi!« Dagegen ist jeder Einwand zwecklos. Wieder steigt Angst in mir hoch. Wenn ich also die Sache mit der Unterschrift unter den Notar-Vertrag hinter mir habe, kann ich noch für den Verkauf von Autos büßen, die gar nicht mir gehört haben. Und damals, als Christian den Wagen an den Richter verkaufte, hatte ich wirklich andere Sorgen, als mich darum zu kümmern. Ob der Richter tatsächlich mit dem Wagen von Christian irgendein Ding gedreht hat und deshalb so schnell entschieden hat, ich sei in Freiheit zu setzen? Was hatte er sonst für einen Anlaß dazu? Er hat mich noch nie zu Gesicht bekommen! Weder damals noch jetzt! Oder nur Rivalitäten zwischen Justiz und Polizei? Zwischen wieviele Räder werde ich noch geraten? Aus dem Polizeigebäude führen zwei Stufen runter in den Hof, ich stolpere und fliege der Länge nach in den Staub. Da liege ich vor diesem verhaßten Gebäude, die Tränen kommen mir in die Augen, ohnmächtige Wut. Einer der Polizisten hilft mir auf die Beine: »Es ist alles nicht so schlimm. Nimms nicht so ernst. Bald ist alles ausgestanden. Die machen das nicht ewig so.« Wenigstens einer hier, der mir Mut macht, der nicht bedingungslos auf ihrer Seite steht. Ein echter Trost. Dann kommt eine vollkommen überraschende Wendung zum Positiven: Ich darf zum Mittagessen ins Hotel!

Am Nachmittag hocke ich wieder im kärglichen Schatten des Bäumchens im Polizeihof. Es kommt zu einem Zwischenfall mit einem Gefangenen, den ich nicht ganz verstehe. Der Häftling hatte vorher schon in seiner Zelle rumort, irgendwas war mit seiner Notdurft. Entweder hatte er in die Zelle gemacht oder er wollte seinen Topf leeren. Jedenfalls haben sie plötzlich die Zellentüre aufgerissen, ihm mehrere Hiebe und Tritte versetzt, einige Eimer Wasser reingekippt und dann wieder verriegelt. Dann war wieder Stille. Ich bin vollkommen deprimiert. Himmel und Hölle werde ich in Bewegung setzen, wenn ich hier wieder rauskomme, die Verhältnisse hier in Gao anzuprangern! Am späteren Nachmittag kommt ein kleiner stämmiger Typ durchs Hoftor. Georges! »Georges!!!« Ich renne ohne Rücksicht auf die Wächter zu ihm hin, sie lassen mich sogar gewähren, erzähle hektisch meine Geschichte. Wieder schießen mir die Tränen in die Augen vor Aufregung. Georges beruhigt mich. »Hör mal, das wird sich finden. Die Sache habe ich schnell aus der Welt.« Er geht ins Gebäude, bleibt lange. Nach einer halben Stunde kommt er raus, nimmt kaum Notiz von mir, nur ein halber Satz: »Heute abend im Hotel.« Heute abend im Hotel! Sein Gesichtsausdruck: Alles klar! Ich kann es kaum mehr erwarten. Was wird sich tun?

Am Abend bekomme ich wieder meine Eskorte ins Hotel. Yergha sitzt an der Bar! Aber da sind Georges, Ludger, Dietrich, Rene und Jean-Pierre, alle auf meiner Seite. Und Yergha? Ich merke schnell, daß er total betrunken ist. Da sitzt er, dieses feiste schwarze besoffene Schwein! Warum kann ich in diesem Augenblick keinen Haß mehr gegen diesen Satan empfinden, der nur noch lallen kann: »Du hast mich um meine Kommission betrogen.« Georges bekommt in diesem Augenblick Besuch. Ein älterer würdiger Herr, der keinen schlechten Eindruck macht. Sie unterhalten sich kurz, Georges winkt mir. Wir setzen uns im Garten zusammen an einen Tisch, abseits von allen anderen. Georges stellt mir den Herrn vor: Es ist der Kommissar, der für mich zuständig ist. Beide kennen sich seit Jahren, der Schweizer hat, wie ich später erfahre, dem Mali-Beamten mal in irgendeiner wichtigen Sache geholfen, mehr erfahre ich nicht. Und jetzt zieht Georges ihm das Versprechen aus der Nase, mich bis morgen, Freitag, spätestens 16 Uhr freizulassen. Der Kommissar erhält dafür eine Camping-Klappliege. Die Abmachung wird per Handschlag besiegelt. Ich muß noch versprechen, mit keinem darüber zu reden.

Am Abend bekommt Georges weiteren Besuch. Ein Blinder namens Sadou. Als Ausgleich für seine Blindheit hat er besonders gute Ohren. Jedenfalls erzählt er seinem alten Bekannten Georges in meinem, ihm nicht bekannten Beisein, wie die ganze Sache zustande kam: Mein Autokäufer, der senegalesische Bäcker, ist Bäcker im ›unwürdigen‹ Quartier von Gao. Und als solcher konnte er unmöglich ein besseres und schöneres Auto fahren, als der Bürgermeister von Gao.

Also mußte der Kauf unter allen Umständen wieder rückgängig gemacht werden. Yergha wurde eingespannt, zu allen Schandtaten gut. Das um 1000 DM höhere Angebot war also auch nur ein Bluff in der Hoffnung, ich würde vom Verkauf an den Bäcker freiwillig Abstand nehmen. Dann war der Notar auf ihrer Seite, bestochen, bezahlt, deshalb sein Einwirken auf den Bäcker. Und als wir beide die Unterschrift unter den Vertrag mit dem Netto-Preis gesetzt hatten, war die Falle auch schon zu. Jetzt konnte ganz legal dem ungeliebten

Senegalesen das Auto enteignet werden. Wie Sadou meinte, wird er dafür noch nicht einmal entschädigt. Betrug am Staat! In Mali wird der Import-
zoll für Autos nicht nach Baujahr und Liste errech-
net, wie in anderen afrikanischen Ländern, sondern
nach Kaufpreis, deshalb der ungewöhnliche Gang
zum Notar. Der Inspektor, ein Intimfreund von
Yergha, und nur dazu gut, mich so unter Druck zu
setzen, daß ich an Yergha die nichtverdiente
Kommission oder doch zumindest eine Abfindung
zahle! Yergha, dieser gefährliche Teufel! Vor wenigen Minuten mußten sie ihn vollkommen besof-
fen aus der Hotelbar schleppen. Ich schiebe Georges einen Zettel zu: Juge? Richter? Ich möchte wissen, was der Richter in der ganzen Sache für eine
Rolle spielt. Sadou kennt sich auch hier bestens
aus: Der Richter ist in Gao vor allem ein erfolgrei-
cher Geschäftsmann. Er kauft Autos von Touristen
in Mengen, hat irgendwo im malischen Hinterland
einen Freund beim Zoll. Die Einfuhr wird in Gao
abgewickelt, die Verzollung beim Freund des Richters. Die Zollbehörden in Gao haben das Nachsehen. So regt sich verständlicherweise Neid gegen
den Großverdiener, deshalb die Anklage über die
›Services des Affairas economiques‹. Die Fahrzeuge die auf meiner Anklage standen, hatte alle
der Richter gekauft! Ich hatte mit keinem der Fahrzeuge etwas zu tun, nur bei einem war ich indirekt
betroffen. Aber durch den Vorfall sollte vermutlich
Licht in die Geschäftspraktiken des Richters gebracht werden, deshalb dessen Interesse, mich so
schnell wie möglich wieder aus Gao raus zu haben.
Ich bin in die Hände einer Mafia geraten! Aber
nicht mehr lange, morgen, endlich, werde ich frei
sein! Freigekauft gegen eine Campingliege!

9. DEZEMBER, FREITAG

Nach dem Frühstück bin ich wieder im Polizeihof.

Unauffällig bereite ich die Wagen zur Abfahrt vor,
Öl- und Wasserkontrolle, Reifendruck. Alles
scheint in Ordnung. Meine innere Spannung
wächst von Minute zu Minute. Ludger und Dietrich
erscheinen mehrmals vor dem Hoftor, wir verständigen uns mehr mit Zeichen als mit Worten. Zum
Mittagessen bekomme ich nur ein belegtes Brot
von außen gebracht. Es fällt mir auf, das Yergha
nicht auftaucht. Hoffentlich hat er seinen Rausch
auch am Nachmittag noch nicht überstanden.
Der Inspektor versucht, mich nochmal unter Druck
zu setzen: Ich solle mich mit Yergha arrangieren.
Ich bin ziemlich genervt, kann seinen Pressionsver-
suchen kaum mehr Widerstand entgegensetzen.
Aber er scheint auch nicht mehr viel Lust zu ver-
spüren. Weitere Stunden im Hof. Es ist schon viel
später, als vereinbart, meine Freilassung sollte
doch bis 16 Uhr erfolgen! Um 17 Uhr werde ich
zum Kommissar gerufen. Auch der Inspektor ist
dort. Der Kommissar macht einen sehr nervösen
Eindruck, Schweiß steht ihm auf der Stirn. Steht er
unter dem Einfluß des Inspektors? Er eröffnet, daß
gegen mich keine weiteren Haftgründe mehr vor-
liegen, ich sei ab sofort frei. Der Inspektor bringt
Einwände, ich sehe, wie er förmlich mit den Zähnen knirscht. Auch dem Kommissar ist nicht ganz
wohl in seiner Haut. Er läßt sich telefonisch mit
dem Richter verbinden. Wie nicht anders zu erwarten, meldet der keine Bedenken gegen meine Freilassung an, der Inspektor läßt sich das am Hörer
selbst auch nochmal sagen. Widerstrebend gibt er
mir meinen Paß! Ich bin ein freier Mann!
Ludger und Dietrich stehen parat, der Lkw springt
mit der ersten Schlüsseldrehung an, nicht so der
404, seine Batterie ist vollkommen leer. Wir
schleppen ihn mit dem Lkw direkt vors Hotel, bis
dahin läuft er wieder. Panikartig werfen wir unser
Gepäck in den Pkw. Zur Tankstelle. Hier laufen
wir erneut einem Mafia-Mitglied in die Hände! Der
Tankstelleninhaber weigert sich, uns Benzin oder

Diesel zu geben. Als er sein Häuschen abschließt und sich entfernt, mutmaßen wir, daß er irgendeinen unserer Widersacher von unserer Abreise, die verteufelt einer Flucht ähnelt, informieren will. Was tun? Wir kommen höchstens 100 Kilometer weit, aber das sind 100 Kilometer weg von Gao! Nichts wie fort! Nur weg von hier. Osman stellt uns sein Fahrrad in den Weg, er sei doch immer unser Freund gewesen, und Freundschaft sei immer auch ein kleines Geschenk wert. Ich gebe ihm 10 DM. Er bedankt sich überschwenglich. Jetzt ist der Weg endgültig frei! Wir hauen ab, Flucht aus Gao! Geht alles gut? Ist der 404 noch hintendran? Komische Geräusche vom Motor her? Nur keinen Plattfuß! Wir müssen weg, weit weg von Gao, bevor irgendeiner uns erneut festsetzt. Ein Lkw kommt entgegen, algerisches Kennzeichen. Der Fahrer hält auf unser Winken hin an. Und es ist nicht zu glauben! Er hat nicht nur Diesel in Hülle und Fülle für unseren Lkw, nein, auf seiner Pritsche stehen mehrere 200-Liter-Fässer mit Benzin! Es bedarf keiner langen Erklärungen, der Fahrer versteht schnell, daß wir irgendwelcher Probleme wegen schnell aus Gao weg müssen. »Ihr seid nicht die ersten, erst vor vier Wochen habe ich Franzosen aus der Patsche geholfen. Gao – das ist ein Banditennest!« Da hat er nicht unrecht.

Langsam legt sich die Spannung, mit jedem Kilometer, den wir uns von Gao entfernen, läßt sichs leichter atmen. Es wird rasch dunkel. Wir passieren die Kontrollstelle in Ansongo ohne Schwierigkeiten. Wir hatten schon befürchtet, per Funk dorthin gemeldet worden zu sein und aufgehalten zu werden. Wir fahren bis zur Grenze. Die Polizei läßt uns nicht durch, seit 18 Uhr ist Dienstschluß.

Wir gehen den Grenzbeamten schon sehr früh auf die Nerven. So machen sie sich bald an die Arbeit. Wenig später sind wir raus aus Mali! Die Angst ist endlich vorbei! Problemlose Einreise in den Niger. Wir haben keinen Sinn mehr für Landschaft und Leute, wir haben nur noch einen Gedanken: So schnell wie möglich nach Niamey. Im Hotel Amenokal in Ayourou nehmen wir noch das Frühstück ein, was wir vor der Grenze nicht mehr machen wollten. Dann im üblichen Zwei-Stunden-Turnus die restlichen 200 Kilometer bis Niamey. Dort kommen wir am frühen Nachmittag an.

Zimmersuche, Flugticket. Ich bekomme einen Platz in der Air-Algerie-Maschine am Montag 3 Uhr morgens, ich werde Montag abend in Deutschland sein. Ludger und Dietrich wollen mit den Wagen noch über Ouagadougou, der Hauptstadt von Ober-Volta, bis nach Lomé, der togolesischen Kapitale fahren. Sie haben dort Verwandtschaft.

Bei einem aufwendigen Abendessen in einem der besseren Hotels von Niamey feiern wir Abschied. Georges, Rene und Jean-Pierre sind mit von der Partie. Der Abend, fortgesetzt in einer der Diskotheken wo jedes Bier 10 DM kostet, wird feuchtfröhlich und natürlich – entsprechend teuer. Gao und seine Probleme sind vergessen. Es hat den Anschein, als läge dies ein Jahrhundert zurück!

Bei der Landung in Deutschland liegt Schnee. Alles ist feuchtkalt, diesig, duster. Sehnsucht nach Afrika, nach Licht, Wärme, Helligkeit. Gao – das wird leider kein Ziel mehr sein für mich, auf lange Zeit hinaus!

Trans Sahara auf der Hoggar-Piste

1   Die Februar-Reise

Hätten Sie gedacht, daß manche Taxi-Fahrer nicht Auto fahren können? Kurt, Freizeit-Taxi-Fahrer, war ein hundsmiserabler Fahrer und dabei noch extrem kurzsichtig. Ein Glück, daß Ulrich noch dabei war, ruhig, umsichtig – ohne ihn wäre ich schon auf der Anfahrt bis Genua verzweifelt! Dreimal ging uns Kurt verloren, folgte irgendwelchen wildfremden Fahrzeugen, die eine ähnliche Farbe hatten wie mein Peugeot, nahm eine Autobahnausfahrt, weil er sich am rechten Straßenrand orientierte, überholte uns an einer Ampel-Kreuzung, weil er das Rotlicht nicht sah. Das Schiff bot dann Gelegenheit, sich vom Anreise-Streß zu erholen. Aber wie sollte das weitergehen?

*

26. FEBRUAR, SONNTAG

Um 7 Uhr fahren die ersten Wagen in Tunis vom Schiff. Die Fahrzeuge von Kurt und Ulrich werden vom Zoll heftig gefilzt, so daß wir erst um 9 Uhr das Hafengelände verlassen können. Wir fahren bei angenehm kühl-klarem Sonnenwetter die Inlandstrecke Tunis – Kairouan. Hier ist immer wenig Verkehr, die Landschaft abwechslungsreich. Wir kommen nur sehr langsam voran. Kurt hält sich kilometerweit hinter langsamfahrenden tunesischen Lastentaxis oder Lkw, obwohl sich hundertmal Gelegenheit zum Überholen bietet. Aber wenn man einen Busch am Straßenrand nicht von einem entgegenkommenden Fahrzeug unterscheiden kann…! Ich tröste mich mit dem Gedanken, daß in Algerien alles anders wird: Schnurgerade Straßen, praktisch kein Verkehr mehr. Hier wird es dann wenigstens keine Überholprobleme geben. Aber wie soll das erst auf Piste werden? Der sieht doch keinen Stein und kein Loch. Langsam fahren? Wieviel Zeit werden wir brauchen bis Niamey? Aber noch sind wir nicht so weit!

Bei Metlaoui hat Ulrich eine Reifenpanne. Beim Radwechsel besteht Gelegenheit zu einem Schwatz. Kurt: »Bei 110 macht der Motor so laut, dabei fahre ich schon im dritten Gang!« »Im dritten? Warum fährst Du denn bei 110 im dritten?« »Ja hat der denn noch mehr?« O weh, da sind wir schon in Südtunesien und Kurt erfährt erst jetzt, daß sein Wagen vier Gänge hat! Man sollte es nicht für möglich halten!

In der Dunkelheit erreichen wir die Grenze. Auf

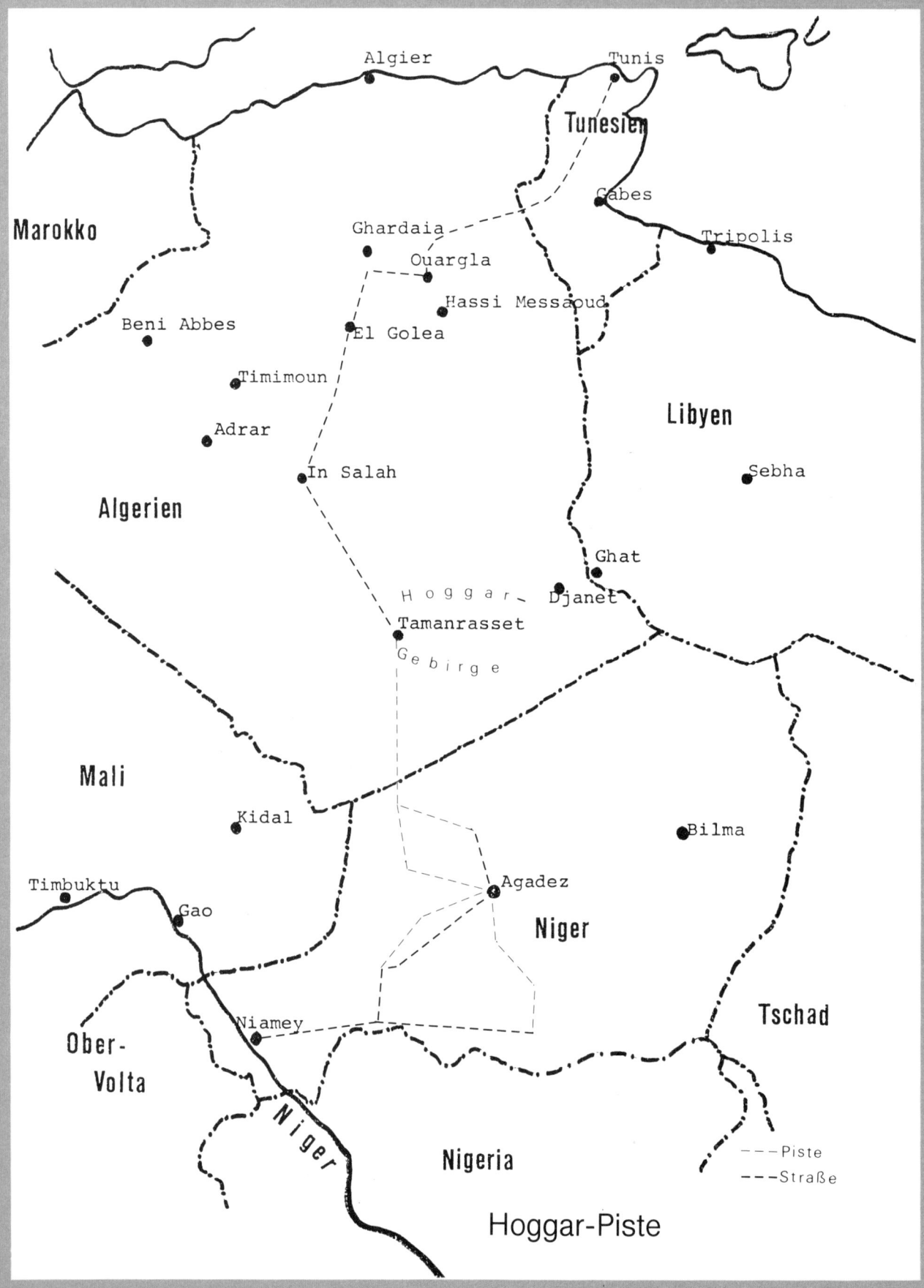

Hoggar-Piste

tunesischer Seite ebenso wie auf der algerischen sind ganz neue Grenzmannschaften da, freundliche Leute hier wie dort, so passieren wir die Stationen ohne irgendwelche Probleme.

Einige Kilometer hinter der Grenze kenne ich einen Kalksteinbruch, dort verbringen wir die Nacht. Wir schlafen auf den Liegesitzen im Fahrzeug. Die Nacht wird kalt.

27. FEBRUAR, MONTAG

Kurz vor Sonnenaufgang stehen wir auf. Es hat nur sieben Grad, starker Taufall hat alles tropfnaß werden lassen. Mit der Sonne kommt auch ein schwacher Wind, der die Kälte um so empfindlicher spürbar macht. Wir brechen rasch auf.

Dünen um uns her, die hellen, fast weißen Dünen des Souf, ein Ausläufer des östlichen großen Erg. Der Sand hier zählt zum feinsten in der ganzen Sahara. Dennoch findet sich hier viel Grundwasser. In großen künstlich angelegten Küvetten befinden sich Mini-Oasen, viele Dattelpalmen, aber auch alle Sorten von Oasen-Gemüse.

Die Art der Anpflanzung ist einmalig auf der Erde und gibt dem Souf, ein berberischer Ausdruck für ›Fluß‹, sein ganz besonderes Gepräge. Die Bewohner des Gebietes, zum großen Teil transhumante arabisierte Berber, haben hier in den Oasengärten ihre landwirtschaftlichen Fixpunkte. Mit ihren Herden ziehen sie weit hinauf bis zu den Ausläufern des Sahara-Atlas, den Nementcha-Bergen, ihren Weidegebieten im Sommer, während sie in den Wintermonaten tief hinein in den großen östlichen Erg ziehen. Die Ortschaften dieses Gebietes sind bekannt für ihre Kuppelbauweise. So nennt sich El Oued, die nächste größere Ortschaft an unserer Strecke, auch Stadt der tausend Kuppeln.

Hinter El Oued hat ein vorangegangener Sandsturm die Dünen bis über die Straßen vorgetrieben, große Sandräumer, im Prinzip dasselbe wie die Schneepflüge bei uns, sind dabei, die Straßen von den Sandmassen zu befreien. Die Telefonleitungen verlaufen zum Teil in den Sanddünen. Wie da noch eine Verständigung möglich sein kann? Ab und zu müssen wir kurze Wartezeiten in Kauf nehmen, bis wieder einer der Sandhügel von den Bulldozern beiseite geräumt ist. Wir nutzen die Gelegenheit, um am Straßenrand nach Sandrosen zu suchen, die in diesem Gebiet häufig zu finden sind.

Das Wetter ist herrlich, klarer Sonnenschein, nur ein leichter Wind, die Temperaturen sehr gemäßigt. Wir haben keine große Lust, weite Etappen zurückzulegen und trödeln vor uns hin. Eine kleine Kamelkarawane kommt entgegen, auf dem Weg zum Markt in El Oued. Prallgefüllte Säcke mit Brennmaterial auf den Karawanentieren – Kamelmist. Womit sollte man in diesem holzfreien Gebiet sonst heizen und kochen?

In der Abenddämmerung sind wir erst in Touggourt. Es wird uns klar, daß wir so nicht weitertrödeln können. Also wird vollgetankt und dann eine Nachtfahrt eingelegt. 320 Kilometer fahren wir noch, bis an den Ghardaia-Abzweig.

28. FEBRUAR, DIENSTAG

Wir stehen gegen 7 Uhr auf, es hat schon 13 Grad. Die Landschaft ist abwechslungsreich. Plateaus und Zeugenberge, schöne gelb-rote Sanddünen. Wir kommen flott voran. Dann ist Kurt nicht mehr hinter uns. Wir warten kurz, fahren dann zurück. »Der Wagen hat eben ein komisches Geräusch gemacht, da habe ich ihn lieber stehenlassen!« Ich prüfe Motor und Vorderachse auf Blick – nichts festzustellen. »Und seit gestern vormittag hat immer eine rote Lampe gebrannt, die war auch heute morgen noch an.« »Wie bitte? Welche Lampe?« Kurt zeigt sie mir: Es ist die Öldruck-Kontrolleuch-

te! Ein kurzer Versuch, den Motor anzulassen – kapitaler Lagerschaden. Kein Wunder, der Wagen lief gestern und heute ohne Öl! »Was hast Du Dir eigentlich gedacht, mit brennender Öllampe zu fahren?« »Weißt Du, im Taxi hat auch mal so ne rote Lampe gebrannt, da habe ich über Funk die Zentrale gefragt. Die haben gemeint, das sei nur irgendwas mit der Bremse, ich solle mir keine Gedanken machen und weiterfahren. Deshalb habe ich mir auch bei der Lampe am Peugeot nichts gedacht.« Soll man sich da noch aufregen? Sich ärgern? Bleibt nur ein Stoßseufzer: »Hättest Du mir doch gestern abend schon was davon gesagt!« Wenn und aber helfen jetzt jedoch nicht mehr. Wir müssen den Wagen schleppen. Ulrich hängt mich hinten an. Ich setze mich in den Havaristen, Kurt übernimmt meinen 504. Die Straßen sind gut, meist gerade oder doch nur mit weiten Kurven versehen, praktisch kein Verkehr. So kommen wir auch im Schlepp zügig voran, Tempo 80 bis 100. Ab und zu sind kleine Sanddünen auf die Straße geweht worden, sie lassen sich ohne Schwierigkeiten umfahren. Aber was ist denn das? Ich sehe im Rückspiegel, wie Kurt mit dem 504 voll über eine der Sanddünen brettert! Der Wagen macht einen Riesensatz, bleibt stehen. Auch Ulrich hat alles mitbekommen und hält an. Wir rennen zurück. Kurt sitzt noch reichlich benommen im Auto. Er war nicht angeschnallt und jetzt hat er eine Riesenbeule am Kopf. Und die Düne? Die ist doch über einen Meter hoch? »Also tut mir leid, aber die hab ich glattweg übersehen!« Der 504 hängt vollkommen einseitig: Das linke Federbein hat die Karosserie durchschlagen, der innere Kotflügel ist dem gesamten Holm entlang abgerissen! »Mensch Kurt, Du bist und bleibst ein Riesenrindvieh! Fährst hier innerhalb von zwei Stunden zwei Autos zu Schrott!«
Am frühen Nachmittag sind wir in El Golea. Wir schleppen den 404 auf den Campingplatz. Dort

steht schon eine ganze Reihe von Havaristen, die auf der Strecke zwischen In Salah und Tamanrasset gescheitert sind. Großes Hallo: Da kommen welche, die haben das Kunststück fertiggebracht, zwei Wagen schon vor El Golea zu liefern! Da ist ein Land-Rover, der hat bis Arak so viel Sand und Staub geschluckt, daß der Motor dranglauben mußte, ein anderer, der hatte auf den ersten 100 Pisten-Kilometern einen Getriebeschaden, an einem Borgward-Geländewagen hat ein großer Stein in einem Staubloch die gesamte Vorderradaufhängung zertrümmert, ein VW-Bus mit Motorschaden, ein Unimog mit Zündungs- oder Vergaserproblemen und ein anderer, an dem die Kabine vom Fahrgestell reißt. Und jetzt kommen wir mit unseren Pkw und meinen, die wegen der zwischen Tiguelgemine und Tamanrasset stattfindenden Bauarbeiten (und damit verbundenen weiträumigen Umfahrungen in schwerstem Gelände) zur Zeit ›schwierigste Piste in ganz Afrika‹ bewältigen zu können! An eine Reparatur des Motorschadens ist nicht zu denken. Ich werde auf der nächsten Reise einen Motor mitnehmen und den einbauen lassen. Aber der 504 müßte zu schweißen sein. Ich renne von Werkstatt zu Werkstatt, finde aber niemanden, der die schwierige Arbeit durchführen will. Das zu schweißende Blech ist schon ziemlich rostgeschwächt, jeder fürchtet, nichts weiter als noch mehr Löcher reinzubrennen. Wir haben eine Pakung Glasfasermatten und Polyesterharz dabei, bei einem ›Schlosser‹ bekommen wir drei Blechstücke: Wir werden die Reparatur selbst durchführen. Kurt und Ulrich bereiten die Harzarbeiten vor, ich loche inzwischen die Blechteile mit dem Handbohrer, eine zeitaufwendige Arbeit. Wir arbeiten im Licht der Handlampen noch bis spät in die Nacht hinein.

1. MÄRZ, MITTWOCH

In der Nacht ist ein weiterer Havarist aus Süden zurückgekehrt, Schweizer mit Land-Rover, Blatt-Federbruch. Die Gruppe ist gut ausgerüstet, sie haben eine elektrische Bohrmaschine dabei. Damit geht es bei mir flott. Mit den gelochten Blechen und vielen Schrauben überbrücken wir die Risse in der Karosserie, mit einem schweren Hammer, geliehen von einem Schmied, bringen wir die verbogenen Karrosserieteile wieder ungefähr in Form. Schön braucht es nicht zu sein, Hauptsache, es hält! Dann wird noch geharzt, mit allen verfügbaren Matten, jedem Tropfen Kunstharz. Jetzt findet sich doch noch ein Mechaniker, der die aufgeschraubten Blechteile gegeneinander verschweißt. Auf dem Campingplatz bringen wir dann noch ein weiteres Verstärkungseisen an. Das dauert wieder bis in die Nacht.
Wir sind ziemlich groggy, aber hier in El Golea ist das letzte Hotel, in dem es Bier gibt, das ›El Bousten‹.
Es wird der Abschiedstrunk mit Kurt, wir wollen und können ihn nicht mit unseren beiden angeschlagenen Wagen über die harte Piste bis Tamanrasset mitnehmen. Er hat bereits einen Lkw-Fahrer gefunden, mit dem er die Reise nach Tam antreten kann.

2. MÄRZ, DONNERSTAG

Heute geht es weiter! Wir genießen das Frühstück im Freien, die Sonne scheint durch die Palmen. Dann geht es hinaus, in die feindliche karge Umgebung. Die Trennung fällt richtig schwer. Hier blühende Aprikosen- und Mandelbäumchen, dort nackter kahler Fels, lebloses Steinwüste.
Um 9 Uhr sind wir wieder auf der Strecke. Die Abzweigung nach Timimoun! Wieviele Erinnerungen werden wach in Gedanken an die sich dahinter anschließende Strecke! Die Tanezrouft, die endlose Kies- und Sandebene! Wir aber fahren heute weiter nach Süden. Aufstieg aufs Plateau von Tademait, diese fast völlig ebene, von rotschwarzen Steintrümmern übersäte Hochfläche, die sich mehrere hundert Kilometer weit erstreckt. Der Abstieg vom Plateau, landschaftlich sehr eindrucksvoll mit vorgesetzten Zeugenbergen, lädt diesmal nicht zum Verweilen ein: Ein heftiger Sandwind nimmt die Sicht, alles ist trübe und unklar. Auch beim zweiten Abstieg wenige Dutzend Kilometer vor In Salah ist es nicht besser. So fahren wir ohne anzuhalten bis in den Ort. In Salah! Nirgendwo wird einem klarer vor Augen geführt, wie ein traditionell lebhafter Ort, früher Umschlagplatz für Waren von Süden und Norden aller Art, durch die Errungenschaft der Neuzeit zerstört wird! Da wird planiert und betoniert ohne Rücksicht auf bestehende Verhältnisse, da werden Häuser abgerissen, ohne daß klar ist, was an ihre Stelle treten soll, Barackensiedlungen aufgebaut und wieder entfernt. Mitten im Ortskern entsteht eine Tankstelle, nur zu vorübergehendem Gebrauch bestimmt, aber ihretwegen werden alte Häuser im Banko-Stil abgerissen, die nie wieder aufgebaut werden. Man hat den Eindruck, die Einwohner hätten sich in die Oasen-Vorstädte geflüchtet. In den Straßen nur noch Militär, Arbeitsdienste, Administrationsangestellte, wie man sie in jedem Ort in Algerien zu Hauf treffen kann.
Am Ortsausgang nach Westen, Richtung Aoulef, gibt es ein Cafe-Restaurant, Treffpunkt für Sahara-Reisende aller Kategorien. Wir bestellen Cous-Cous, halten mit Einheimischen und Touristen den üblichen Schwatz. Schreckensmeldungen erneut vom Zustand der Piste in den Baustellenbereichen! Dort unten muß es übel aussehen. Die Informationen über die Benzinversorgung zwischen In Salah und Tamanrasset sind so widersprüchlich, daß wir uns vorsorglich für die 700 Kilometer bis

Große Sanddünen neben der Asphaltstraße, ein immer wieder faszinierender Anblick (vor Arak)

Bittergurken

An der großen Düne vor Arak

An der großen Düne vor Arak

Tam eindecken. Wir haben zum Glück genügend Kanister mitgenommen und können so unbedenklich Richtung Tam aufbrechen, auch wenn die Zapfsäulen in Arak und in In Ekker trockenliegen sollten.

Bis 240 Kilometer hinter In Salah reicht der Asphalt, die Landschaft ist kaum eindrucksvoll. So fahren wir zügig nach Süden. Dann ist der Asphalt zu Ende, die Piste beginnt. Bei meiner letzten Reise auf dieser Route war die Strecke In Salah –Tamanrasset vor allem durch allgegenwärtiges Wellblech gekennzeichnet. Was würde uns jetzt bevorstehen? Die ganze Strecke ist ja praktisch eine einzige Baustelle, da die Asphaltstraße in einem Kraftakt bis Tamanrasset vorangetrieben werden soll. Das bedeutet Umleitungen, von Baufahrzeugen aufgewühlter Untergrund, viel Verkehr, mißverständliche Spuren. Aber so weit sind wir noch nicht. Jetzt machen wir erst einmal die Fahrzeuge ›pistenfein‹: Kontrolle aller Befestigungen, Ausbau des Thermostates, Abschmieren, Luftdruck ermäßigen. Dabei kommt es zu einem ›Reiter-über-den-Bodensee-Erlebnis‹: Wir hatten die Vorderachse des 504 hochgebockt und beide Räder abmontiert, um leichter an die Schmiernippel ranzukommen. Eben war der Wagen abgeschmiert, ich gerade dabei, unter dem Wagen vorzukriechen, da gibt der Wagenheber im weichen Untergrund nach, das Fahrzeug kracht herunter, liegt flach auf der Karrosserie – im letzten Augenblick kann ich noch den Kopf einziehen. Verdammt! Da drunter könnte ich jetzt liegen! Ein bodenloser Leichtsinn, den Wagen mit dem Wagenheber hochzunehmen, beide Räder abzumontieren und dann ohne Sicherung abzuschmieren! Das kann tödlich sein!

Der Schreck sitzt uns noch in den Gliedern, als wir uns daran machen, den Wagen wieder auf seine Räder zu stellen. Das ist schwieriger als gedacht! Der Wagenheber liegt mitten unter dem Wagen! Da heißt es graben! Endlich ist das Werkzeug be-

freit. Aber wie an die Wagenheberaufnahme rankommen? Wir bocken den Wagen hinten seitlich hoch, graben dann ein tiefes Loch, um das Vorderrad auf die Bremsscheibe schrauben zu können, anschließend wiederholt sich der Vorgang auf der anderen Seite. Nur mit Hilfe der Sandbleche kommt das Fahrzeug aus dem jetzt vollkommen zerwühlten Untergrund wieder frei.

In der Zwischenzeit ist es längst dunkel geworden. Wir packen alles zusammen. Auf dem Kartuschenkocher machen wir noch eine Büchse warm und essen ziemlich erschöpft das Zeugs in uns rein.

3. MÄRZ, FREITAG

Morgens um halb sieben ist die Welt noch in Ordnung. Was fehlt, ist Vogelgesang! Statt dessen pfeift bald der Wasserkessel sein einsilbiges Liedchen. Aber für uns bedeutet es Kaffee, Wärme von innen. Es hat nämlich nur sieben Grad und der Wind ist auch schon wieder da. Also fahren wir rasch weiter. Hügelige Landschaft. Piste steinig-staubig. Nach 10 Kilometern fehlt Ulrich. Er ist mit dem Auspuff an einem Stein hängen geblieben (beim Peugeot 404 ist der Auspuff sehr exponiert, Steinschäden gehören deshalb zu den Normaldefekten). Wir reparieren ziemlich genau drei Stunden, schimpfen über die vollkommen verrosteten Schrauben, denen auch mit unserem Rostlöser nicht beizukommen ist. Dann kann es weitergehen. Die Piste ist nach wie vor saumäßig, ein anderer Ausdruck ist da nicht angebracht. Eigentlich kann von Piste keine Rede sein: Es sind nichts weiter als naturbelassene Spuren in einem hügelig, bergigen Gelände. Die eigentliche Tamanrasset-Piste liegt westlich von uns, wegen der Bauarbeiten ist sie gesperrt, so sucht sich jeder den besten Weg durchs Gelände, die Spuren führen immer wieder über die gleichen Stellen hinweg, eben da, wo es sich gerade noch mehr schlecht als recht fahren läßt. Nach einer halben Stunde ist Ulrich nicht mehr hinter mir! Wieder blieb der Auspuff an einem Stein hängen, erneut Reparatur größeren Ausmaßes, wir sind zwei Stunden beschäftigt. Jetzt sind wir schon sechs Stunden unterwegs und gerade 35 Kilometer weit gefahren! Wenn das so weitergeht …! Aber es geht nicht so weiter, wir bleiben, wenigstens vorläufig, von Pannen verschont. Bis zum Beginn der Schlucht von Arak ist es nicht mehr weit. Von Stein zu Stein und Staubloch zu Staubloch humpelnd kommen wir dort an. Und hier bewahrheitet sich, was wir gerüchteweise bereits in El Golea gehört haben: Die Schlucht ist voll asphaltiert! Das schlimmste Stück der Baupiste, die Umfahrung der Arak-Schlucht, könnte uns so erspart bleiben. Aber – elendes Pech – nach irgendwelchen unbedeutenden Regenfällen, die sich dann natürlich in der Schlucht verstärken, wurde die Straße so stark beschädigt, daß sie bereits wieder gesperrt ist. Angesichts der normalerweise nicht vorhandenen Regenfälle ist die Bautechnik der Algerier nämlich eine andere als bei uns: Zuerst wird die Straße voll durchtrassiert und mit Belag versehen, quer weg über Wadis und Täler. Auf dieser fertigen Straße werden dann die Brückenteile angeliefert, die Straße wieder weggebaggert und die Wasserdurchlässe geschaffen. Pech nur, wenn es wider Erwarten vorher schon zu verirrten Niederschlägen kommt. Bei der fehlenden Vegetationsdecke summieren sich selbst geringe Regenfälle zu Sturzfluten. Dort, wo ihnen die Straße den Ablauf verriegelt, suchen sie sich einen neuen Weg. Dabei wird dann oft die soeben fertiggestellte Straße auf hunderten von Metern gleich wieder weggerissen. Dies hatte sich jetzt auch in der Arak-Schlucht ereignet und so mußten wir vom hoffnungsweckenden Anblick des neuen Asphaltbandes wieder Abschied nehmen und uns außen herum durch die Berge schlagen. Durch die Berge schlagen – anders kann man es

wohl nicht bezeichnen. Steine, nichts als kantige, eckige, große Steine. Nur einmal werden wir für diese Schinderei entschädigt: Eine Gruppe Hoggar-Tuareg kommt uns auf herrlichen Reitkamelen entgegen. Hier, wo normalerweise keine Fahrzeuge durchkommen, ist die Freude über eine Begegnung noch groß. Wir halten an, die Männer kommen auf uns zu, einer spricht etwas französisch, so daß eine Verständigung möglich ist. Sie gehören der Gruppe Kel Ahnet an und sind auf dem Weg nach Arak. Dort wollen sie sich mit arabischen Händlern treffen, von denen sie Metall-Geschirr und Wolldecken kaufen wollen. Wir beklagen uns über den schlechten Zustand der Piste, worauf der eine mit ironischem Lächeln meint, wir sollten doch auf die Kamele umsteigen, dann könnten wir den sandigen Wadis folgen. Auf mein Tauschangebot – Pkw gegen Kamel – wollen sie jedoch nicht eingehen. Die Kamele machen einen gepflegten Eindruck. Die Nasenringe der Tiere sind verziert, einer der Leitstricke eine sehr schöne Lederflechtarbeit. Die traditionellen Sättel sind mit Stoffbändern umhüllt, zum Schutz vor zu schneller Abnutzung. Einer der Targui drängt zum Aufbruch. Sie wollen anscheinend heute noch Arak erreichen. Viel schneller könnten *wir* auf solcher Piste auch nicht dort sein.

Der Zustand der Umfahrung bleibt wie zuvor. Endlich haben wir die Schranke der Mouydir-Berge umfahren. Wir erreichen eine Hochebene mit festem, kristallinem Sand. Hier geht es zügig voran, leicht in Ostrichtung, zurück zur Hauptpiste. Dann wieder eine Überraschung: Wir treffen erneut auf das schwarze Asphaltband – dort zieht es sich nach Süden, verliert sich nach Norden in den letzten Ausläufern der Mouydir-Berge, um dann hinab in die Arak-Schlucht zu tauchen. Wir versuchen unser Glück auf dem Asphalt. Das läuft! Aber fünf Kilometer weiter werden wir von uniformierten Arbeitern des ›Service nationale‹ aufgehalten:

Die Straße führt nicht weiter! Und wir können hier auch nicht den Asphalt verlassen und quer durchs Gelände zur Umfahrungspiste fahren. Wir müssen die fünf Kilometer zurück und den Umleitungsschildern folgen. Zehn Kilometer Asphaltvergnügen umsonst. Aber immerhin – man weiß dann wieder so richtig zu würdigen, was eine befestigte Straße wert ist!

Die Baustellenpiste ist stark ausgefahren. Orientierungsprobleme scheint es nicht zu geben, wir halten uns immer an die am deutlichsten erkennbaren Spuren. Doch dann stehen wir plötzlich mitten in einem Camp, aus dem wir nicht mehr herausfinden. Wir stöbern schließlich einen Wächter auf, der uns erklärt, daß wir schon vor acht Kilometern an einem Umleitungsschild vorbeigefahren sein müßten. Also wieder zurück! Natürlich, wenn man sich auf der rechten Seite der hundert und mehr Meter breiten Piste hält und ein unscheinbares Schild, mit dem man noch zudem nicht rechnet, steht auf der linken Seite – das muß man einfach übersehen. 16 Kilometer Piste umsonst! Das liest sich so, als wäre es nicht viel, aber beim Zustand der Strecke verlieren wir durch diese Irrfahrt wieder mehr als eine Stunde. Sicher, auch das ist nicht viel, aber bei 8 bis 10 Fahrstunden am Tag mehr als 10 Prozent – und das ist einfach *zu* viel!

Wir finden schließlich die Umfahrung der Umfahrung. Sie hat grauenhafte Staublöcher. In der Dämmerung legen wir aus Sichtgründen eine Pause ein. Wenn die Scheinwerfer in der Dunkelheit wirksam werden, ist es besser zu fahren, als im Zwielicht. Bei der bei solchen Pausen üblichen Fahrzeugkontrolle stellen wir fest, daß das Federbein bereits wieder durchbricht. Da bleibt nur eine Wahl: Reparatur! Zum Glück haben wir uns noch ein kleines Stück Glasfasermatte und etwas Polyesterharz aufgespart, auch ein 10 mal 10 Zentimeter großes Blechstück haben wir noch. Also beginnen wir zuerst mit der Harzerei, so hat das Harz über Nacht Zeit, endgültig auszuhärten. Anschließend geht es wieder ans Blechebohren, leider mühsam mit der Hand. Loch für Loch.

Heute haben wir gerade 130 Kilometer geschafft. Lächerlich!

4. MÄRZ, SAMSTAG

Mit der Sonne stehen wir auf. Weiter Blecharbeiten. Die aufsteigende Sonne fängt schon ganz heftig an zu stechen, dann kommt auch noch ein starker Wind auf, wodurch die Arbeitsverhältnisse dicht am Boden auch nicht besser werden. Um 13 Uhr sind wir abfahrbereit. Hoffentlich hält die Reparatur, wir haben jetzt kein Material mehr zur Verfügung.

Die Piste bleibt saumäßig, der Wind wird immer heftiger. Das weithin zerfahrene Gelände bietet ihm genügend Angriffsfläche, überall reißt er den Staub aus den Fahrspuren, die Sichtweite auf der Piste sinkt teilweise auf weniger als fünf Meter, immer wieder müssen wir anhalten, die schlimmsten Böen über uns wegziehen lassen. Die eingeschränkte Sicht bringt es mit sich, daß wir uns andauernd verfahren. Da ist ein Seitental, in dem die Baufahrzeuge Material gesucht haben, viele Spuren führen dorthin. Ohne Überblick sind wir gezwungen, den Spuren zu folgen, egal wohin sie auch führen. Das Seitental ist natürlich eine Sackgasse. Zurück. Wenig später landen wir erneut in einem Camp. Es ist aufgegeben, die Bauarbeiten sind schon weiter fortgeschritten. Wieder zurück. Dann erneut eine Sackgasse in einer Art Steinbruch, wenig später ein Kiesmischwerk. Wieder ein Camp voller Uniformierter, die während des Staubwindes nicht arbeiten können oder wollen. Sie freuen sich über die Abwechslung, die ihnen unser Irrtum beschert hat. Wir werden von wahren Massen umlagert, Zigaretten und Whisky sind gefragt. Aber damit können wir leider nicht dienen. Die Militärbasis In Ekker kann nicht mehr weit sein, davon zu sehen sind vorläufig nur alte Hochspannungsmasten, noch aus der französischen Zeit. In einem riesigen Bergmassiv, das jetzt erst beim unmittelbaren Davorstehen und zwischen den Windböen erkennbar ist, wurden hier die ersten französischen unterirdischen Atomversuche abgewickelt. Entsprechend findet sich noch allerhand Schrott in der Landschaft. Die Algerier haben hier erneut mehrere militärische und para-militärische Basen eingerichtet. Die ganze Ecke ist zersiedelt und ruiniert. Noch einmal Staublöcher unwahrscheinlichen Ausmaßes, metertiefer Staub, der beim Durchfahren aufspritzt wie Wasser. Der Wind bläst uns ganze Wagenladungen davon in die Fahrzeuge. Kurz darauf erfreuen wir uns einer wesentlich besseren Piste, die lediglich durch mäßiges Wellblech unangenehm ist. Aber – wir hätten es uns eigentlich denken können – wieder landen wir nach 25 Kilometern bei einer Militär-Basis, anscheinend eine Art Feldflugplatz. 50 Kilometer umsonst! Verdammter Mist! Ein Lkw bringt uns auf den richtigen Weg. Doch dann bleibt die Piste tatsächlich besser. Die neue Asphaltstraße hält sich hier nicht an die Trasse der alten Piste, so daß die alte Piste noch zur Verfügung steht. Jetzt geht es einfacher voran. Nur das Wellblech ist unangenehm. Der Wind hat nicht nachgelassen, aber das felsige Gelände und die bereits stark ausgefahrene Piste bieten ihm kaum Angriffsfläche, so daß die Luft wieder relativ staubfrei ist.

In der Abenddämmerung habe ich eine Reifenpanne. Der Radwechsel geht schnell und problemlos. Wir wollen heute noch bis Tamanrasset kommen. Aber 50 Kilometer vor Tam habe ich erneut eine Reifenpanne und jetzt steht uns kein Reserverad mehr zur Verfügung. Wir bleiben an Ort und Stelle, ich flicke beide Schläuche. Bei der Radmontage sind wir schon so müde, daß wir in der Dunkelheit nicht merken, wie uns der Wagenheber wegrutscht. Wieder landet der Wagen – diesmal zum Glück nur einseitig – auf dem Bauch. Völlig erschöpft schinden wir uns viel zu lange und viel zu ungeschickt, bis wir den Wagen auf allen vier Rädern haben. Der Tag hat uns mit dem andauernden Staubwind doch erheblich zugesetzt. Um 24 Uhr fallen wir ins Bett.

5. MÄRZ, SONNTAG

Wieder sind wir mit der Sonne auf den Beinen. Der Morgen ist windstill, es hat nur sieben Grad, aber die Sonne wärmt rasch. Ohne Schwierigkeiten erreichen wir die Asphaltstraße, die den Flugplatz von Tamanrasset mit dem Ort verbindet. Wir legen eine kurze Gedenkminute ein, dabei fällt mir auf, daß die Motorhaube am 504 einseitig eigenartig klafft. Nur mit Mühe können wir die verspannte Haube öffnen und dann wird Gewißheit, was wir befürchteten: Das Federbein ist erneut durchgebrochen, das Glasfasermaterial ist einfach nicht dick genug. Wie soll der Wagen die 900 Kilometer Piste bis Agadez und anschließend die 500 Kilometer Wellblech-Piste bis Zinder überstehen? Oder gar – wie geplant – die 450 Kilometer Chaos-Piste von Agadez nach Tahoua? Und dann bleiben immer noch 570 Kilometer Asphalt bis Niamey! Den 504 hier in Tamanrasset stehenlassen und nur mit dem 404 weiterfahren? Und wenn der unterwegs liegenbleibt? Wie soll ich meine Termine im März in Deutschland einhalten? Wir fahren zu allererst auf den Campingplatz, um die ›Rahmenbedingungen‹ zu prüfen, das heißt Rückflugmöglichkeiten ab Tam, Möglichkeiten den Wagen in Tam stehenzulassen, Reparaturmöglichkeiten. Auch hier in Tam stehen Havaristen in Hülle und Fülle auf dem Platz, vom auseinandergebrochenen 2-CV über Land-Rover und Unimogs mit allen nur denkbaren Problemen, bis hin zum VW-Bus mit ausgedrehter Bremstrommel ist so ziemlich alles vertreten, was an Defekten auf Wüstenpisten auftreten kann. Außer uns selbst sind weitere 4 Peugeot 504 im Ort mit durchgebrochenen vorderen Federbeinen! Die Baustellenpiste fordert ihren Tribut!

Eine belgische Gruppe ist eben an den Aufbruchsvorbereitungen. Ulrich hat die Möglichkeit, sich ihnen anzuschließen. Wir müssen uns rasch entscheiden: Ich werde die Reise hier abbrechen, zurück nach Deutschland fliegen, und im April mit ausreichend Reparaturmaterial wieder hierher kommen, um den 504 so zu reparieren, daß er die Fahrt bis Niamey übersteht. Eine günstige und halbwegs sichere Abstellmöglichkeit für den Wagen ist schnell gefunden. Flüge nach Algier gehen täglich, es ist also nur eine Frage von Tagen, bis ich einen Platz bekommen werde. Und Ulrich kann im Konvoi mit den Belgiern die geplante Reise zu Ende bringen. Es sei hier kurz berichtet, wie die Rest-Reise für Ulrich verlief: Sein 404 hat als einziges Fahrzeug Niamey erreicht! Der Fahrer eines der belgischen Wagen und seine Begleiterin bekamen schon vor der algerisch-nigerischen Grenze den Wüstenkoller, sie schlossen sich einem nordwärts fahrenden Lkw an und waren zwei Tage später wieder zurück in Tamanrasset, nur noch von dem Gedanken beseelt, so schnell wie möglich ins kühle Belgien zurückzukommen. Das zweite Fahrzeug hatte zunächst einen Kupplungsdefekt, wurde dann in der Nähe von Tegguida'n-Tessoum mit Motorschaden aufgegeben. Ebenfalls mit Motorschaden schleppte Ulrich den dritten Wagen noch bis Agadez, wo das Fahrzeug zum Schrottpreis verkauft werden konnte. Ab Agadez schloß sich Ulrich einem deutschen VW-Bus an, der ebenso wie Ulrich einen Teil der belgischen Gruppe mitsamt Gepäck übernahm. Mit einem Zeitaufwand von einer Woche erreichten sie Tahoua über die chaotische Piste Agadez – In Gall – Tahoua.

Nur wenige Kilometer von Niamey ereilte Ulrich dann noch ein Kolbenfresser. Der Wagen kam zwar noch aus eigener Kraft bis Niamey, war aber – einmal abgestellt – auch mit Anschleppen nicht mehr zum Laufen zu bekommen. Und Kurt? Kurt hat mit öffentlichen Verkehrsmitteln und Mitfahrgelegenheiten erst Tamanrasset (wo wir uns nochmal trafen) und anschließend sogar Niamey erreicht. Dort hat er leichtsinnigerweise im Niger gebadet, wobei ihm – kurzsichtig wie er war, meinte er, sein Gepäck vom Fluß aus unter Kontrolle zu haben – mit seinem Rucksack sämtliche Kleider, sämtliche Papiere und auch der letzte Pfennig Geld gestohlen wurden. Ein Passant hat ihm eine Stoffbahn überlassen. Angetan mit Unterhose und dieser Stoffbahn sprach er auf der deutschen Botschaft in Niamey vor, die ihm zu neuen Kleidern und einem Rückflug nach Deutschland verhalf.

Ich selbst? Ich kaufte mir ein Ticket für den Rückflug nach Europa. Der Haken dabei war, daß aufgrund eines vorangegangenen Absturzes die Landebahn mehrere Tage gesperrt war und demzufolge eine große Zahl von Passagieren in Tamanrasset festsaßen, von denen jeder bei den täglichen Flügen um die Mittagszeit hoffte, einen Platz erkämpfen zu können. Erkämpfen! Das ist durchaus wörtlich zu nehmen: Am Schalter, der zuvor schon durch Bretterverschläge geschützt worden war, drängten sich die Menschen. Und über diese dichtgedrängte Mauer stiegen von hinten her die anderen nach vorne. Nur mit Mühe und unter Einsatz des Schlagstockes gelang es der Polizei ab und zu, eine geringe Ordnung in das Chaos zu bringen.

Da ich mich der Gefahr nicht aussetzen wollte, von hinten überrollt zu werden oder Schlagstock-Prügel zu bekommen, hielt ich mich bei diesen Kämpfen immer im Hintergrund und bekam so erst nach vier Tagen einen Platz in einer zusätzlichen Maschine. Die Aufforderung, sich täglich am Flugplatz einzufinden, was bedeutete, daß man sich bei einem planmäßigen Abflug um 12 Uhr bereits um 9 Uhr am Büro der Air Algerie aufzuhalten hatte, um noch einen Platz im Zubringer-Bus zu bekommen, verhinderte Ausflüge in und um Tamanrasset.

Nein, unglücklich war ich nicht, als ich dann im Flugzeug saß und Tamanrasset und die Hoggar-Berge bei der Abflugrunde klein und kleiner wurden.

2 Die Mai-Reise

Von der letzten Reise über die Hoggar-Piste stand noch ein defekter Peugeot 404 von mir in El Golea, ein weiterer Peugeot in Tamanrasset. Vollbeladen mit Ersatzteilen, u. a. ein kompletter Motor, sollte es jetzt erneut auf der Hoggar-Route nach Westafrika gehen, die defekten Fahrzeuge mußten vor Ablauf der Zoll-Freifrist wieder aus Algerien ausgeführt werden. Ein befreundetes Ehepaar, eingeplant als Fahrer für die in Algerien gebliebenen Fahrzeuge, mußte einen Tag vor Abreise aus beruflichen Gründen von der Reise zurücktreten. So waren wir zu zweit, Heinz und ich. Wir hatten aber auch zwei Fahrzeuge dabei, es war also von vornherein klar, daß wir unterwegs Fahrer für die reparierten Peugeots in Algerien anheuern mußten.

Die Anreise über Tunesien und Nordalgerien war voller Tücken. Kurz nach der tunesisch-algerischen Grenze hatten wir erhebliche Sandprobleme – auf der Asphaltstraße!

Ein Sandsturm hatte die weißen Dünen des Souf in Bewegung gebracht, Riegel um Riegel lagen sie über der Straße und blockierten unseren Weg. Mehrmals hatten wir so bei bereits sehr hohen Temperaturen heftig zu kämpfen und verloren darüber hinaus viel Zeit. Auch andere Straßen waren von hohen Sandverwehungen blockiert, der Lkw-Verkehr kam dadurch in weiten Bereichen zum Erliegen und als

Folge davon brach die Benzinversorgung entlang unserer Route praktisch zusammen. Wir mußten weite Umwege fahren und lange Wartezeiten in schier endlosen Schlangen vor den wenigen noch liefernden Tankstellen in Kauf nehmen.

Der Motorumbau in El Golea nimmt zwei Tage in Anspruch. In der Zwischenzeit finden wir einen Fahrer für den Wagen. Dominique, ein Franzose, liegt hier mit seiner Ente ebenfalls wegen Motorschaden fest. Er läßt sich die Gelegenheit nicht entgehen, mit uns weiter nach Westafrika zu fahren.

*

30. APRIL, SONNTAG

Morgens um 6 Uhr ist es noch schön kühl! Beste Zeit um aufzuräumen, einzupacken und… und… und. Nach dem Frühstück führt der erste Weg wieder zur Werkstatt. Und – oh Wunder! – der Wagen ist bereits fertig! Wir drehen einige Proberunden, alles scheint in Ordnung zu sein. Natürlich fällt auch der Preis für den Motorwechsel erheblich höher aus als veranschlagt, aber schließlich wurden zusätzlich die Ventile eingeschliffen und die Zylin-

89

derkopfdichtung erneuert. Insgesamt und unter der Voraussetzung daß der Motor hält (was er tatsächlich auch getan hat), muß ich anerkennen, daß ich in Deutschland für die Reparatur ein mehrfaches hätte bezahlen müssen!

Volltanken, verstauen des Gepäcks im frisch reparierten 404.

Dominique packt seine Siebensachen – es wird ziemlich genau 12 Uhr, bis wir wegkommen. Und dann erleben wir eine unangenehme Überraschung, die sich in der geschützten Oase mit den weiten Palmgärten nur andeutungsweise bemerkbar gemacht hat: Es weht ein heftiger Sandwind. Nicht unähnlich einem Schmiedegebläse fauchen die Böen über die Straße und führen dabei immer wieder so viel Sand mit sich, daß wir einfach gezwungen sind, anzuhalten. Auf den ersten 50 Kilometern unterhalten wir uns mehrfach darüber, ob es nicht besser und vernünftiger wäre, wieder nach El Golea zurückzufahren. Doch in den Aufhellungspausen zwischen den Böen fahren wir dann doch immer weiter nach Süden, bis die Umkehr Utopie wird. Stoßstangen und Scheinwerfergläser sind von dem natürlichen Sandstrahlgebläse schon vollkommen matt geschmirgelt, an allen Kanten ist bereits der Lack ab, das blanke Blech kommt zum Vorschein. Aber wir stoppeln uns voran. Dabei wird es fast von Minute zu Minute heißer. Auf dem Plateau von Tademait bessert sich die Situation. Zwar hat der Wind nicht nachgelassen, im Gegenteil: Ohne Hindernis fegt der Sturm über das von schwarzem Trümmergestein übersäte Plateau, beutelt die Wagen immer wieder heftig. Aber die Steinbedeckung verhindert, daß der Wind Sand mit sich führt; die Sicht wird klarer.

Den Abstieg vom Plateau erreichen wir in der Dämmerung, der Wind hat jetzt schon erheblich nachgelassen – zum Glück, denn vor In Salah liegen Sandfelder und Dünen neben der Straße. Dort hätten wir bei noch herrschendem Sturm mit Sicherheit nicht fahren können. In völliger Dunkelheit treffen wir in In Salah ein. Die Gargotte am Ortsausgang nach Aoulef ist unser Ziel, wir bekommen dort tatsächlich noch Couscous zu essen.

Mit vollem Bauch fahren wir anschließend noch ein Stück aus In Salah raus, Richtung Aoulef und schlagen dort unser Lager unter Palmen an einer Wasserstelle auf. Es kühlt nur langsam ab. Als wir uns kurz vor Mitternacht auf die Liegesitze der Wagen zum Schlafen legen, hat es immer noch 27 Grad!

1. MAI, MONTAG

Tag der Arbeit! Wir wollen den Feiertag würdig begehen und tatsächlich arbeiten! Um fünf Uhr stehen wir auf, im ersten Dämmerungslicht. Jetzt sind die Temperaturen noch erträglich. Nach einem kurzen Frühstück gehts an die Wagen. Die Fahrerei im Sandwind erfordert eine gründliche Kontrolle der Luftfilter und des Zündverteilers. Beim Öffnen meines Luftfiltergehäuses trifft mich fast der Schlag! Zu Hause hatte ich noch einen neuen Filter montieren lassen. Sogar von einer Fachwerkstatt! Aber die hatten den Filter wohl irgendwie reingewürgt, jedenfalls saß der Einsatz vollkommen schief und ließ Luft und Sand ungehindert passieren! Den ganzen Tag waren wir voll im Sandwind gefahren, immer im Vertrauen darauf, daß die neuen Filtereinsätze in den Wagen mit dem anfallenden Sand schon fertig werden würden! Und jetzt das! In Vergasersachen ist keiner von uns sehr bewandert. Also rein nach In Salah, zu einer Werkstatt. Die müßten eigentlich solche Probleme kennen. Aber dort ist niemand. Wir warten Stunde um Stunde. Es wird immer heißer. Von einem Passanten müssen wir dann erfahren, daß der Werkstattmann zum Militär nach Reggane abkommandiert worden ist, 300 Kilometer von hier, am anderen

90

Ende der Tidikelt-Ebene. So ein dreimal verfl… Mist. Jetzt haben wir die kühlen Vormittagsstunden mit sinnloser Warterei vertan! Die Sonne sticht durch die Palmwedel, im Schatten eines Palmstammes messe ich 38 Grad. In Salah wird seinem Ruf gerecht, einer der heißesten Orte der Sahara zu sein.

Jede Bewegung ist mühevoll. Wir demontieren den Vergaser, soweit wir es uns zutrauen. Da inzwischen auch der Wind wieder eingesetzt hat (zum Glück nicht mit der gleichen Heftigkeit wie am Vortag), ist die Arbeit ziemlich umständlich. Es soll ja nicht noch mehr Sand in den Motor und andere empfindliche Teile kommen, als ohnehin schon eingedrungen ist! Am Nachmittag ist alles wieder montiert, jetzt müssen wir nur noch Öl und Ölfilter wechseln. Aber erst einmal können wir alle eine Pause vertragen. »Mensch, mir wird plötzlich kotzübel.« In Sekundenschnelle fängt sich um mich herum alles an zu drehen, mir wird schwarz vor Augen. Minuten später revoltiert der Magen, ich muß mich heftig übergeben, solange, bis nur noch trockenes Würgen kommt. Ich kann kaum mehr auf den Beinen stehen, hänge nur noch rum. Mit Sonnenuntergang lege ich mich bereits in den Wagen, Heinz und Dominique wursteln noch an den Wagen herum.

In kürzester Zeit bin ich weggetreten und schlafe tief ein. Mitten in der Nacht geht es wieder los, ich kotze und scheiße im Wechsel.

2. MAI, DIENSTAG

Der Morgen ist herrlich kühl. Ich komme aus der Hockstellung nicht mehr raus. Auch wenn es nicht viel ist, es fließt und fließt. Von mal zu mal ist mehr Blut dabei. Gegen 9 Uhr wird es schon wieder richtig heiß, für mich jedenfalls zu heiß. Auch der Staub- und Sandwind der Vortage hat wieder eingesetzt. Ich kann mich kaum auf den Beinen halten. Absolut sinnlos, unter diesen Umständen aus In Salah wegzufahren, ich wäre dazu auch gar nicht in der Lage! Um das Heilungsverfahren über unsere Hausapotheke hinaus zu beschleunigen, logiere ich mich im Hotel von In Salah ein. Es ist verkommen und dreckig, Flöhe verstechen mich von allen Seiten, aber es hat für mich einen Vorteil: Im Zimmer ist es kühl, ruhig, fast staubfrei. Den ganzen Tag liege ich im Bett, Dominique und Heinz schauen ab und zu nach mir. Sie tätigen in der Zwischenzeit Einkäufe. Besonders die Jagd nach Zigaretten ist den beiden wichtig. Es gibt nach zuverlässigen Informationen südlich von In Salah keine mehr, und so haben sich die Raucher hier in In Salah einzudecken. Aber auch hier scheint der Vorrat schon weitgehend aufgebraucht und es gehört eine Menge Spitzfindigkeit und natürlich bei weiten Märschen von Boutique zu Boutique auch Beinarbeit dazu, noch ein paar Schachteln aufzutreiben. Gegen Abend tritt eine deutliche Besserung in meinem Befinden ein. Ich bin bester Hoffnung, anderntags wieder voll einsatzfähig zu sein. Die Beschwerden kamen – und gehen, wie ein Gewitter. Wir vereinbaren die Abfahrt auf drei Uhr in der Nacht.

3. MAI, MITTWOCH

Pünktlich um drei Uhr kommt Heinz, um mich abzuholen. Ich stehe noch etwas wacklig auf den Beinen, aber erst einmal hinter dem Lenkrad sitzend, geht es mir doch schon wieder ganz ordentlich. Noch ist es dunkel und kühl, da ist es im Freien fast angenehmer als im Zimmer, wo sich noch die Restwärme des vergangenen Tages gehalten hat. Unser Ziel ist, vor Beginn der heftigen Tagwinde in die Mouydir-Berge zu kommen. Dort sind wir höher, es müßte also kühler sein als im Glutbecken

In Salah. Außerdem würden Berge und Felsen und das auflagernde Gestein eine Windverfrachtung von Sand und Staub verhindern.

Nach kurzer Packerei sind wir schnell wieder auf der Straße. Kurz darauf gehen bei Dominique die Lichter aus: Lichtmaschinenschaden! Zum Glück haben wir eine Lichtmaschine in Reserve dabei, aber mit Umbau, Aus- und Einpacken, vergeht doch eine ganze Stunde, bis wir weiterkommen. Die Straße ist inzwischen asphaltiert bis Arak und auch das früher schon fertiggestellte Teilstück durch die Arak-Schlucht ist wieder befahrbar. Am Eingang der Arak-Schlucht ist eine einfache Tankstelle, die bis zur Inbetriebnahme einer großen Tank-Anlage beim Ort Arak die Benzinversorgung übernimmt. Wir erreichen die Tankstelle in der Morgendämmerung. Hier kommt es zu einem Zwischenfall, der den weiteren Verlauf der Reise entscheidend beeinflußt: Heinz, an dritter Stelle fahrend, hat nicht mitbekommen, daß wir von der Straße runter und an die Zapfsäule gefahren sind. Er fährt an der Tankstelle vorbei! Da wir kurz zuvor Halt gemacht hatten und dabei auch darüber gesprochen wurde, daß wir bald in Arak sein müßten und dort – wenn möglich – tanken wollten, machen Dominique und ich uns über sein Vorbeifahren wenig Gedanken. Er wird rasch merken, daß wir nicht mehr vor ihm sind und zur Tankstelle zurückfahren. Nicht so Heinz! Er verliert den Kopf, als er merkt, daß wir nicht mehr vor ihm in seiner Nähe sind. Wie ein Verrückter rast er durch die Arak-Schlucht – seine schwarzen Reifenspuren in den Kurven der Schlucht legen ein beredtes Zeugnis von seinem Fahrtempo ab! Er rast bis ans Ende der Asphalt-Straße. Dort, am Beginn der Piste, wird ihm klar, daß wir einfach nicht mehr *vor* ihm sein können, daß er uns an irgendeiner Stelle überholt haben muß. Genauso kopflos rast er jetzt wieder zurück, bis er uns nach 30 Kilometern an der Tankstelle wieder trifft. Er hat einen hochroten Kopf, er kann kaum mehr sprechen. Selbst mit ruhigem Zureden ist er nicht zu beruhigen. Während seiner ganzen Raserei hat er sich in Todesgefahr gefühlt, verlassen, alleine der Hitze und den Staubstürmen schutzlos preisgegeben. Unsere Argumentation versagt vollkommen – der Faden ist von diesem Augenblick an gerissen. Er besteht darauf, nur noch an zweiter Stelle zwischen uns zu fahren. Als wir wieder zu dritt am Ende der Asphalt-Straße und damit am Beginn der Piste anhalten, um die Wagen durch Absenken des Reifendrucks an die Pistenverhältnisse anzupassen, klagt Heinz über Unwohlsein. Er zittert noch am ganzen Leib, er hat den Schock noch immer nicht überwunden. Die Strapazen der Piste verringern sich in dem selben Maße wie uns der Gedanke an Heinz und seine Probleme beschäftigt. Immer wieder legen wir Pausen ein. Der Wagen von Heinz kommt langsam in einen kritischen Zustand: Wie in Trance hält er sich an mein Wagenheck, fährt über jeden Stein, durch jedes Loch. Bei irgendeinem Halt entdecken wir, daß sein Vorderrad Luft verliert, Heinz selbst bemerkt es nicht. Und nicht genug, kurz vor In Ecker hat er erneut eine Reifenpanne. Dominique versucht, ihn darauf aufmerksam zu machen, indem er ihn überholt und anzuhalten versucht. Heinz fährt stur gerade weiter. Ich bemerke die Eskapaden hinter mir, doch da ist es schon zu spät. Der Reifen hat sich längst in seine Bestandteile aufgelöst. Wir machen Heinz Vorhaltungen, daß er nicht schon früher angehalten hat, aber er meint nur, er hätte Angst gehabt, uns wieder zu verlieren.

Die aufkommende Tageshitze ist auch nicht dazu geeignet, seinen Zustand zum Positiven zu verändern. Zu allem Überfluß bricht auch noch ein heftiger Sturm aus, Gewitterwolken ziehen in rasender Geschwindigkeit über die Berge. Bald ist es völlig schwarz, dann wieder gelb um uns herum. Ein kurzer, sehr heftiger Regen, der aber nur dazu ausreicht, die Staublöcher oberflächlich zu befeuch-

92

ten. Mit großer Erleichterung stoßen wir dann wieder auf Asphalt, 100 Kilometer weit. Erst kurz vor Tamanrasset ist diese Wohltat wieder zu Ende, wir umfahren den Flugplatz auf seiner Westseite. Kurz vor Dunkelheit kommen wir in Tamanrasset an und fahren sofort auf den Campingplatz.

Heinz ist noch immer ganz verstört. »Ich halte die Hitze und den Staub nicht mehr länger aus! Ich schaff diese Piste nicht! Ich will heim. Ich fliege mit dem nächsten Flugzeug nach Hause!« Der muß doch irgendwann wieder zu sich kommen! Wir lassen ihn zunächst ganz in Ruhe, kümmern uns um den seit Februar hier stehenden Peugeot. Er ist von einer zentimeterdicken Staubschicht bedeckt. Sonst scheint alles in Ordnung zu sein. Viel Arbeit wartet auf uns!

Auf dem Platz sind diesmal nur wenig Fahrzeuge. Die Saison ist zu Ende. Im Sahel hat der heißeste Monat begonnen. Wer will da noch durch die Sahara fahren? Ein defekter Unimog ist auch noch vom Februar da! Dazu zwei, drei andere Gruppen mit defekten Fahrzeugen. Immer noch fordert die Hoggar-Piste, jetzt schon deutlich harmloser, mit Steinen und tiefen Staublöchern ihre Opfer.

Wenn Heinz uns nicht mehr zur Verfügung steht – wer soll die beiden anderen Wagen fahren? Dominique, der sich für seine erste Sahara-Fahrt ungewöhnlich geschickt anstellt – er ist nicht *einmal* in Sand oder Staub hängengeblieben, irgendwo fand er immer einen guten Durchschlupf – plädiert dafür, auf Heinz in jedem Falle zu verzichten. »Wir riskieren zu viel! Schau mal, bisher gab es immer wieder Asphalt! Wenn er hier schon durchdreht! Und du sagst ja selbst – von jetzt an wird es immer heißer. Hier in Tam sind wir hoch über dem Meeresspiegel, auf 1400 Meter. Jetzt gehts bergab, wir kommen in heißere Zonen, die Möglichkeit, sich rasch per Flugzeug abzusetzen, besteht auch nicht mehr. Was machen wir denn mit ihm, wenn er wieder durchdreht? Wir brauchen doch Tage, um irgendwohin zu kommen, bis er sich wieder fängt!«
»Du hast schon recht, das Risiko ist groß. Andererseits, die Piste wird jetzt eher angenehmer. Diese großen Steine, die irren Staublöcher – das gibts nur auf der Baustellenpiste! Was mir allerdings zu denken gibt, ist die Landschaft! Die wird irgendwie trostloser, deprimierender. Hier mit den Bergen ringsum ist es richtig heimelig!« »Und was ich eben schon sagte, schau dir mal die Temperaturtabelle auf der Michelinkarte an: Tamanrasset hat jetzt Anfang Mai ungefähr 30–32 Grad mittlere Tagestemperatur, Agadez dagegen – bis wir dort sind – 44 Grad! Das sind 12 Grad mehr! Und er hält die Hitze hier schon nicht aus!« Es ist schon richtig, wir werden uns von Heinz trennen müssen. Aber wer fährt die beiden Wagen?

4. bis 6. MAI, DONNERSTAG, FREITAG, SAMSTAG

Drei Tage vergehen mit lästiger Hitze vom frühen Morgen bis zum späten Abend, mit täglichen Staubwinden, unangenehmem, drückendem Klima. Wo bleibt die klare Luft der Hoggar-Berge? Hat im Süden die Regenzeit schon eingesetzt? Ist das die Ursache für die heftigen Windböen, diesen bedeckten oder auch von Gewitterwolken verhangenen Himmel? Der Gedanke, daß wir bald den schützenden Umkreis von Tamanrasset verlassen müssen, drückt aufs Gemüt.

Drei Tage vergehen auch mit lästiger Arbeit vom frühen Morgen bis zum späten Abend. Um kühle Stunden auszunutzen, stehen wir immer sehr früh auf und arbeiten abends noch bis zur Erschöpfung im Lichte der Taschenlampen. Die beiden beschädigten Wagen werden zunächst völlig gestrippt, d.h. Kotflügel und Front demontiert. So kommt man an die wesentlichen Teile besser ran. Diesmal sind wir auch besser ausgerüstet, mit vielen guten Metallbohrern, einer sehr guten Bohrmaschine, natürlich elektrisch, mit viel Blech und Schrauben, Nieten, dazu Unmengen von Glasfasermatten und Kunstharz. Wir reparieren sorgfältig und gewissenhaft – die Autos sollen halten und nicht wieder auseinanderbrechen wie nach den behelfsmäßigen Reparaturen im Februar!

In den heißen Mittagsstunden, in denen sich mit dem Kunstharz kaum mehr arbeiten läßt, da es innerhalb von Sekunden aushärtet, sind wir auf der Suche nach Mitfahrern. Der Zustand von Heinz hat sich zwar etwas gebessert, seitdem er sein Rückflugticket in der Tasche hat, aber nach wie vor plagen ihn Alpträume, wenn er an Sahara und Hitze denkt! Es ist für ihn schon besser, von Tam aus zurückzufliegen. Dominique trifft ein Pärchen, Engländer, die per Anhalter unterwegs sind, seit Tagen in Tamanrasset festhängen und gerne weiterkommen würden. Allerdings haben die beiden, Ruth und Steve, keine große Lust, selbst zu fahren. Wenn sie bis Freitagabend noch nicht weggekommen sind, werden sie bei uns fahren. Auch die zwei Franzosen, die wir schon in El Golea getroffen haben und die dort, genau wie ich, Fahrer suchten, sind in Tamanrasset eingetroffen. Sie haben sich im Bereich einer Baustellenpiste verfahren, waren dann auf ein Militärcamp gestoßen und dort wegen irgendwelcher Unregelmäßigkeiten in ihren Papieren mehrere Tage festgehalten worden. Sie waren dann unter der Auflage freigelassen worden, sich in Tamanrasset bei der Polizei zu melden. »Wir sind doch keine Idioten, denkst Du im Ernst, ich renne hier zur Polizei und das ganze Theater geht von vorne los?«

Und dann die Wasserknappheit in Tam! Seitdem der Ort zum Verwaltungszentrum ernannt wurde mit der Folge eines enormen Zuzugs von Verwaltungsapparaten und allem was damit zusammenhängt, ist die bestehende Wasserversorgung den Anforderungen nicht mehr gewachsen. Jeden Morgen zwischen 9 und 10 Uhr wird die Wasserzu-

fuhr abgedreht. Dann bleibt der Hahn trocken bis zum nächsten Vormittag. Das Hotel, ein mächtiger ›Vier-Sterne Palast‹, der in einigen Monaten eröffnet werden soll, will sein Wasser per Tankwagen aus In Ekker herbeifahren, es ist sogar die Rede von einer Pipeline nach In Guezzam, mehr als 400 Kilometer im Süden von Tamanrasset, über die das dringend benötigte Wasser herbeigeschafft werden soll.

Am Freitagabend entschließen sich Ruth und Steve zur Mitfahrt. Ob das gut gehen wird? Besonders wegen Ruth machen wir uns Gedanken. Sie hat wenig Fahrpraxis, ist mit dem Wagen nie aus London rausgekommen, fuhr bisher nur Automatik-Wagen und – natürlich – nur Linksverkehr! Wir werden uns viel Zeit lassen müssen!

7. MAI, SONNTAG

Wieder stehen wir schon um sechs Uhr auf, um die restlichen Reparaturen noch am kühlen Vormittag erledigen zu können. Dann großes Aufräumen, Abmeldung bei der Polizei, Zollformalitäten. Es wird 13 Uhr, bis wir mit vollgetankten Wagen ›auf der Piste liegen‹. Die Hitze ist kaum auszuhalten, alles ist diesig hell, die Luft steht. Nur kurze Böen, aus nichts als überhitzter Luft und Staub bestehend, jagen ab und zu wie Gespenster über die Piste. Wir fahren durch eine uninteressante Hügellandschaft. Die Piste ist breit, aber steinig und hat ein unangenehmes Wellblech. Ruth gelingt es nicht, auf Wellblechtempo zu kommen. So sind wir gezwungen, das untere Wellblechmaximum zu fahren, 10 bis 30 km/h. Zum Glück ist nach 60 Kilometern die Strecke besser, das Wellblech läßt nach. Wir können etwas schneller fahren. Dafür haben wir mit der Ankunft der ersten Bäume, Dornakazien, schnell den ersten Plattfuß, wir wechseln nur das Rad und sparen uns die Flickerei für den Abend auf. Dann sandet Ruth ein, da sie den Wagen in einer tiefen Fahrrinne nicht richtig auf der Seite halten kann. Steve ereilt dasselbe Schicksal, kurz darauf wieder Ruth. Aber dieses Einsanden beruht mehr auf Fahrfehlern der Sahara-Neulinge als auf der Schwierigkeit der Strecke, so bekommen wir die Wagen ohne allzu großen Zeitverlust jedesmal durch heftiges Schieben schnell wieder frei.

In der Dämmerung finden wir einen schönen, sanften Sandhügel, der seitab von der Piste aus einer kleinen Ebene ragt. Auf diesem Feldherrnhügel schlagen wir unser Nachtlager auf. Wir sind immerhin 139 Kilometer von Tamanrasset weg!

Schnell haben wir einen Lebensmodus gefunden: Ruth und Steve kochen, ich bin für Dessert und Getränke zuständig, Dominique checkt die Fahrzeuge auf Blick. Es macht mir Spaß, als Mundschenk den berühmten ›Wüstenkühlschrank mit Dopplereffekt‹ vorzuführen: Das Gefäß, in dem sich die abzukühlende Flüssigkeit befindet (hier Wasser mit etwas Zitronensäure) wird mit einem sehr nassen Handtuch umwickelt und dann am höchsterreichbaren Punkt auf einem Wagendach der Abstrahlungskälte und der Verdunstungskälte des schwachen Abendwindes ausgesetzt. Gleichzeitig wird in mehreren Schälchen Wasser verteilt, das sich ebenso abkühlen kann. Dieses bereits kühle Wasser wird dann wieder zum Nässen des Kühlhandtuches verwendet. Der Effekt ist erstaunlich: Innerhalb kürzester Zeit hat man angenehm kühle Getränke.

Die Wagen sind soweit erkennbar okay. Am 404 ist der Auspuff locker, die Schrauben müssen nachgezogen werden. Der blaue 504 hat im Laufe des Tages wieder mal sein altes Leiden gezeigt: Der warme Motor springt nicht an, wir müssen entweder anschieben oder eine Abkühlpause von 20 bis 30 Minuten einlegen.

Es wird ein schöner Abend. Von unserem Hügel aus blicken wir hinab in die dämmrige Ebene, in der sich langsam das Violettblau der von Osten hereinbrechenden Nacht ausbreitet. Der Sand um uns herum ist makellos rein, glatt und fest. Mit dem Abklingen des Tagwindes setzt sich der Staub in der Atmosphäre, immer mehr und mehr Sterne werden sichtbar. Es kühlt angenehm ab. Wir werden alle im Freien schlafen, direkt auf dem Sand.

8. MAI, MONTAG

Nach dem Frühstück auf unserem Sandhügel kommen wir gegen acht Uhr los. Es geht zügig voran, die Piste bietet keine besonderen Schwierigkeiten. Immer wieder müssen wir aber den Auspuff am 404 aufs neue festziehen. Dann ereilt uns erneut ein Plattfuß! Zum Glück haben wir gestern abend noch das Reserverad geflickt!

Ruth sandet mehrfach ein, aber wie gestern auch schon, bekommen wir ihren Wagen immer schnell frei. Schwierig wird es nur dann, wenn sie im Eifer des Gefechtes als Automatik-Fahrerin vergessen hat, die Kupplung beim Anhalten zu treten. Dann geht jedesmal die Anschieberei los und das ist bei der zunehmenden Hitze doch sehr anstrengend.

Bei der Düne von Laouni nehme ich wieder die Westumfahrung, so daß wir die schwierige Passage problemlos ›umrunden‹. Vor den Gara-Ekar-Massiv finden wir unter einem enormen Pilz-Felsen den ersten Schatten, seidem wir das Wadi Tamanrasset mit seinem schütteren Baumbestand verlassen haben. Eine Hitzepause wird fällig! 47 Grad zeigt das Thermometer im Schatten des Felsen! Da haben die Wagen genau wie wir eine Abkühlungspause verdient!

Ruth hat immer mehr Schwierigkeiten, den Wagen in der Spur zu halten. Die bisher breite Piste, wird jetzt an vielen Stellen enger und da sie den Wagen und seine Breite nicht einzuschätzen weiß, fährt sie immer wieder in Sandlöcher hinein und bleibt prompt drin hängen. Kurz vor In Guezzam, in Sichtweite der algerischen Grenzstation, lotse ich dann unsere ganze Gruppe in ein sehr schwieriges Sandstück: Ich will ein kleines Felsmassiv westlich umfahren, da ich von der Ostseite weiß, daß dort der Sand relativ weich ist und ich annehme, daß Ruth hängenbleiben wird. Aber diese Westseite! Die ist wesentlich schwieriger als die Ostseite! Der Sand ist hier im Lee-Schatten des Felsens extrem mulmig – nur in letzter Sekunde und unter Ausnutzung leichter Geländeunebenheiten komme ich heil durch. Steve, direkt hinter mir, steckt schnell fest, dann Ruth genauso. Nur Dominique gelingt es ebenfalls, sich auf eine feste Platte zu retten. Das gibt Arbeit! Gut hundert Meter werden wir ackern müssen! Aber wir sind nicht die einzigen, die hier hängen. Da ist noch ein algerischer Militär-Lastwagen, ein Sattelschlepper! Der Fahrer und seine Mannschaft sind zum ersten Mal auf Piste unterwegs. Sie berichten von enormen Sandproblemen, die sie bis herher schon hatten. So läßt sie auch ihr neuerliches Festfahren kalt. Dort vorne ist ja In Guezzam, da wollen sie eigentlich hin. Aber jetzt, wo der Lkw festhängt, warten sie erst mal auf Hilfe. Die werden früher oder später erfahren, daß der erwartete Lkw ein paar Kilometer von ihnen entfernt im Sand steckt und eine Hilfstruppe mit der nötigen Erfahrung in Marsch setzen. Inschallah! Jetzt sitzen sie im kärglichen Schatten eines Felsens und lassen den lieben Allah einen guten Mann sein. Teewasser kocht auf einem kleinen Feuer. Bei ihnen ist ein Syrer, dessen großer Mercedes-Pkw nicht weit von hier ebenfalls hilflos im Sand hängt. Der Mann ist nervös, er will nach Nigeria, dort seinen geschäftstüchtigen Bruder besuchen, der ihn dringend erwartet. Der Syrer hat sich die unerfahrene Lkw-Mannschaft als Begleitschutz ausgesucht und war auf ihren Spuren genau wie wir hinter dem Felsen in das weiche Sandstück geraten. So! Genügend Leute sind wir, also werden wir jetzt

15 △   16 ▽

17 △   18 ▽   19 ▽

21 △   22 ▽

23 △   24 ▽

25 △　　26 ▽　　　　　27 ▽

30 △   32 ▽   31 △   33 ▽

34 ▽   35 ▽

die Pkw rausholen, einen nach dem anderen. Den Mercedes zuerst. Er ist schon ausgekühlt und so wird die starke Belastung des Motors beim Aussanden etwas weniger riskant. Luft aus den Reifen bis kurz vor Plattfuß, Sandbleche untergelegt, alle Mann tüchtig geschoben – und ohne Schwierigkeiten kommt der schwere Wagen frei, bis er sicheren, festen Boden unter den Pneus hat. Der Syrer ist begeistert! Der 504 von Steve – genauso problemlos. Aber der 504 von Ruth springt, fast wie erwartet, nicht an. Anschieben ist hoffnungslos im weichen Sand, zum Anschleppen kommen wir des Sandes wegen nicht dicht genug ran. Also legen wir erst mal eine Pause ein, beteiligen uns am Tee, erzählen und vernehmen Wüstengeschichten. Besonders der Syrer hat allerhand auf Lager. Er war lange Zeit in München und spricht deutsch. Jetzt ist er ziemlich genervt, er hat sich die Sahara nicht so anstrengend vorgestellt! In Agadez wird er seinen Wagen verladen lassen, koste es, was es wolle, und ihn per Lkw bis zur Asphaltstraße befördern. Wenn man das Geld hat – warum nicht?

Irgendwann springt auch der blaue 504 wieder an, schnell hat er wieder festen Boden unter den Rädern. Der Syrer fährt bis zur Grenzstation mit uns.

Er soll die Grenzer auf den zurückgebliebenen Lkw aufmerksam machen.

Algerische Grenzkontrolle! Das ist immer wieder aufs neue das Zitterspiel mit der Devisenerklärung! Hier muß alles auf Heller und Pfennig, oder besser gesagt auf Dinar und Centimes stimmen, sonst gibts Schwierigkeiten. Aber heute gehts ganz problemlos. »Haben Sie das Geld noch so, wie es in der Devisenerklärung eingetragen ist?« »Aber natürlich.« »Dann ist es gut, Sie sind fertig.« Sprichts und wirft nicht einen Blick auf unsere Devisen! Dafür werden die Autos gründlich unter die Lupe genommen. Ich erlaube mir die Frage, wonach sie denn bei der Ausreise so intensiv suchen. »Wir haben Anweisung, verstärkt nach Haschisch zu suchen. Es kommt in letzter Zeit sehr viel von Marokko zu uns herein…!« »Aber wir sind von Tunesien gekommen, das sehen Sie doch an unseren Pässen!« Aber natürlich ficht ihn dieses Argument nicht an. Da macht ihm schon eher die Hitze in den von der jetzt tiefstehenden Sonne enorm aufgeheizten Fahrzeugen zu schaffen. Schweiß läuft ihm in Strömen übers Gesicht. Schließlich gibt er auf. »Ich hätte Ihnen gleich sagen können, daß Sie nichts bei uns finden werden. Aber ob Sie mir das geglaubt hätten?« »Kaum! Aber wenn ich dann dennoch Haschisch gefunden hätte… dann umso schlimmer für Sie! Wir sind hier in In Guezzam!« Wahrhaftig – hier festzusitzen, das erscheint nicht sehr verlockend!

Die Fahrt durchs Niemandsland, die Strecke zwischen In Guezzam und Assmaka also, gilt als ziemlich schwierig. Tief ausgefahrene Sandrinnen, weiche weite Sandfelder – die Strecke hat keinen guten Ruf! Wohl dem, der sich auskennt! Wir bleiben weit von den tiefausgefahrenen Spuren weg, umfahren die weichen Sandfelder westlich, bis der Assamaka-Hügel wie eine dunkle Fata-Morgana über den sandigen Ebenen auftaucht. Der leichte Anstieg hinauf zur Grenzstation, zu dem ummauerten

Gärtchen mit seinem überraschenden grünen Baumbewuchs, mitten in einem bis zum Horizont in allen Richtungen sich erstreckenden toten Sandfeld, ist auch noch mal sehr weich. Ich fürchte ein Hängenbleiben von Ruth und mache deshalb etwas Dampf drauf, mit Schwung den Hügel hinauf. Steve tut es mir gleich, genauso schnell ist Ruth oben, als letzter und gewiß nicht schlechtester kommt Dominique angebraust. Und jetzt geht ein herrliches Theater los: »Fährt man so in einen Kontrollposten ein? Sie können hier doch nicht hereinrasen wie der leibhaftige Teufel!« »Wissen Sie, wir hatten Bedenken, bergauf im weichen Sand hängenzubleiben.« »Auch das gibt ihnen noch lange kein Recht, eine solche Attacke gegen uns zu fahren! Sie zahlen pro Fahrzeug 4000 CFA Strafe!« Au Backe, das sind 150 DM, zusammen! Wir entschuldigen uns noch einmal für unser Fehlverhalten, so ist er genauso schnell wieder besänftigt, wie er sich zuvor über unser Tempo erregt hat. »Jetzt gehen Sie sich erstmal dort hinten im Brunnen waschen, wir machen inzwischen die Papiere fertig.«

Aus einem Wasserrohr fließt fast armdick stark nach Schwefel riechendes Wasser in ein Tränkebecken und überschwemmt von hier aus die ganze sandige Umgebung. Ein idealer Platz, um sich wieder einmal richtig zu waschen. Spießflughühner kommen in rasanten Flugformationen an die Überschwemmungspfützen, um hier das Wasser für ihre Jungvögel aufzunehmen. In den üppig grünen Bäumen schwirrt und girrt es, Senegal-Finken, Webervögel, fast die ganze Vogel-Fauna des Sahel hat sich in dieser Mini-Oase eingefunden. Bald ist unser Mann wieder zurück, mit unseren Pässen. »Haben Sie ein ›Carnet de Passages‹ für die Fahrzeuge?« »Nein, brauchen wir sowas denn?« Dumme Frage! Natürlich brauchen wir sowas, jedenfalls nach den offiziellen Regeln. Aber – und das ist eigentlich das schöne an diesem Grenzübergang – wir sind jetzt und ab sofort in Schwarzafrika!

Und da ist alles ein bißchen anders als im Norden, bei uns oder in Algerien. Da gibt es fast nichts, was sich nicht irgendwie machen läßt, mit Freundlichkeit, Nettigkeit, und – wenn es sein muß – auch mit einem Geschenk. »Nein, das Carnet brauchen Sie eigentlich nicht. Aber es gibt immer wieder Touristen, die so ein Ding haben und denen geben wir dann auch die Stempel.« Das sagt er ganz ohne Hintergedanken und sicher hätte er uns auch sofort eine gute Reise gewünscht, aber da alles so nett und freundlich verlaufen ist, trotz ›Anschiß‹ als Begrüßung, hat er sich ein kleines Geschenk verdient. Eine Büchse Dosenobst, Fisch, Salz, Zucker, zwei Batterien für die Taschenlampe – die Versorgungsmöglichkeiten in Assamaka sind gleich Null und so kann man mit Kleinigkeiten Freude machen.

Es ist schon dämmrig, als wir den Kontrollposten verlassen, zunächst in Richtung Osten. Weit werden wir nicht mehr kommen. In nicht ganz 20 Kilometer Entfernung gibt es einen kleinen Dünenzug, die letzten Sanddünen ohne Bewuchs auf dieser Reise. Dorthin werden wir noch fahren und übernachten.

9. MAI, DIENSTAG

Unser Nachtplatz direkt an der Düne hat etwas verführerisches! Wer will hier morgens nicht die sanften Rundungen, die leicht gebogenen und doch so scharfen Grate mit seinen Füßen erkunden? Da ist die optische Sensitivität alleine überfordert! Da muß man einfach hinaufsteigen, hinunterhüpfen, sich rollen lassen, eine Sandlawine auslösen, sich hineinknien und den Hang mit sich selbst zu Tale rutschen lassen! Dünen! Es ist immer wieder faszinierend, welche Gefühle das Zusammenwirken von Gestalt und Material auslöst.

Es ist schon ganz schön warm, als wir uns endlich von diesen letzten richtigen Dünen auf unserer

Reise lösen können. Dann aber kommen wir zügig voran. Das Gelände ist nur leicht wellig, Kies und Sand wechseln ab, das Tempo ist gleichmäßig. Doch wie so häufig, wenn alles optimal zu laufen scheint, kommt es zu einem Zwischenfall, als sich Ruth bei einem der üblichen Kurz-Stops einmal um die eigene Achse dreht: Direkt vor unseren Augen fährt sie einseitig mit eingeschlagenen Rädern in ein weiches Sandloch, das Lenkrad wird ihr aus der Hand gerissen, die starke einseitige Bremswirkung des Sandes reißt den Wagen herum. Zum Glück begünstigt der runde Kies, der sonst das Gelände bedeckt, den Dreher. Wenigstens bestand so zu keiner Sekunde die Gefahr eines Kippens des Wagens. Schreckensbleich sitzt sie noch im Wagen. Für uns, die wir zufällig alle in diesem Augenblick vor Ruth waren und so ihren Dreher mitansehen konnten, sah das ganze mehr lustig als bedrohlich aus. Doch mit Ruth bewirkt der unfreiwillige Vorgang eine unerwartete Veränderung, sie hat einen Schock! »Mit diesem Auto fahre ich nicht mehr! Das macht mit mir, was es will! Und warum bleibe immer nur ich im Sand hängen, und ihr nicht? Das liegt an dieser Scheiß-Karre!« Und wie bei Heinz, versagt auch hier die Argumentation. »Jedes Mal, wenn ich anhalte, geht der Motor aus.« »Klar, wenn Du einen Gang drin hast, auf die Bremse stehst und nicht auskuppelst, geht der Motor aus. Er muß ausgehen. Das ist kein Automatikwagen.« Es ist genau wie bei Heinz, Worte prallen ab, wie Wassertropfen an einer eingefetteten Regenhaut! Ruth besteht darauf, mit meinem Wagen weiterzufahren. Das hat den großen Vorteil, daß mein Wagen immer wieder anspringt, wenn sie ihn ohne Kupplung zum Halten gebracht hat. Dem steht ein empfindlicher Nachteil gegenüber: Mein Peugeot hat etwa 30 PS weniger Leistung, er ist erheblich träger und das führt dazu, daß Ruth jetzt in jedem zweiten Sandloch hängenbleibt. Da fehlt die Kraft, die Fahrfehler ausbügelt! So dauert es auch nicht

lange, bis sie reumütig wieder zu ihrem Wagen zurückkehrt!

Um die Mittagszeit erreichen wir In Abangarit. Der Brunnen dort ist von Viehherden umlagert, wie ich ihn noch nie gesehen habe. Wie sollen all die Herden an diesem einfachen Ziehbrunnen getränkt werden? Das muß doch Tage dauern!

Es ist heiß, unbändig heiß! Eine eigenartige Form der Hitze, alles ist trüb-weiß, die Sonne wird von jedem Ding und außerdem noch von der Luft reflektiert, alles ist Helligkeit, Licht – diese blendende allseitige Helligkeit zusammen mit der Hitze – weder dem einen noch dem anderen kann man entfliehen. Ruth und Steve brauchen eine Pause. Unter einem kärglichen Dornstrauch finden wir einen engen Schatten. Die Decken werden ins Geäst geworfen, sie geben zusätzlich Schatten. Eigenartig, obwohl wir alle heute viel mehr unter der Hitze leiden, ist es mit 45 Grad nicht so heiß wie am Vortag um dieselbe Uhrzeit. Ist die Luft hier schon feuchter?

Tegguida'n-Tessoum! Die jetzt ausgetrocknete, rissige Schlammfläche, ein Ausläufer des Azaouak-Tales scheint endlos. Rechts und links der Piste ziehen bedrohlich Windhosen über die Ebene. Wie lange Rüssel verbinden sie Himmel und Erde. Einmal habe ich eine dieser Staubtrompen abgepaßt, habe die Geschwindigkeit so reguliert, daß ich mit ihr genau auf der Piste zusammentraf. Es wurde dunkel im Wagen, es gab einen dumpfen Schlag, der sich wie eine Ohrfeige für den Wagen auswirkte. Dann wars auch schon vorbei, ich saß im Wagen, eingehüllt in roten, scharfen Staub, einem Erstickungsanfall nahe. Und der Wagen sah aus! Innen, im Motorraum, alles dick bedeckt von einer rötlichen, leicht glitzernden Staubschicht. Seither gehe ich den wirbelnden Windsäulen aus dem Weg! Dort drüben stehen gleich fünf! Sie laufen in Richtung Piste, aber wir werden vor ihnen durchkommen.

Bei Laouni

Hoffnungslos eingesandet beim Versuch, die Düne von Laouni zu queren

Folgende Doppelseite:
Die Düne von Assamaka – Letzte Sanddünen vor dem Sahel bei einer Transsahara-Reise auf der Hoggar-Route

Vor Gara Ekar

112

Sandsteinformationen bei Gara Ekar

113

Jetzt tauchen wie schwarze Schemen, hochgespiegelt von der heißen Bodenluftschicht, die Abraumhalden der Tegguida'n-Tessoum-Saline auf, lösen sich beim Näherkommen immer wieder auf, um aufs neue wie Kohlehalden in der Luft zu schweben.

Der Gang durch die Salinenanlage zieht sich in die Länge. Die mörderische Hitze hemmt die Bewegung. Wir haben den Hinweg zu weit ausgedehnt, nicht bedenkend, daß wir jeden Meter auch wieder zurück müssen! Zum Glück habe ich meine Feldflasche mitgenommen, jetzt hängen wir alle dran, als ginge es ums Überleben. Zwei, drei Buben, die uns als Führer begleitet haben, übernehmen unsere Taschen – sie spötteln über unsere unter der Hitze jäh zusammenbrechende Leistungsfähigkeit. Wie tot liegt die Saline da, niemand denkt um diese Uhrzeit ans Arbeiten, nur der Wind und die Hitze. Das salzhaltige Wasser verdunstet rasend schnell, jeder Windhauch reißt enorme Wasserdampfmengen aus den durch die Sonnenstrahlung aufgeheizten Solebecken. Wir überqueren die Abraumhalden, zurück zum Dorf. Da kommt eine Windhose daher, quer durch die Ortschaft, die Staubsäule ist durchsetzt von Stoff- und Papierfetzen, die sich rasend nach oben schrauben. Die einzige Palme des Ortes wird heftig gezaust, aber unbeschädigt übersteht sie den Wirbel. Nur wenige Dutzend Meter von uns zieht der Staubsauger vorbei, wir kommen gerade noch in seine Randbereiche – wie Fahnen zieht es Staub und Dreck vom Boden hoch, der hier von getrocknetem Mist übersät ist. Im Nu sind die Nasengänge verstopft, luftringend springen wir den Buben hinterher, aus dem Wirkungsbereich der Trompe heraus. »Mann hast Du sowas schon erlebt? Wir waren doch gut zwanzig Meter von dem Ding weg! Ob das seine Richtung plötzlich geändert hat?« »Da kriegst du es echt mit der Angst. Ich frage mich, wie die Leute hier leben können!« Es wäre interessant zu wissen, wieviele Keime wir bei diesem Luftwirbel abbekommen haben. Fest steht, daß wir außer dem unangenehmen Stechen von Strohteilchen in der Nase keinen Schaden genommen haben!

Das Japaner-Camp, direkt neben der Richtung Agadez weiterführenden Piste am Ortsausgang von Tegguidia'n-Tessoum wird auch immer größer. Jetzt stehen sogar Lichtmasten mit Neonröhren, hier mitten in einer wüstenhaften Landschaft, auf hundert Kilometer kein Ort in der Nähe. Uran! Wenn das Erdöl einmal ausgedient haben sollte, wird man vielleicht von Tegguida'n-Tessoum und dem Staat Niger reden wie heute von Saudi-Arabien, wurden doch in diesem Teil der Wüstenrepublik enorme Uran-Lagerstätten gefunden. Die großtechnische Ausbeutung ist nur noch eine Frage der Zeit. Da ist ja noch Arlit, in dem mulitnationale Konsortien bereits heute in fast unvorstellbar großen Anlagen den kostbaren Rohstoff aus dem Boden holen. Diese Kapitalbindung will erst einmal verdaut sein, dann wird es auch in Tegguida'n-Tessoum anstelle der Saline mit ihren archaisch – schönen Arbeitsmethoden nur noch gigantisch-eindrucksvolle Großtechnik geben.

Etwa 20 Kilometer östlich von Tegguida'n-Tessoum liegt ein artesischer Brunnen mit sehr gutem Wasser. In einem Tränkebecken bietet sich uns hier die Möglichkeit, den Staub und Dreck, den die Windhose auf uns abgeladen hat, wieder loszuwerden. Solch seltene Gelegenheiten zum Vollbad wollen genutzt sein! Frisch gereinigt, geht es kurz vor der Dämmerung weiter in Richtung Südosten. Die Querrinnen! Verflucht, ich habe die anderen nicht vor den Querrinnen gewarnt! Selbst kann ich mich gerade noch einbremsen, die Staubwolke verzieht sich, ich schalte die Warnblinker ein – da kommt Ruth! Ich kann den Schlag, den es dort drüben tut, nur ahnen! Ihr Wagen bleibt hinter der ersten Querrinne stehen, merkwürdig schief. Steve und Dominique kommen. Durch die stehenden

Fahrzeuge gewarnt, können sie noch vor der Rinne anhalten. Und der 504 von Ruth? Der Stabilisator ist völlig verbogen, vom Längslenker wurde die große Mutter runtergerissen, sie hat die Größe 32! Eine 32er Mutter vom Gewinde gerissen! Was müssen hier für Kräfte eingewirkt haben! Aber unsere Harzerei – die hats überlebt! Ein Wunder. Jetzt ist guter Rat teuer. Wir lesen die abgerissenen Teile aus dem Staub. Der Stabilisator ist nicht zu retten. Aber so wichtig ist der auch wieder nicht, den können wir vergessen. Und die 32er Mutter? Die finden wir nicht. Wir durchkämmen den Staub so gut wir können – vergeblich! Da ist doch das Japaner-Camp in Tegguida! Die haben sicher eine Werkstatt. Nichts wie hin, bevor es dunkel wird! Es dauert mindestens 20 Minuten, bis der Tuareg-Wächter am Camptor einen der Japaner dazu überreden kann, mit mir auch nur ein Wort zu wechseln. Der Mann kommt widerstrebend, ich erläutere kurz unser Problem. »Wir sind nicht hier, um anderen Leuten aus der Patsche zu helfen!« Sprichts, dreht sich um und kehrt in sein gut bewachtes Lager zurück. Klar, wenn ich mich so verhalten würde, müßte ich auch eine hohe Mauer um mein Grundstück bauen, mit Stacheldraht obenauf und bei Nacht von Scheinwerfern bestrahlt! Aber da sind noch einige Einheimische, die sich meines Problems annehmen. Beim Schmied liegt Uraltschrott, ein Militär-Lkw noch aus französischer Zeit. Jeder meint, da könnte ich vielleicht eine derartige Mutter finden. Ich durchsuche im Schein der Taschenlampe das halb im Sand versunkene Wrack. Tatsächlich! Da ist eine 32er Mutter! Der Preis für sie ist nicht von schlechten Eltern – aber als Original-Ersatzteil von Peugeot wäre sie vermutlich auch nicht billiger gewesen. Und hier wäre ich auch bereit gewesen noch mehr hinzulegen! Viele Möglichkeiten bleiben uns ja nicht! Zurück mit der kostbaren Mutter zum Havaristen. Das Gewinde, oder das, was davon übriggeblieben ist, macht keinen sehr vertrauenerweckenden Eindruck. Mit einer feinen Metallsäge feilen wir vorsichtig die Gewindegänge nach – zur Hälfte läßt sich die Mutter schon aufdrehen. Weiterfeilen! Natürlich, mit einem Schraubstock und mit demontiertem Längslenker wäre die Sache schon erledigt. Aber hier, in Staub und Kletten unter dem Wagen, der Längslenker hinten noch in seinem Gummilager, vorne ist ihm kaum beizukommen – das braucht Zeit. Dann wird das Gewinde mit Metallkleber gefüllt und die Schraube bis zum Anschlag aufgedreht! Das ist das einzige, was wir im Augenblick tun können. Jetzt soll der Kleber erst einmal über Nacht richtig abbinden. Morgen werden wir noch mit Bordmitteln schweißen.

Von unserem Tränkebecken sind wir ungefähr einen Kilometer entfernt. Jetzt, nachdem die wichtigsten Arbeiten getan sind, fahren wir einer nach dem anderen noch einmal dorthin zurück und nehmen das zweite Vollbad des heutigen Abends.

10. MAI, MITTWOCH

Wir stehen sehr früh auf, es hat nur 21 Grad! Ruth und Steve bereiten das Frühstück vor, Dominique und ich machen uns ans Schweißen. Ein dickes Kabel von der Batterie wird an einem Nagel befestigt, am Gewinde ebenfalls, da der Längslenker ja in Gummi gelagert ist und so nicht mit der Karosserie-Masse verbunden ist. Jetzt den Nagel kurz ans Gewinde getippt – schon funkts! Na, da ist schon der erste Schweißpunkt! Wir setzten Punkt um Punkt zwischen Mutter und Gewinde. Wenn die einer mal aufbekommen will, wird er was zu schaffen haben! Aber für uns ist es viel wichtiger, daß die Mutter auf dem Gewinde bleibt und so – geklebt und geschweißt – macht das Ganze keinen schlechten Eindruck.

Nach dem Frühstück nehmen wir erneut ein Vollbad. Das alles hat natürlich Zeit gekostet. Die Sonne steht schon hoch und alle Zeichen sprechen dafür, daß es wieder einen lästerlich heißen Tag geben wird.

Ruths 504 ist jetzt eigentlich mit all den mehr oder weniger provisorischen Reparaturen in einem Zustand, daß man nur noch beten kann, damit der Wagen überhaupt sein Ziel erreicht. Wir fahren sehr schonend, was den Nachteil mit sich bringt, daß Ruth immer wieder den Wagen abwürgt. Und der Bock springt doch bei der Hitze nicht an! Selbst zu dritt ist es schwer, den 504 bei losem Untergrund und Temperaturen über 45 Grad anzuschieben! Jedesmal hängt uns die Zunge heraus! Soll Ruth ein anderes Fahrzeug übernehmen? Besonders Dominique sträubt sich dagegen. »Der 504 von Ruth kann nur noch ganz ausfallen! Er ist ohnehin schon in einem sehr labilen Zustand. Wir können nicht riskieren, sie noch ein anderes Auto fahren zu lassen.« Steve ist inzwischen so genervt, daß er sich diesem Argument sofort anschließt. Ich selbst, der dauernden Anschieberei überdrüssig, würde am liebsten den blauen 504 übernehmen. Aber Ruth weigert sich, ein anderes Auto zu fahren. Klar, alle vier Wagen gehören mir. Aber wenn es um Risiko-Überlegungen geht, sind alle betroffen. Also schieben wir eben weiterhin an! Warum nur kann Ruth beim Anhalten die Kupplung nicht treten!?! Einfach, weil sie es immer und immer wieder vergißt!

Die Landschaft nimmt einen trostlosen Ausdruck an. Zwar wird der Bewuchs dichter aber diese Verdorrtheit, dieses ausgebleichte klettenbehangene Gras, die nackten Felstrümmer auf den Hügeln, der Staub in den Niederungen – das alles macht einen so totkranken Eindruck, wie ihn die reine Wüste nicht erwecken kann! Kein Mensch ist unterwegs, alles drängt sich in der Nähe der wenigen Wasserstellen. Tier und Mensch machen einen verkümmerten Eindruck – es ist Mai, die Trockenzeit geht

bald zu Ende. Die Vorräte sind aufgebraucht, der Wasserstand an seinem tiefsten Punkt angelangt, die Weiden abgegrast. Und dann die Hitze! Der heißeste von ausschließlich heißen Monaten eines heißen Jahres!

Dominique blinkt von hinten mit den Scheinwerfern. Halt. »Der Auspuff von Steve gefällt mir nicht, immer wieder blaue Wolken.« Ölstandkontrolle. Tatsächlich, der verbrennt Öl über den Auspuff! Luftfilterkontrolle. Natürlich, der ist schon wieder voll bis zum Stehkragen! Warum muß Steve aber auch immer so dicht auffahren, immer in der Staub- und Dreckwolke des Vordermanns? »Ich werde und werde die Angst nicht los, euch zu verlieren.«

In Assaouas stoßen wir auf die Piste Tahoua – In Gall – Agadez. Jetzt kommen wir noch langsamer voran, da die Piste wegen des starken Lkw-Verkehrs zu den Uranbergwerken in Arlit starkes Wellblech aufweist. Um 14 Uhr endlich sind wir in Agadez. Die blauen Wolken bei Steve werden immer stärker, der Ölverbrauch liegt jetzt schon bei einem Liter je hundert Kilometer. Im Hotel Air halten wir beim Mittagessen großen Kriegsrat.

Es ist klar, die Wagen sind soweit in Ordnung, bis auf das schlechte Anspringen von Ruths 504 bei warmem Motor ist bei keinem ein gravierender Defekt zu erwarten. Sorge macht nur Steves Wagen. Wie lange wird der Motor noch mitmachen? Wieviel Öl werden wir kaufen müssen? Der Defekt hat sich schnell verschlimmert. Wir einigen uns darauf, einen Tag in Agadez zu verbringen, um in dieser Zeit den maladen Wagen entweder verkaufen zu können oder ihn reparieren zu lassen. Ein Verkauf wäre die bestmögliche Lösung. Steve und Ruth könnten sich beim Fahren eines Wagens abwechseln, das Risiko wäre geringer, ein großes Problem vom Hals.

Für mich beginnt so ein unangenehmer Nachmittag, ich pilgere von Werkstatt zu Werkstatt. Es

116

zeigt sich sehr schnell, daß das Problem des 504 hier gut bekannt ist, so gut, daß ihm sogar der Beiname ›afrikanische Krankheit‹ verpaßt wurde. Diesem Bekanntheitsgrad verdanke ich die rasche Aufklärung, daß die Reparatur in Agadez zwar möglich ist, aber erstens sehr teuer sein würde, zweitens mindestens zwei Tage in Anspruch nehmen würde und drittens die Aussichten auf einen dauerhaften Erfolg nicht allzu hoch einzuschätzen sind. Vor einer Reparatur müssen wir also Abstand nehmen. Bleibt zweitens – der Verkauf. Bereits in Algerien hatten wir gerüchteweise vernommen, daß der Verkauf von Touristen-Fahrzeugen im Niger vor kurzem verboten worden sei. Ein solches Verbot hatte auch früher schon bestanden. Es war dann aber abgemildert worden bzw. die Autokäufer fanden im Laufe der Zeit Mittel und Wege, das Verbot zu umgehen. Aber jetzt war das Gesetz noch zu jung, keiner kannte die genaue Anwendung und die Konsequenzen bei Nichtbefolgung. Ernsthafter Kaufinteressent war nur ein Zollbeamter, der sich seiner guten Kontakte nach Niamey rühmte. Aber natürlich hatte er schnell erkannt, daß ich mich sehr schwer tun würde, den Wagen unter den gegebenen Umständen hier zu verkaufen. Entsprechend niedrig war sein Preisangebot, so niedrig, daß ich darauf nicht eingehen wollte. Ein anderer Interessent war der Konsul von Libyen. Er hätte als Ausländer die Möglichkeit gehabt, den Wagen zu kaufen. Aber natürlich, was ein echter Konsul ist, der ist beschäftigt. So war es sehr schwierig, einen Termin für eine Probefahrt zu finden. Dann verstand er auch noch was von Autos und erkannte sofort das Problem mit den ausgeleierten Kolbenringen. »Wissen Sie, hier in Agadez werden in der Regel nur die Fahrzeuge angeboten, die kurz vor dem Zusammenbruch stehen. Oder aber gute Fahrzeuge von Leuten, die die Nerven verlieren und den Flugplatz hier zum Rückflug nutzen wollen. In beiden Fällen aber wird kaum ein angemessener Preis bezahlt werden.« Ja, da hat er den Nagel wohl auf den Kopf getroffen. Und Touristen, die – erst einmal vollkommen gestreßt bis Agadez gekommen – nur noch zurück nach Hause wollen, treffen hier wohl täglich ein! So stand gerade ein Unimog zum Verkauf, offensichtlich in akzeptablem Zustand, sehr gut ausgerüstet, unter anderem mit einem nagelneuen Satz Original-Werkzeug. Der Preis sollte genau der Summe entsprechen, die der Eigner für den Werkzeugsatz in Deutschland bezahlt hatte! Dennoch fand sich in den drei Tagen, die die Unimog-Gruppe in Agadez war, kein Interessent. Die Nervenbündel haben den Wagen dann irgendwo abgestellt und sind zurück in die Kälte geflogen!

Geschichten dieser und ähnlicher Art sind auch nicht dazu angetan, meine Moral aufzubessern! Am Abend sind wir auf einer Tuareg-Hochzeit eingeladen. Ich bin so erschöpft, daß ich während des Tamtams im Sitzen einschlafe! Unvorstellbar! Wir sind nur mit einem Wagen zu dem am Stadtrand stattfindenden Fest gefahren, die anderen wollen noch bleiben. So mache ich mich zu Fuß auf den Weg. Ich werde ins Hotel gehen und dort ein Zimmer nehmen. Auf dem Rückweg durch die Nacht bekomme ich wieder einen klaren Kopf. Verschleierte exotische Gestalten begegnen mir in den stillen sandigen Gassen, jetzt bei Nacht wirkt alles noch viel romantischer als bei Tag. Oh Agadez! Es könnte so schön sein hier, müßte ich mich nicht wieder mit den lästigen Auto-Problemen herumschlagen!

11. MAI, DONNERSTAG

Unergiebiger Schlaf. Es war viel zu heiß. Das Thermometer steht am frühen Morgen im Zimmer auf 28 Grad. Und dann die Schnaken! Mehrmals habe ich versucht, der Plagegeister Herr zu werden.

Blick in den Rückspiegel:
Einer der Wüsten-Giganten setzt zum Überholen an

Fahrzeugspuren in der Tal-Ebene von Azaouak

Linke Seite:
**Steine und Staub, die
›ideale‹ Pistenmischung
im Sahel**

Rechte Seite:

**Fesch-Fesch-Spuren
(Sand-Staub-Gemisch)
sind die perfekten
Fahrzeugfallen**

**Nur schemenhaft
zu erkennen:
Der Peugeot 404
im Staubsturm**

**Dort, wo die Piste
von Autowracks ›geziert‹
wird, finden sich meist
Weichsandstellen**

121

Aber kaum glaubte ich, die Jagd erfolgreich beendet zu haben, ging das Gesirre am Ohr aufs neue los – pssssssss. Verflucht. Ich bin ziemlich groggy. Auch nach der Dusche geht es mir nicht wesentlich besser.

Wen habe ich noch als Interessenten für den Wagen? Da ist ein Händler aus Nigeria, der aber die Zustimmung seines zwar in Agadez wohnhaften aber dennoch nicht auftreibbaren Bruders benötigt. Weiter wäre da ein Libyer, Konsulatsangestellter mit sehr gepflegten Manieren, der sich zu allererst über den Staub auf den Sitzen aufgeregt hat. Und der Zöllner. Ob der nicht doch noch sein Angebot erhöhen würde, wenn er merkt, daß ihm andernfalls der Wagen wegfährt? Aber da gibt es noch die Lkw-Fahrer, die gerne Fracht auf eigene Rechnung mitnehmen. Das wäre nicht schlecht, den Wagen verladen zu lassen! Der Preis haut mich jedoch fast um: 700 DM bis Tahoua! Ich biete 300 DM dagegen, mehr nicht, und dieser Preis ist wiederum den Spediteuren zu niedrig. Der Vormittag vergeht schnell, ein Marktbummel, Verhandlungen mit Autointeressenten, Suche nach Autotransporteuren, Ölwechsel an allen vier Wagen – hin und her. Um 12 Uhr verläuft alles im Sande. Es ist schon wieder viel zu heiß, um noch Aktivitäten zu entwickeln. Jedermann zieht sich zur Siesta zurück. Aber im Familienkreis gehen die Gespräche weiter, und ernsthafte Interessenten sind ab 15 Uhr wieder ansprechbar. Wir legen so beim gemeinsamen Mittagessen im Hotel »Air« 16 Uhr als letzten Zeitpunkt fest: Hat sich bis dahin kein Käufer für Steves Invaliden gefunden, werden wir das Risiko eingehen und weiterfahren. Um es kurz zu machen – um 16 Uhr hat sich keine Änderung ergeben, wir wollen los, Richtung Westen, nach In Gall. Aber wir haben die Rechnung ohne die Polizei gemacht! Dort befinden sich nämlich noch unsere Pässe und ohne diese können wir nicht losfahren. Der zuständige Mann, der Stempel und Unterschriftsbefähi-

gung hat, ist natürlich nicht da! Wir werden von Stunde zu Stunde vertröstet, der Zuständige kommt nicht. Das ewige Leiden in Agadez! 24 Stunden? Na, da ist doch nicht viel Zeit, um einen Stempel in den Paß zu drücken und zu unterschreiben! Es ist bereits dunkel, als der Zuständige aufkreuzt – wir hatten die Hoffnung fast schon aufgegeben. Unsere Pässe? Die sind nicht hier, die hat der Typ über die Mittagspause mit nach Hause genommen und jetzt am Abend nicht wieder mitgebracht. Ja, wenn er gewußt hätte, daß wir so schnell wieder aus Agadez wegfahren wollen! Wir bestehen darauf, noch an diesem Abend Agadez verlassen zu können. Tatsächlich bequemt er sich daraufhin, sich von einem Kollegen ein Moped zu leihen. Nach einer halben Stunde ist er tatsächlich wieder zurück. Die Pässe tragen aber nur den Stempel, noch fehlt die Unterschrift. Und auf den ›Unterschreiber‹ können wir unter Umständen noch ewig warten. Wir haben verspielt, wir geben für heute auf. Der ›Stempler‹ schließt die Pässe mit halb beleidigter Miene in einen Blechschrank ein: »Ich kann gar nicht verstehen, warum Sie es so eilig haben. Es ist doch schön hier, in Agadez, Sie haben alle Vergünstigungen eines großen Ortes, was wollen Sie mehr?« Irgendwo hat er aus seiner Sicht so verdammt recht! Was will man in dieser Landschaft der Hitze außerhalb des Ortes? Außerhalb des Paradieses, und sei es noch so bescheiden? Als wir heute um 16 Uhr wegfahren wollten, hatte ich wieder dieses unangenehme Gefühl, diesen Druck im Magen, der immer dann auftritt, wenn man unter widrigen Umständen den sicheren Hafen, die schattige Oase, gegen die Hitze und alle anderen Widerwärtigkeiten der Piste tauscht.

Das Zimmer im Hotel habe ich schon gekündigt. Nach den Erfahrungen der vorangegangenen Nacht habe ich auch keinerlei Lust, wieder im ›chambre avec ventilateur‹ zu schlafen. Wir sitzen noch lange im Garten des Hotels zusammen, schwatzen, genießen das Bier. Dann fahren wir auf den wenige Kilometer außerhalb gelegenen Campingplatz und schlafen dort wieder in den Autos.

12. MAI, FREITAG

Schon vor sieben Uhr sind wir auf der Polizei. Tatsächlich scheint unser Unterschriften-Mensch auch ein Frühaufsteher zu sein. Wir warten jedenfalls kaum eine halbe Stunde und haben schon unsere Pässe. Jetzt gehts los! Herrlich, so früh aus dem Ort raus auf die Piste zu kommen! Aber Ruth hat einen rabenschwarzen Tag. Da ist kein Sandloch klein genug, daß sie nicht drin stehen bleibt und dabei den Motor abwürgt! Es ist zum Verzweifeln. Um 12 Uhr sind wir gerade 130 Kilometer weiter, in In Gall. Natürlich ist es jetzt schon wieder sehr heiß. Aber In Gall lädt dennoch zum Verweilen ein. Wir kustern durch die Songhrai-Altstadt. Ich kenne dort einen Marabout, einen freundlichen alten Schriftgelehrten, dessen Haus mit seiner enormen Empfangshalle mich immer wieder aufs neue fasziniert. Einen Besuch dort will ich nicht versäumen. Auch der Markt von In Gall ist immer wieder interessant. Weit weniger häufig von Touristen besucht als der von Agadez, wirkt er noch viel ursprünglicher. Erstaunlich viele Bororos sind auf dem Markt, vor allem Frauen. Während wir uns normalerweise den Tuareg als Prototyp des Nomaden vorstellen, haben die Peul der Gruppe Bororo für diese nur ein mitleidiges Lächeln übrig: »Nomaden wollen das sein? Die bewegen sich doch nur im Schutz von Familie und Sippe durch den Busch! Die lassen sich noch von ihren Weibern beschützen.« Tatsächlich gibt es für einen Bororo nichts wichtigeres in seinem Leben, als mutterseelenallein vor seinen Rindern her durch den Busch zu ziehen, auf Tage und Wochen losgelöst von anderen Gruppen und der Familie.

Der Markt von In Gall leert sich in der Hitze. Es ist Mai und es ist satanisch heiß! Es gibt da die kleine Bar ›Zur Salzkur‹, vielleicht bekommen wir dort ein kühlendes Getränk. In der Bar, einem dreckigen Lehmbau mit einem stinkenden Petroleumkühlschrank ist es stickig. Auf Tischen und Bänken liegen rammdösig schlafende oder vielleicht auch betrunkene In-Galler. Bier ist das einzige kühle Getränk, das vorrätig ist, und nach Bier steht unser Sinn in der knallenden Hitze der frühen Nachmittagsstunden wirklich nicht. So sind wir bald wieder auf Piste. Weit kommen wir nicht, die Einsand-, Anschieb-, Auskühl- und Schatten-Pausen häufen sich.

Dann fällt Steve so heftig in ein Loch, daß der Motor, durch den Schlag stark nach vorne bewegt, mit dem Kühlerventilator den Kühler aufschlitzt. Wir bauen den Reserveküller ein. Jetzt ist kein Ersatz mehr vorhanden, also müssen wir noch vorsichtiger fahren. Das ist besser gesagt als getan! Die Piste ist in einem katastrophalen Zustand, ein einziges Chaos an tiefen und tiefsten Spurrinnen, das Gelände ist vollkommen zerfahren vom Schwerlastverkehr nach Arlit, der sich vor allem in der Nacht über diese Piste abwickelt. Eine vollkommen aufgewühlte Baustelle ist ein Kinderspiel gegen diese Katastrophenlandschaft, durch die wir uns durchkämpfen müssen.

Eine Reifenpanne kostet Zeit. Gegen Abend geraten wir in eine jener Schlammsenken, die jetzt vollkommen ausgetrocknet sind, in denen aber die Lkw in der feuchten Jahreszeit metertiefe Spuren hinterlassen haben. Hier ist die Bodenfreiheit unserer Fahrzeuge um ein mehrfaches überfordert. Selbst ein Unimog, so berichtet uns ein entgegenkommender Fahrer eines solchen Kriegsgerätes, kann nicht mehr in den Spuren bleiben. Wir hinken also in abenteuerlichen Schräglagen, zwei Räder unten in der Rinne, zwei Räder oben auf dem Wall, durch dieses hartgebackene Spurchaos. Einmal vefranst

Wahrzeichen von Agadez: Die Moschee. Die Frauen tragen typische Agadez-Tracht

Diese Zöpfe zieren einen Jungen!

Folgende Seiten:
Die Piste Agadez – Tahoua war jahrelang in chaotischem Zustand. Heute ist die Strecke durchgehend asphaltiert

sich Steve, und dann – um Gottes Willen! – Was macht der denn? – Ich halte mir die Ohren zu – der rast quer zu den Spuren mit wahren Donnerschlägen von Aufsetzern und Durchschlägen über mehrere Rinnen hinweg – bleibt am letzten Wall hängen! Wir müssen sehr schuften, um den Wagen wieder freizubekommen. Das Schlimmste aber – die Federbeine beginnen durchzubrechen! Wir machen Steve heftige Vorwürfe. Zum Glück ist es in der Zwischenzeit dunkel geworden. Es kühlt langsam ab. Nur langsam beruhigen sich die erhitzten Gemüter. Wir schlagen unser Nachtlager an Ort und Stelle auf, noch nicht einmal zehn Meter neben der Piste.

Eine Gruppe Tuareg mit mindestens zwanzig Kindern kommt an diesem Abend zu Besuch. Wir machen Feuer (Holz ist genug vorhanden, ringsum stehen abgestorbene Dornakazien), sitzen im Kreis drumherum, kochen Tee, fast bin ich versucht zu sagen ›hektoliterweise‹. Dann beginnen die Tuareg zu singen und vervollkommnen so das romantische Wüstenerlebnis. Als sie sich alle gemeinsam verabschieden, sind wir hundemüde und fallen regelrecht in die Liegesitze der Wagen.

Ein prüfender Blick noch auf den Tacho, ein deprimierendes Ergebnis: Wir haben heute gerackert und geschuftet, die Hitze war mörderisch – und geschafft haben wir gerade 160 Kilometer!

13. MAI, SAMSTAG

Beim Aufstehen um sechs Uhr hat es nur 22 Grad! Ein kühler Morgen. Das Gelände um uns herum überrascht uns. Hatten wir bei Nacht noch angenommen, mitten in einer relativ dichten Strauch-Savanne zu sitzen, stellt sich jetzt im Tageslicht heraus, daß die Büsche nur ganz einzeln und verstreut stehen, alles andere ist hohes ausgedörrtes Gras mit vielen Kahlstellen. Unsere Tuareg sind verschwunden. Nur in weiter Ferne ist das dumpfe Stoßen von Getreidemörsern zu hören.

Es wird halb 8 Uhr, bis wir auf der Piste liegen. Auch heute geht es nur sehr langsam voran. Ruth hat sich schnell wieder auf ihren Fahrstil von gestern eingeschossen und bleibt in den allerkleinsten Sandkuhlen hängen. Es ist wirklich zum Verzweifeln. Die Hitze kommt. Immer noch öde, nur leicht hügelige Dornsavanne um uns her, die Piste ist hundsmiserabel und zwingt immer wieder dazu, den Weg irgendwo neben draußen zu suchen, im Slalom um Dornbüsche und Dornakazien herum. So lesen die Reifen Dornen in Hülle und Fülle auf, rasch hintereinander haben wir zwei Reifenpannen. Jetzt sind wir beim nächsten Plattfuß wieder ohne Ersatzrad und werden flicken müssen. Wir erreichen die Pumpstation von In Waggeur um die Mittagszeit. Eine unglaubliche Menge von Rindern, Schafen und Eseln hat sich hier versammelt – die Brunnen im Busch liegen längst trocken, so daß sich alles auf die Motorpumpstationen konzentriert.

Im Kori (so nennt man in dieser Region die Wadis) von In Waggeur stehen große schöne Bäume, die durch den Tierfraß die Möglichkeit bieten, mit den Fahrzeugen in den Schattenbereich einzufahren. Wir nutzen diese Gelegenheit zu einer ausgiebigen Hitzerast, ich flicke nebenbei die platten Reifen. Jetzt sind wir wieder besser gewappnet.

Drei Stunden verbringen wir unter dem Baum. Es ist nicht einmal übermäßig heiß, 44 Grad zeigt das Thermometer, aber wir können uns von unserem Schattenparadies nicht trennen. Dort draußen, ins stechend gleißende Licht getaucht, mit verschwommenen Konturen, wartet die Piste auf uns, mit all ihren schäbigen Mühsalen.

Irgendwann raffen wir uns doch wieder auf. Schnell kommen wir nicht voran. Ruth sandet ein, sandet ein, sandet ein – und würgt den Motor ab, jedes Mal und immer wieder. Ich bekomme bald noch ein

Magengeschwür! Am späten Nachmittag kommt uns ein deutscher VW-Bus entgegen. Die beiden Insassen, ein Pärchen auf Hochzeitsreise(!), sind total entnervt. Vier Tage haben sie gebraucht bis zum Ort der Begegnung mit uns und, da sie gewissenhaft zählen, konnten sie auch berichten, daß sie am heutigen Tage schon 26mal eingesandet waren! Sechsundzwanzigmal! Da ist Ruth ja noch ein Goldstück! So weit hat sie es noch nicht gebracht, bei ihr reichts vielleicht zu zwei Dutzend!

Kurz vor Abalak überfällt uns wieder die Dunkelheit. Nach den Erfahrungen von gestern suchen wir uns ohne große Umstände einen Nachtplatz etwas abseits der Piste, gegen den Wind, damit uns nicht dauernd die Staubwolken der Nacht-Lkws einhüllen.

Wir sind wieder ziemlich kaputt, besonders Dominique macht heute einen schlechten Eindruck. So kochen wir noch Tee, machen ein paar Büchsen Dosenobst auf und liegen um 22 Uhr schon alle im Bett. Es hat auf dem Wagendach noch 32 Grad!

14. MAI, SONNTAG

Um sechs Uhr raus, es hat noch vor Sonnenaufgang 28 Grad, es gab praktisch keine Abkühlung über Nacht! Entsprechend haben wir geschlafen, zum Glück gabs wenigstens keine Stechfliegen! Beim Frühstück sind wir wie gelähmt. Die mit den ersten Sonnenstrahlen schon einsetzende Hitze macht uns aggressiv. Die Gespräche verlaufen in sehr gereizter Stimmung, jeder weiß, was uns auf der Piste wieder bevorsteht.

Weit kommen wir nicht. Ruth würgt wieder mal den Motor ab, Dominique und ich, ihrem Wagen am nächsten, schieben an, Ruth läßt die Kupplung nicht los, sondern steht statt dessen auf der Bremse. Ich schreie ihr zu, die Kupplung loszulassen, anstatt zu bremsen. Sie springt aus dem Wagen: »Willst Du

behaupten, daß es an mir liegt, wenn der Wagen nicht anspringt?« »Aber natürlich liegt es an Dir, wie soll er denn anspringen, wenn Du die Kupplung trittst?« Steve steigt aus dem Wagen: »Was ist los?« Ruth, an ihn gewandt: »Er behauptet schon wieder, daß ich den Fehler machen würde, daß es an mir liegt, wenn der Wagen dauernd ausgeht und nicht anspringt!« »Okay, das reicht, ihr könnt Eure Scheißkarren alleine weiterfahren.« Dominique versucht zu beschwichtigen: »Nun hör mal, es ist doch ganz eindeutig, daß Ruth einfach vergißt, die Kupplung zu treten oder – wie eben – loszulassen. Deswegen brauchen wir uns hier doch nicht die Köpfe einschlagen!« »Ich habe es satt, immer als Schuldige dazustehen, ich habe von diesem Bastard von einem Wagen die Nase gestrichen voll!«

Wir haben uns später noch einmal getroffen und uns ohne Aufregung unterhalten. Beide hatten schon am Abend vereinbart, bei erneuten Vorwürfen das Handtuch zu werfen. Ihre Rucksäcke hatten sie zu diesem Zweck schon gepackt. So steigen sie jetzt einfach aus, nehmen den Rucksack heraus, lassen die Türen offenstehen und gehen zu Fuß los, Richtung Westen, der Piste entlang. Und wir zwei, Dominique und ich, stehen da – zu zweit mit vier Autos, mitten im Busch, irgendwo auf der Piste. Schöne Bescherung!

Die Wagen von Ruth und Steve stellen wir auf die Seite und schließen sie ab. Dann gehts mit unseren beiden Wagen weiter bis Tabalak Meyroua. Dort melden wir sie bei der Polizei an und stellen sie auf einen von der Polizei zugewiesenen Platz. Relativ rasch haben wir auch einen Lkw gefunden, der uns wieder die 60 Kilometer mit zurücknimmt bis zu den beiden anderen Fahrzeugen. Ausgekühlt springt Ruths Ex-Wagen, ab sofort der Hellblaue, problemlos an und genauso problemlos und rasch sind wir wieder in Tabalak Meyroua. Im Durchfahren werfen wir nur einen Blick auf die anderen Wagen und rollen ohne Unterbrechung zügig weiter bis Tahoua. Tahoua! Eine häßliche Verwaltungs- stadt, aber nicht zu unterschätzen, wenn man sich tagelang von Agadez über die Chaos-Piste bis hier- her geschunden hat! Wir genehmigen uns im Hotel zwei, drei kühle Cola, stellen die Wagen bei der Po- lizei ab und warten dann auf einen Lift zurück nach Tabalak. Nach einer Stunde Warten bei 44 Grad bekommen wir unser ›Ticket‹, ein nagelneuer Mer- cedes-Lkw. Der Fahrer will allerdings Geld, aber lieber bezahlen wir, als daß wir hier noch länger stehen.

Jetzt beginnt eine Höllenfahrt, der Fahrer ist offen- sichtlich der Ansicht, uns für das Geld eine Zir- kus-Nummer vorführen zu müssen. Der haut den Wagen in die Löcher, daß einem Angst und Bang werden kann, wir müssen uns mit den Händen an der Decke der Fahrerkabine abstützen, um nicht mit Schädelbruch auf der Strecke zu bleiben! Lange macht das der Wagen nicht mit! Er gibt seinen Geist auf. Jetzt wird der Fahrer zornig: »Was ist das? Ein nagelneues Auto?! Das muß doch was aushalten!« Er schreit nach seinem ›Graisseur‹, ei- nem Jungen von zwölf, dreizehn Jahren, der wie üblich die Dreckarbeit für den Fahrer zu machen hat. Der ist ein geschickter Kerl, er fummelt hier, fummelt da – und nach einer Stunde läuft der Ko- loß wieder. Jetzt fährt unser Held deutlich langsa- mer und so kommen wir doch noch heil nach Taba- lak. Es ist gerade Dämmerung, aus den Hütten der Fischer dringt der Rauch der Fischräucherei lang- sam in den Ort, die Verkäufer mit ihren Holzti- schen am Straßenrand entzünden nach und nach ihre Petroleumlampen – die Atmosphäre ist zau- berhaft. Wir lassen uns von ihr gefangennehmen, bummeln den Ort hinauf und hinunter. Auf einem durchbrausenden Lkw erkennen wir gerade noch Ruth und Steve. Wir beneiden sie fast – ungezwun- gen sind sie unterwegs, frei von den Sorgen und all dem Ballast, den das eigene Auto mit sich bringt. Vor der ›Bar‹ von Tabalak sitzen wir auf den Holz-

bänken und unterhalten uns mit den Leuten. Es ist herrlich, die Zeit so zu verplempern, sich nicht het- zen zu lassen.

Mit völliger Dunkelheit machen wir uns auf den Weg. Schnell und ohne Probleme sind wir in Ta- houa. Am Hotel gibt es einen Campingplatz, dort stellen wir die Wagen ab. Beim Abendessen auf der Hotel-Terrasse treffen wir alte Bekannte wieder: Die zwei Franzosen mit Fahrerproblemen. Sie sind seit einigen Tagen hier in Tahoua. Eines ihrer Fahrzeuge hat einen Motorschaden und wird der- zeit repariert. Aber die Geschichten werden noch toller! Sie erzählen uns nämlich in aller Offenheit, daß sie die Wagen zu Hause in Nimes gestohlen hätten. Problemlos lassen sich dort in der Unter- welt auch falsche Papiere und Nachschlüssel besor- gen. Die Wagen werden dann nach Afrika gefah- ren, irgendwo verkauft, nach Möglichkeit noch in derselben Nacht mit Hilfe der Zweitschlüssel wie- der gestohlen und sofort über die Grenze ins Nach- barland gefahren, und dort ein zweites Mal ver- kauft! Na, daß die zwei hartgesotten waren, hatten wir schon beim ersten Zusammentreffen in El Go- lea erkannt, aber richtige Gangster, nein, das hät- ten wir doch nicht gedacht. Über uns lachen die beiden. Wie kann man nur so dumm sein, die Autos in Europa zu kaufen und dann in Afrika nur einmal zu verkaufen! Das lohnt sich doch gar nicht! Natür- lich lohnt es sich nicht, aber wir machen ja die Reise auch nicht, damit sie sich ›lohnt‹!

Mit unserem neuen Wissen gehen wir auf Distanz zu den beiden, wie leicht gerät man in den Ver- dacht, zusammen zu gehören!

15. MAI, MONTAG

Früh raus, es hat schon wieder oder noch immer 28 Grad! Nach einem Marktbummel und einem kleinen Mittagessen im Hotel machen wir uns auf den Weg. Asphalt! Die Wohltat! Zügig und gleichmäßig kommen wir voran, aufgehalten nur von den häufigen Kontrollstellen im Verlauf der Straße. Die Temperatur geht mit unserem Vorrücken nach Südwesten immer weiter zurück, von anfangs 47 Grad auf 36 bei unserer Ankunft in Dosso. Es ist inzwischen Nacht geworden, überall stehen Regenpfützen auf den Straßen, die Luft ist sehr feucht, der Schweiß, bisher durch die trockene Luft sofort verdunstet, läuft uns jetzt in Bächen über Gesicht und Körper. Wir gönnen uns eine Erholungspause mit Abendessen im Hotel von Dosso.
Ziemlich gerädert kommen wir spät in der Nacht in Niamey an. Am Polizeiposten am Ortseingang hat man uns nicht wie sonst üblich, die Pässe abgenommen, da wir klarmachen konnten, daß wir anderntags rasch wieder zurück nach Tahoua müßten und auf jeden Fall nochmal nach Niamey zurückkehren würden – um dann auf der Direktion der Sureté die Pässe stempeln zu lassen.

16. MAI, DIENSTAG

Aufstehen um sieben Uhr, es hat schon 30 Grad! Nach dem Waschen und Kleiderwechsel erster Gang zur deutschen Botschaft. Dort steht wohlbehalten der 404 auf der Straße, mit dem Ulrich im Februar bis hierher gekommen war. Jetzt habe ich drei Wagen in Niamey und zwei in Tahoua, macht fünf. Hervorragend! Nein – ein ganz gewaltiger Mist ist das! Mit dem Verbot seit einem Monat! Auf der Botschaft bekomme ich auch keine näheren Auskünfte, als die, daß der Verkauf streng verbo-

ten ist und daß dringend davon abgeraten wird, dennoch zu verkaufen.
Bei drückender Hitze begeben wir uns auf den ›Gare Routier‹, den Auto-Bahnhof, neben dem großen Markt. Hier stehen die in aller Herren Richtung fahrenden Busse, Taxis und Busch-Taxis und warten auf ihre Fahrgäste. Unser ›Busch-Taxi‹ ist ein ausgedientes Militär-Fahrzeug und wäre auf deutschen Straßen für maximal 20 Leute zugelassen, hier hat es 50 Plätze. Wir müssen warten, bis alle Plätze Richtung Tahoua verkauft sind, unser Fahrer schätzt die Abfahrtszeit auf 15.30. Die Wartezeit bei der Knallhitze ist zermürbend. Endlich kurz nach fünf Uhr geht es los, allerdings nur bis zur nächsten Tankstelle. Dort wird unter anderem auch ein großes Dieselfaß gefüllt, das auf dem Dach des Busch-Taxis steht, eines jener kleinen Nebengeschäfte, mit denen sich die Fahrer ein Beibrot verdienen. Das Faß wird vollgeknallt, bis es überschwappt. Diesel fließt übers Dach, die Schiebefenster stehen offen, so ergießt sich der ganze Segen auch ins Fahrzeuginnere – und ich habe noch dazu das Pech, am Fenster zu sitzen. Haare, Gesicht, Kleider, alles dieselgetränkt! Ich kann mich schon gar nicht mehr aufregen, sitze nur noch apathisch da. Was solls, zu all der Scheiße jetzt auch noch dieselverpißt! Das ändert auch nicht mehr viel!
Wir stoppeln von Station zu Station. An jeder Kontrollstelle ist Halt. Auch wenn es oft nur Sekunden dauert, kommen wir nur unendlich langsam voran. Die Fahrt quält sich hin. Um fünf Uhr morgens sind wir in Tahoua, alles ist tot. Wir müssen unser Gepäck verdammt weit vom Gare routier bis zum Hotel schleppen. Irgendwann bleibt Dominique beim Gepäck zurück, ich gehe allein und leer los und komme mit dem Wagen zurück.
Auf die Idee hätten wir eigentlich schon früher kommen können! Wir pennen in den Autos vor dem Hotel.

17. MAI, MITTWOCH

Diese verdammten Fliegen! Keine Möglichkeit, den Quälgeistern zu entgehen und den versäumten Nachtschlaf wenigstens durch ein paar erholsame Stunden am frühen Vormittag zu nachzuholen! Wir frühstücken im Hotel. Die Gangster-Franzosen sind immer noch da. Sie haben sich ihre eigene Falle gebaut: Für die Reparatur haben sie alles verfügbare Geld ausgegeben, jetzt können sie die Hotel-Rechnung nicht bezahlen und warten auf Geld aus Frankreich, um sich absetzen zu können.

Es geht los nach Süden. Rasch kommen uns aber Bedenken in Anbetracht der unwahrscheinlichen Ölqualmwolken, die Steves Ex-504, jetzt der Dunkelrote genannt, ausstößt. Das Öl, das wir fast unablässig in den Motor schütten, beginnt regelrecht zum Auspuff wieder herauszutropfen! Wenn wir den Motor bis Niamey ganz ruinieren, wird der Wagen gar nicht mehr zu verkaufen sein. Also beschließen wir, die Karre zu schleppen. Ein Schlepp mit Seil über 580 Kilometer Landstraße! Wer ähnliches schon mal gemacht hat, kann ermessen, wie anstrengend das ist. Zum Glück ist es anfangs nicht so heiß. Die Luft ist klar, die Sonne kaum verschleiert, so fällt wenigstens auch der unangenehme Blendeffekt durch die allseitige gleißendstechende Helligkeit weg.

Wir kommen zügig voran. Bei Sonnenuntergang sind wir wieder in Dosso.

Die Nacht-Schlepperei fordert die letzten Reserven an Aufmerksamkeit und Konzentration. An einer der Kontrollstellen wird ein ausgefallenes Scheinwerferlicht bemängelt, der Typ will uns nicht weiterfahren lassen. Übermüdet und überreizt falle ich aus der Rolle, fange einen wüsten lauten Streit mit üblen Beschimpfungen an. Dies führt immerhin dazu, daß er uns gestattet, zwar mit nur einem Scheinwerfer aber der dann auf der linken Seite, weiterzufahren. Recht hat er doch, und ich täte besser dran, die Nerven zu behalten! Um ein Uhr kommen wir vollkommen k.o in Niamey an. Wir holen noch den 504 vom Gare Routier ab. Der Wagen ist aufgebrochen und alles durchwühlt. Gestohlen wurde aber glücklicherweise nichts außer einem Paar Stiefel (meine liebsten natürlich), Bonbons und Zigaretten. Leider bekommen wir kein Zimmer mehr und schlafen deshalb noch einmal im Wagen vor dem Hotel.

18. MAI, DONNERSTAG

Um sieben Uhr bin ich schon wieder fix und fertig, es hat 30 Grad, schwülfeuchte Hitze. Wir bekommen schnell ein Zimmer, können so die Wagen ausräumen, uns duschen und frische Kleider anziehen. Kurz, wir sehen wieder aus wie normale Menschen. Dann geht es ans Autoverkaufen. Die Zeit drängt, ich will wenn irgend möglich schon heute Nacht nach Europa zurückfliegen.

Da ist ein Franzose, Wohnsitz in Niamey, der noch offiziell die Genehmigung hat, Autos zu kaufen. Er ist an allen fünf Fahrzeugen interessiert, natürlich will er nicht viel bezahlen, aber für fünf en bloc kann man ja auch einen Spottpreis akzeptieren. Die Verhandlungen ziehen sich hin, der Mann macht eine Anzahlung, den Rest will er gleich nach der Mittagssiesta auf der Bank besorgen. Das sieht nicht schlecht aus. Jetzt, mit etwas Bargeld in der Hand, tätige ich noch verschiedene Einkäufe, erleichtert bummeln wir durch die Stadt und machen eine kurze Visite im National-Museum.

Auf der Terrasse des Restaurants Damsi nehmen wir das Mittagessen ein, natürlich Kapitänsfisch. Um 15 Uhr haben wir wieder eine Verabredung mit dem Franzosen, wir vertrödeln die Zeit. Der Blick über den Niger! Warum nur ist dieser Fluß immer so faszinierend? Das Wasser ist trüb, träg fließt es dahin, nicht einmal übermäßig breit.

Dum-Palmen säumen die Ufer.

Der Franzose läßt auf sich warten! Wir sitzen in seinem klimatisierten Empfangszimmer, in bequemen Sesseln, bekommen Cola serviert. Aber es geht nicht weiter! 16 Uhr ist er schließlich da und jetzt gibt es einen lauten Reinfall: Er kauft nur den dunkelgrünen 504! Verdammt! Jetzt haben wir den halben Tag vertan in dem Glauben, alle Autos loszuhaben! Da ist noch ein anderer Interessent. Nichts wie hin! Dann geht wieder Zeit verloren, sein Bruder muß mit dabei sein, er muß mit entscheiden. Die Zeit vergeht. Der Bruder kommt, gibt dieses und gibt jenes zu bedenken, die Schwierigkeiten mit der Verzollung, und... und... Der Verkauf kommt nicht zustande.

Jetzt habe ich nur noch eine Arbeit: Ich muß einen guten Unterstellplatz für vier Autos finden. In der Nähe der deutschen Botschaft (mit Einverständnis derselben) stelle ich alle Fahrzeuge auf die Straße, ein Wächter des Botschaftsgeländes bekommt ein dickes Trinkgeld dafür, daß er nebenbei sein wachsames Auge auch ab und zu auf meine Fahrzeuge wirft. Dann geht es im Hotel ans Packen, Abendessen, Abschiedstrunk mit Dominique. Kurz vor Mitternacht fahre ich mit dem Taxi raus zum Flugplatz.

Es ist kaum zu fassen, morgen abend bin ich endlich wieder zu Hause.

*

NACHTRAG

Zwei Monate später war ich auf dem Luftweg wieder in Niamey. Das Verbot Wagen zu verkaufen, bestand nach wie vor. Die Vermittler hatten inzwischen aber Wege gefunden, dennoch Autos an den Mann zu bringen. In kurzer Zeit bin ich so alle Fahrzeuge losgeworden, der Preis war miserabel, da angesichts der neuen Gesetzgebung die Autos nur noch verschleudert wurden. Meine Kunden waren allesamt Diplomaten, einer war als Mitglied einer multinationalen Gesellschaft in Niamey.

Das Wetter im Juli: Klare Sonne jeden Vormittag, die Hitze steigerte sich im Tagesverlauf, es wurde immer schwüler. Frühestens um 14 Uhr und spätestens um 18 Uhr brach dann täglich das Tropengewitter aus – die Luft bestand nur noch aus Wasser, aus dem Tag wurde eine frühe Nacht, jedes Geräusch wurde von einem fast pausenlosen Donner übertönt.

3 Die November-Reise

Wir sind mit drei Fahrzeugen hier, Hilde und ihr Bruder Ernst jeweils mit einem Peugeot 504 Break, ich selbst mit demselben Typ in Limousinen-Ausführung. Über die üblich gewordenen Etappen Tunis, Ghardaia, In Salah waren wir hierher gekommen, bis zur Düne von Tadjemout, 75 Kilometer

vor der Arak-Schlucht. Diese riesige Düne hatte sich auch auf früheren Reisen immer wieder als Übernachtungsplatz bewährt, so waren wir auch diesmal noch in der Dunkelheit und bei schneidender Kälte bis hierher gefahren.

*

21. NOVEMBER, MITTWOCH

Beim Aufstehen um 6 Uhr hat es 5 Grad! Unvorstellbar, daß wir hier auf der letzten Reise, die nun gerade zwei Monate zurückliegt, noch unter einer unbarmherzigen und auch bei Nacht nicht nachlassenden Hitze gelitten hatten! 32 Grad zeigte das Thermometer Mitte September vor Sonnenaufgang! Jetzt stehen wir steif und durchfroren herum, richten unbeholfen das Frühstück, packen die Wagen. Wenn doch nur die Sonne käme! Sie hängt noch hinter den jetzt blauschwarzen Mouydir-Bergen, dort drüben im Osten. Gegen sieben Uhr leuchtet plötzlich die Spitze unserer Düne auf, die ersten Sonnenstrahlen haben sie erreicht. Nach und nach wandert die besonnte Fläche herab zu uns, dann taucht der weiße Glutball über den Felsbergen auf – endlich Wärme!

Wir dehnen das Frühstück aus, lassen uns die Sonne auf die Haut brennen. Die Düne ist phantastisch in dieser schrägen Beleuchtung. Zu schade, daß wir nicht genug Zeit zu einer Dünen-›Besteigung‹ haben.

Gegen 8 Uhr sind wir wieder auf der Straße. Die Landschaft und das sehr günstige Licht veranlassen uns immer wieder dazu Photopausen einzulegen: Schluchteingang nach Arak, die Schlucht selbst, das sich anschließende Hochplateau, eine herrliche Wüsten-Gebirgslandschaft, überflutet vom klaren Licht eines frühen Sommermorgens. Da liegen riesige glattgeschliffene Felsmassive in einer weitläufigen Landschaft, stellenweise hat man den Eindruck, ein Riese habe seine Bauklötze in seinem Sandkasten liegenlassen.

Um 15 Uhr kommen wir in Tamanrasset an. Zu allererst gehen wir zur Polizei. Überraschenderweise werden wir sofort abgefertigt, eine halbe Stunde später haben wir bereits den Ausreisestempel im Paß. Ebenso rasch ist der Zoll erledigt. Wir bummeln noch einige Zeit in dem nicht allzu reizvollen Ort herum, suchen auf dem Markt nach Souvenirs, die, soweit überhaupt angeboten, sehr teuer sind. Neben dem ehemaligen Campingplatz hat sich ein neues Restaurant etabliert, Abdullahi aus In Salah kocht einen vorzüglichen Couscous. Den lassen wir uns natürlich nicht entgehen. So wird es dunkel, bis wir aus Tam wegfahren.

Dann kommt die Überraschung: Die Asphaltstraße führt bereits über Tam hinaus! 5 Kilometer können wir auf ihr bleiben, dann fallen wir unvermittelt ins Nichts, das heißt in eine überdimensionale Baustelle, die die Straße weiterführen soll. Alles wird von unten nach oben gekehrt, riesige Erdbewegungsarbeiten sind im Gange. Wir verfahren uns in der Dunkelheit innerhalb der Baustelle gleich mehrfach. Nachdem wir bereits 7 Kilometer so hin und her, vor und zurück gefahren sind, dabei einmal fast von einer plötzlich endenden Böschung gefallen sind, geben wir auf – noch immer innerhalb der Baustelle. Wir werden morgen bei Tag hier rausfinden müssen!

Wir sitzen noch eine Zeitlang zusammen und rätseln, in welcher Richtung wir morgen wohl die alte Piste zu suchen haben. Dabei helfen uns zweimal die Lichter von Lkw's, die, so ist zu vermuten, auf der richtigen Piste unterwegs sind. Wir werden morgen im Osten suchen müssen.

22. NOVEMBER, DONNERSTAG

6 Uhr aufstehen, es hat 8 Grad, ein jämmerlich kalter Wind bläst uns durch die Knochen. Wir verschieben das Frühstück auf einen späteren, wärmeren Zeitpunkt. Mit dem Fernglas suchen wir das Gelände zwischen uns und der deutlich erkennbaren Piste im Osten ab: Es müßte möglich sein, einfach querbeet dorthin zu fahren. Ohne diverse Aufsetzer gelingt uns das allerdings nicht. Aber dann stehen wir auf einer breiten Piste. Nur – die alte

Hoggarpiste - Südabschnitt ist das nicht. Aber sie führt ebenso wie diese genau nach Süden, also halten wir uns erstmal an sie.

Im Windschatten großer Felsblöcke finden wir bald einen netten Frühstücksplatz. Ich nutze die Gelegenheit, mit dem Fernglas die nächsten Hügel zu besteigen, um die Hauptpiste zu finden. Diesmal sind deutliche Spuren westlich von uns zu sehen. Während wir noch beim Frühstück sind, kommt ein hochbeladener Toyota von Süden. Er hält bei uns an, und wir bekommen die Information, daß die Piste, auf der wir uns augenblicklich befinden, nach 8 Kilometern wieder auf die Hauptpiste mündet, aber auch dort gäbe es noch Baustellen und riesige Staublöcher. Bei diesen Worten schaut der Toyota-Fahrer etwas skeptisch unsere Pkw's an. »Ich bezweifle, daß Sie damit durchkommen werden, der Staub hat selbst uns noch zu schaffen gemacht.« Klar kommen wir durch! Der Toyota ist ja auch überladen, er schafft Gemüse von der Mini-Oase Amsel nach Tamanrasset, vor allem gelbe Rüben und Tomaten. Aber damit nicht genug, natürlich mußte auch noch die halbe Sippe mitgenommen werden! Mindestens sechs Personen sitzen auf dem Gemüse, zwei weitere haben es sich im Führerhaus bequem gemacht.

Oh weh! Das sieht wirklich nicht schön aus! Knietiefe Staubfelder, überall riesige Baumaschinen, hier ändert das Gelände seine Form innerhalb von Minuten! Vorsichtig tasten wir uns um das Baustellenchaos herum, gelangen irgendwo auf die neue Trasse, eine ebene, mit etwa knöchelhohem Staub bedeckte Rampe, auf der sich ganz gut fahren läßt. Der Staub flatscht wie Wasser unter den Kotflügeln, spritzt regelrecht nach der Seite weg.

Besser wird es erst nach dem Amsel-Abzweig. Hier können wir dem Wadi folgen, während sich die Bautrasse an die alte Piste hält, die hügelauf-hügelab neben dem Wadi herläuft.

Wir kommen nur sehr langsam voran. Hilde kommt mit der Piste nicht zurecht, sie beschleunigt den Wagen nicht auf Wellblechtempo, bremst immer in der kritischen Phase wieder ab. Zweimal bleibt sie im Sand hängen, mit Rausschieben ist das Problem jedesmal gelöst.

Nach 60 Kilometern und dem Verlassen der Hoggar-Berge geht es etwas besser. Wir können auch immer wieder abseits der Piste fahren und ›wellblechfreie‹ Spuren suchen. Später treffen wir einen Toyota. Die Mannschaft ist auf Prospektions-Tour nach Wasser für Tamanrasset. »Bei Ihrer nächsten Wüstenreise können Sie das da – er blickt auf unsere Wasserkanister – zu Hause lassen. Sie werden hier einen Brunnen am anderen mit hervorragendem Wasser finden.« Das sind Versprechungen! Schon wenige Kilometer später überholen wir erneut einen Toyota. Wieder Prospektoren. Sie sind allerdings nicht auf Wasser sondern auf Wolfram spezialisiert. Ihr Ziel: Die Wolfram-Fundgebiete westlich der Laouni-Düne.

Dann geraten wir auf eine sehr gut mit großen Blechfässern markierte Piste, die sehr ›gführig‹ ist, aber nicht ganz Südrichtung hält, sondern immer leicht nach SSW abweicht. Ich bin irritiert. Hier habe ich doch noch nie eine mit Blechfässern markierte Nebenpiste befahren? Die Piste erlaubt ein zügiges Tempo und wir beschließen, uns vorerst weiter an sie zu halten, solange sie die starke Südtendenz beibehält. Da sind diese Felskuppen, die werden sonst östlich umfahren! Jetzt sind wir weit auf ihrer Westseite! Ob das gut geht? Nach 30 Kilometern wird es uns zu bunt. Wir sehen die Felskuppen gerade noch und beschließen, genau Richtung Ost zurück zur Hauptpiste und ihrer Eisenstangenmarkierung zu fahren. Das geht anfangs ganz flott, dann müssen wir aber mehrere Höhenzüge überqueren, das Gelände wird steinig, wir fahren über große Felsplatten, enge Wadis. Das Gelände verwehrt uns den Ausblick auf unsere Orientierungspunkte, so müssen wir immer wieder den

Kompaß zu Hilfe nehmen. Im Zweifel, und wenn uns das Gelände die exakte Ostrichtung verwehrt, weichen wir südlich aus, da Süden unsere Hauptrichtung ist. Dann gestattet uns ein Hügel einen weiten Ausblick: Wir suchen das Gelände mit dem Fernglas ab: Dort, genau östlich, liegt gerade noch erkennbar ein Autowrack. Und weiter südlich nochmal eines. Das muß die Piste sein! Nur wenig später stoßen wir tatsächlich auf eine mir bekannte Nebenpiste, die mit sehr engliegenden kleinen Steinmännchen markiert ist. 17 Kilometer sind wir so von der Tonnenpiste quer durchs Gelände zurück zu der Nebenpiste gefahren, nicht viel, aber der Zeitaufwand ist doch enorm. Wir sind demnach kurz vor Laouni. Die Steinmännchenpiste trifft unmittelbar davor wieder die Eisenstangenpiste. Und die Fässer? Eigentlich kann es nur eine neue Piste sein, die den Weg zu den Wolfram-Abbaugebieten markiert, eine andere Erklärung haben wir nicht.

Wir stoßen auf die Hauptpiste, vor uns das Laouni-Sandfeld, von Wracks übersät, spurenzerfurcht, im Süden wie der Rand eines tiefen Tellers von der Laouni-Düne begrenzt. Die Hauptpiste ist enorm tief ausgefahren, da würden wir Schwierigkeiten haben. »Das hat keinen Sinn, wir fahren ein paar hundert Meter zurück und umfahren das Ganze.« »Warum bist du da so sicher?« »Schau dir doch mal die Spur an – die ist zu tief! Und dann Wracks und Steine! Im entscheidenden Moment kommst du nicht aus der Spur raus!« »Aber das läßt sich doch von hier aus nicht beurteilen!« »Wenn du meinst, du brauchst es ja nur zu versuchen.« Mit Hilde an meinem Auspuff umrunde ich das Sandfeld, das wirklich die Form eines großen tiefen Tellers hat. Wir gelangen einigermaßen gut drüben an und stoßen wieder auf festen Untergrund. Jetzt stehen wir am Tellerrand und schauen zurück zu Ernst. Der ist eben losgefahren, auf der Piste, die sich von hier aus wie ein Kratzer quer durch den Teller zieht.

Noch bewegt sich sein Wagen, jetzt ist er auf der Höhe des Omnibus-Wracks – und bleibt stehen. Wir sehen im Fernglas, wie er ums Auto herumgeht, wahrscheinlich versucht er, den Wagen wieder flott zu machen. »Komm, das hat nicht viel Sinn, wir schnappen die Sandbleche und helfen ihm raus.« Hilde läßt ihren Wagen stehen, steigt bei mir ein, die Sandbleche werden oben aufs Gepäck geworfen. Von der Seite her stoßen wir zur Piste vor, nicht zu nahe ran, um das aufgewühlte Gelände dort nicht zu unserer eigenen Falle werden zu lassen. Wir finden eine feste und auch leicht abschüssige Insel, ein idealer Standplatz. Ernst hat seinen Wagen im Bemühen, aus eigenen Kräften wieder frei zu bekommen, ganz schön eingewühlt. Er ist zornig. »Das ist doch die absolute Dummheit – du wußtest doch genau, daß es hier kein Durchkommen gibt, warum hast du mich nicht daran gehindert, hier reinzufahren!« »Ich habs dir doch gesagt!« »Aber das ist so eindeutig, du hättest mich davon abhalten *müssen.*« »Weißt du, für den Rest deines Lebens wirst du in sowas nicht mehr reinfahren. Die Erfahrung mußtest du ganz einfach mal machen!« Er ist immer noch zornig und macht mir auch am Abend noch Vorhaltungen, daß ich ihn nicht davon abgehalten habe, in diese wie er meint todsichere Falle reinzufahren. Aber jetzt schippen und schieben wir erstmal seinen Wagen raus. Das ist nicht ganz einfach, das Gelände ist ringsherum ganz schön weich. Darüber wird es erst dämmrig und dann dunkel. Mist! Dort drüben steht Hildes Wagen allein auf der Piste! Sicher, es ist unwahrscheinlich, daß irgendwas passiert. Aber gerade hier hat es in letzter Zeit doch immer wieder Überfälle und ähnliches gegeben. Wir sind besorgt und das spornt uns an. So steht Ernsts Wagen irgendwann auch auf der festen Insel und von dort gehts ab, zurück zu Hildes Wagen, der unversehrt nach wie vor mitten auf der Piste steht. In unmittelbarer Nähe des Laouni-Forts schlagen wir unser Nachtquartier auf. Wir erledigen noch Wartungs- und kleine Reparaturarbeiten an den Wagen. Um 10 gehts in die Falle, 16 Grad zeigt das Thermometer noch auf dem Dach des Wagens.

23. NOVEMBER, FREITAG

Um 6.30 Uhr hat es nur 8 Grad. Zum Glück geht kein Wind, so daß sich die Kälte ertragen läßt. Wie üblich kontrollieren wir direkt vor dem Abfahren an allen Wagen Ölstand und Wasser. Dabei entdecke ich einen Riß an Hildes Federbeinaufnahme! Der war uns gestern abend im Licht der Taschenlampe entgangen. Verdammt, die Karre fängt an durchzubrechen! Und ausgerechnet jetzt haben wir ein paar Kilometer hartes Wellblech vor uns. Da bleibt nur eines: Wir müssen arbeiten, reparieren, mit Glasfasermatten und Kunstharz kleben und verstärken. Der Riß ist noch harmlos und die Arbeit läßt sich so leicht bewältigen. Aber das Harz muß ja noch abbinden und so warten wir in der immer höhersteigenden Sonne noch bis kurz vor Mittag, um sicher zu sein, daß die Harzerei nicht umsonst war. Bei stechender Sonne gehts dann wieder auf die Piste. Extrem langsam fahren wir die Wellblech-Kilometer, nur nicht die Klebestelle jetzt schon überbeanspruchen! Endlich können wir runter von der Piste und rauf an die sandigen Berghänge, dem steinernen Märchenwald entlang, dann rüber wie die Skifahrer zu den Windhängen. Wir legen uns an die vom Wind festgepreßten steilen Sandhänge, gleiten wieder hinab, einen anderen Hang hinauf, wieder kommt dieses herrliche Gefühl des Freiseins, des Fliegens, des Schwebens auf. Die restlichen Kilometer bis zur Grenzstation in In Guezzam legen wir im Eiltempo zurück. 13.30 Uhr kommen wir dort an. Die Zöllner bedeuten uns nicht gerade freundlich, daß sie gerade dabei wären, ihr Mittagessen vorzubereiten, wir sollten uns

also gefälligst gedulden, bis sie damit fertig wären. Na ja, was solls – im Ort sind Tuareg mit Kamelen. Wir werden derweilen bummeln gehen und uns ein bißchen umsehen. Um 16.30 Uhr erbarmt sich einer, er hat sowohl das Essen als auch die Siesta schon beendet. Sehr viel Lust zum Arbeiten verspürt er nicht. So können wir praktisch unkontrolliert passieren. Auf direktem Weg geht es querbeet los Richtung Assamaka, zur Grenzstation im Niger. Ich orientiere mich nach der Sonne, halte die Richtung ein, bis der Assamaka-Hügel wie ein schwarzer Fleck über dem Horizont schwimmend auftaucht. Das geht ganz problemlos, die Piste selbst dagegen ist ziemlich sandig, so daß Sahara-Neulinge hier oft Probleme haben. Wir geben die Pässe ab, waschen uns am Brunnen, füllen die Wasserkanister mit Brauchwasser, erholen uns unter den schattigen Tamarisken. Es ist schon dämmrig, als wir die Pässe zurückbekommen, dann müssen wir die Wagen noch teilweise ausräumen, um den Uniformierten die Kontrolle zu erleichtern. Es wird dunkel, bis wir wegkommen. Unser Ziel sind die letzten Dünen dieser Reise, nur wenige Kilometer östlich von Assamaka abseits der Piste. Aber es ist gar nicht einfach, dorthin zu finden, die Dünen sind sehr niedrig und heben sich gegen den diesigen Nachthimmel nicht ab. Immer wieder überprüfen wir mit dem Kompaß unsere Richtung. Dann tauchen sie plötzlich vor uns auf, wie eine weiße Wand im Scheinwerferlicht. Wir suchen einen netten Platz, wo wir etwas geschützt sind. Dann genießen wir zum letzten Mal auf dieser Reise die sanften reinen Sandhänge, die glatten staubfreien Flächen.

24. NOVEMBER, SAMSTAG

Eine innere Unruhe treibt mich schon sehr früh aus den Federn, besser aus den Steppdecken. Wir sind heute Nacht an den Dünen gelandet, aber *wo* an den Dünen? Noch vor dem Frühstück steige ich mit dem Fernglas auf die höchste Düne der Umgebung: Wir müssen in der Nacht sehr weit südlich abgekommen sein, das Ende des Dünenzuges ist nach Norden hin nicht zu erkennen. Beim Frühstück besprechen wir unser weiteres Vorgehen. Eigentlich müßten wir nur genau nach Osten fahren, um irgendwann wieder auf die Piste zu stoßen. Aber an welcher Stelle? Erkennbar ist sie in der Regel immer, aber wenn kurz zuvor ein starker Sandsturm die Spuren verweht hat? Wir beschließen, sicherheitshalber erst einmal die Dünenkette entlang nach Norden zu fahren, entweder bis wir an eine mir bekannte Stelle kommen oder bis wir die Piste finden, die die Dünenkette im Norden umgeht.

Um 7 Uhr fahren wir bei 12 Grad los. Nach ungefähr drei Kilometern erkenne ich das Gelände wieder. Es hat sich zwar verändert, aber dort, die kleine Dornakazie – und da drüben, an diesen kleinen Büschen haben wir in der Silvesternacht vorigen Jahres Holz fürs Feuer gesammelt. Die Dünen sind hier dreifach gestaffelt, es gibt aber einen Durchlaß. Wir biegen ab Richtung Osten und queren die Dünenketten an ihren niedrigen Stellen. Die weichen Strecken sind nur sehr kurz, so daß wir ohne Probleme auf die östlich der Dünen verlaufende Piste kommen. Hier ändern wir erneut die Richtung und fahren den Markierungen und Spuren nach, genau nach Süden, Richtung In Abangarit und Tegguida'n-Tessoum. Um 13 Uhr sind wir am Kontrollposten von In Abangarit.

Es ist ziemlich heiß. Jetzt sind wir gerade 200 Kilometer hinter der Grenze und werden schon wieder kontrolliert, die Fahrzeuge werden untersucht. »Können sie mir vielleicht verraten, wonach sie eigentlich suchen?« Der lange Uniformierte gibt keine Antwort, er wirft mir nur einen Blick zu, bei dem ich bereue, daß ich meinen Mund nicht halten konnte. Nach der Durchsuchung aller Fahrzeuge fordert er mich auf, mitzukommen. Mir schwant

Übles. Er blättert lange in seinem Buch. »Können Sie lesen? Dann sehen Sie mal, was ich hier vor einem Monat eingetragen habe!« Da ist der Name eines Franzosen vermerkt, da stehen Paß-Daten, die Berufsbezeichnung ›Tourist‹ und dann kommts, unter ›Verschiedene Beobachtungen‹: 3 Gewehre, 408 Schuß Munition! Was war das denn für ein Gemütsmensch? »Sehen Sie«, meint der Lange triumphierend, »deshalb durchsuchen wir die Fahrzeuge! Und zwar gründlich!« Da kann ich ihm jetzt nur noch zustimmen. Aber zum Glück ist er mit dieser Demonstration wieder besänftigt. Meine aggressive Bemerkung scheint vergessen, freundlich wünscht er uns eine gute Reise.

Die Piste wird jetzt zur Rennstrecke, das Gelände, die hartgetrocknete Schlammebene des Azaouak-Tales, ist fast eben. Früher sind wir hier immer Tempo 120, 140 gefahren, aber man wird alt und vernünftiger. Immerhin leisten wir uns jetzt noch 90 km/h, eine recht stolze Leistung. Die Staubwolken, die wir aufwirbeln, sind dementsprechend.

Eine Stunde später sind wir im Salinenort Tegguida'n-Tessoum und beginnen mit der Filmarbeit, die uns hier die nächsten Tage beschäftigen wird.

Gegen 17 Uhr steht die Sonne so tief, daß wir die Arbeit für diesen Tag einstellen. 23 Kilometer östlich von Tegguida liegt ein artesischer Brunnen mit großen Viehtränken, hier wollen wir übernachten, da man sich in den Tränkebecken mal wieder so richtig herrlich waschen kann. Wie üblich brauchen die Damen bei dieser Beschäftigung immer etwas länger und ungestört wollen sie auch sein. Ich verlasse also das Tränkebecken in Richtung mehrer Dornakazien, nicht weit entfernt. Dort werden wir das Nachtlager aufschlagen und ich fahre voraus, um Feuer für den Tee zu machen. Ernst kommt wenig später nach. Hilde aber kommt und kommt nicht. Unruhig fährt Ernst nach einiger Zeit wieder zurück. Jetzt kommt auch er nicht mehr. Es ist längst dunkel geworden und ich beobachte aufmerksam die Richtung, in der das Tränkebecken liegt. Die Lichter beider Fahrzeuge sind zu sehen, aber es rührt sich nichts, auch keine Blinkzeichen. Ich werde immer unruhiger und beginne schließlich einzupacken, um auch noch einmal zurückzufahren. Aber dann kommt ein Wagen. Ich gebe Blinkzeichen, der Wagen hält auf mich zu, es ist Ernst. »Hilde steckt bis über den Achsen im Schlamm!« »Verdammte Scheiße, hört das denn nicht auf!« Im Licht der Scheinwerfer bietet sich ein deprimierendes Bild: Da steckt die Karre drin bis zu den Türen im Schlamm versunken, wie sollen wir die nur wieder rausbekommen! »Mensch Hilde, warum mußt Du denn hier voll in die Scheiße reinfahren?« Scheiße ist dies nicht nur im übertragenen Sinn, es ist eine herrlich breiige Mischung aus den Tierfäkalien und dem lehmigen Untergrund! Ein Tuareg, der Wächter des Brunnens, steht verzweifelt herum und sagt immer nur: »Oh Madame, oh Madame. Qu'est-que vous faites! Oh Madame! Was machen Sie nur, Madame!« Hilde ist ganz verstört, nach dem ersten Ärger müssen wir ihr erst wieder Mut zusprechen. »Ich habe den Schlamm einfach übersehen.« Dann steigen wir halbnackt in die Scheiße. Es hat alles keinen Sinn, dreckig werden wir ohnehin wie die Schweine, jetzt heißt es erst mal schaufeln. Das ist eine Schinderei! Der Schlamm reicht bis über die Knie! Zum Glück ist er nicht so weich, daß er nachfließt! »Wieviele Meter Seil haben wir? Könnte das nicht reichen, wenn wir alles zusammenbinden?« »Die Karre kannst du doch so nie rausziehen!« »Aber wenn wir zu zweit ziehen? Wir haben doch harten Grund, wenn wir nicht zu nahe heranfahren! Hilde und der Tuareg sollen schieben, wir legen die Sandbleche unter. Das müßte eigentlich gehen.« Tatsächlich haben wir genug Seil dabei, mit den Hinterrädern können wir voll auf festem hartem Grund bleiben. Vorsichtig ziehen wir an. Pfluuup – mit dem Geräusch eines herausgezo-

genen Korkens flutscht der Break aus dem Matsch, wir ziehen ihn bis aufs Trockene. »Das hat ja hervorragend geklappt. Wer hätte das für möglich gehalten?« »Ein Jammer, daß ich den Wagen vorher nicht geblitzt habe!« Wasser steht zum Glück zur Verfügung, so reinigen wir erst mal Spaten und Seile sowie alle Gerätschaften, die wir eingesetzt haben, dann die Kleider, dann notdürftig und soweit das in der Dunkelheit eben geht, den Wagen. Dann fahren wir zurück zu unserem ›Wäldchen‹, den paar Dornakazien. Das heißt, wir wollen dorthin zurück, denn wir finden die Stelle nicht wieder! Abwechselnd und zusammen versuchen wir unser Glück, Hilde gibt ihren Kommentar, wo sie uns von ihrem Schlammloch aus gesehen haben will. Irgendwann geben wir auf. »Ist doch eigentlich egal, ob wir hier oder dort im Staub sitzen! Und hat denn einer von euch noch Lust Feuer zu machen?« Jeder kratzt einen deutlichen Pfeil in den staubigen Boden, der die Richtung markieren soll, in der seiner Meinung nach unser ›Wäldchen‹ eigentlich hätte gefunden werden müssen. Wir werden sehen.

25. NOVEMBER, SONNTAG

Es zeigt sich schnell, daß keiner recht hatte, das Wäldchen hat sich in einer von keinem vermuteten Ecke versteckt. Wie schnell man bei Nacht die Orientierung verlieren kann, wenn keine Geländemerkmale als Anhaltspunkte da sind!
Der Tag vergeht mit anstrengender Filmerei. Gegen Abend fahren wir wieder raus zu den Tränkebecken. Während wir uns waschen, bricht schnell die Dunkelheit herein. Wir prägen uns das Wäldchen und seine Richtung nochmal genau ein. Vergeblich! Wieder suchen wir umsonst, wieder schlafen wir an anderer Stelle und wieder machen wir Pfeile, die sich im Tageslicht des nächsten Morgens als falsch herausstellen. Unfaßbar!

Folgende Doppelseite: Geier an einem Eselskadaver

26. NOVEMBER, MONTAG

Mit 10 Grad um 6 Uhr ist heute der bisher wärmste Morgen der Reise. Der Tag vergeht mit sehr harter Arbeit hinter der Kamera. Am Spätnachmittag haben wir die meisten Szenen im Kasten. Begleitet von unserem Dolmetscher gehen wir von der Saline über die Abraumhalden zurück aufs Dorf zu, um auch dort noch einige Meter zu drehen.

Von den Abraumhalden oben hat man einen guten Blick über die ganze Umgebung. Dort drüben, was ist denn das? »Was hat diese graue Wand dort drüben zu bedeuten?« »Das ist die Kälte, der Harmatan bringt die Kälte mit sich!« Ganz sachte wie eine leichte Nebelwand schiebt sich walzenförmig die Wand auf uns zu. Das gibts doch nicht, Staubwinde haben eine gelbe oder auch schwarze Front! Was ist das? Keine zehn Minuten später bin ich eines besseren belehrt! Das *ist* der Harmatan. Woher verfrachtet er diesen weißen Staub? In den ersten Böen nimmt es uns vor Staub fast die Luft. An eine Fortsetzung der Filmerei ist nicht zu denken. Weit können wir uns diesesmal von Tegguida-n Tessoum nicht entfernen, der Staubwind geht zu heftig. Außerhalb der Sichtweite des Dorfes, hinter einigen wie weggeworfen im Gelände liegenden Steinbrokken lassen wir uns nieder. Im Verlauf des Abends läßt der Wind nach, die Luft wird klarer.

27. NOVEMBER, DIENSTAG

Die Kälte sollte der Harmatan nach Meinung unseres Dolmetschers bringen, aber es hat 18 Grad um 6.30 Uhr! Und es ist schon wieder so viel Staub in der Luft, daß an eine Fortsetzung der Filmarbeit nicht zu denken ist. Also auf gehts, nach Agadez! Wir kommen zügig voran, das trübe windige Wetter verleitet nicht zu Photopausen. In Tegguida'n-Adrar beginnt wieder eine Rennstrecke bis zur Verbindungspiste Agadez – In Gall, auf die wir in Assaouas stoßen. Nur noch siebzig Kilometer bis Agadez. Aber die Piste ist schlecht, Wellblech und große Steine kosten uns viel Zeit. Und dann ist da dieser Hügel, an dem sich die Piste teilt: Die Hauptpiste geht rechts rum, eine bessere Nebenpiste hält sich links. Ich fahre nach links. Haben Erwin und Hilde das mitbekommen? Es scheint so. Doch dann sind sie nicht mehr hinter mir. Ich bleibe erst mal stehen, warte. Keiner kommt. Ich drehe um und fahre langsam und sehr aufmerksam zurück – keiner zu sehen. Es gibt nur eines: Sie sind im Staubwind an mir vorbei, während ich auf sie gewartet habe, irgendwo neben der Spur. Der Wind hat den Vorteil, daß sehr frische Spuren leicht von älteren unterschieden werden können. So kann ich ihren Weg leicht verfolgen. Irgendwann sind sie stehen geblieben, als sie merkten, daß ich wohl nicht mehr vor ihnen bin, so sind sie schnell wieder eingeholt! Es ist doch wie verhext – nur ein einziger Hügel, schon hat man sich verloren!

Wir achten jetzt genau auf den Sichtkontakt und kommen ohne weitere Probleme nach Agadez. Dort fahren wir sofort aufs Kommissariat, damit unsere Pässe so schnell wie möglich fertig werden. Dann nehmen wir die Annehmlichkeiten dieses Etappenortes voll in Anspruch: Gepflegtes Menü im Hotel Air! Am Nachmittag besuche ich mit meinem Standard-Dolmetscher Malam ein paar mir bekannte Tuareg. Dabei kommt es zu einem höchst seltsamen Zwischenfall: Wir werden verhaftet! Ohne weitere Erläuterungen schleppt man uns aufs Kommissariat. Malam hat keine Papiere, das ist hier natürlich ein Grund, festgenommen zu werden. Aber ich? Ich kann mich ausweisen! So werde ich schnell ärgerlich und verlange, einen Verantwortlichen zu sprechen, um wenigstens zu erfahren, warum man mich festgenommen hat. Es vergeht einige Zeit, bis meinem Verlangen stattgegeben wird. Der Grund dafür ist, daß erst noch der Direktor des Touristen-Office geholt werden mußte. Der muß beim Verhör dabei sein! »Was haben Sie bei den Tuareg in ihren Hütten gesucht?« »Nun, ich bin Ethnologe und interessiere mich für ihr Leben und alles was damit zusammenhängt!« »Sind Sie vielleicht Spion?« »Das ist doch lächerlich, was gibt es bei den Tuareg zu spionieren?« »Sie wissen doch genau, daß es verboten ist, sich von Einheimischen in ihre Häuser einladen zu lassen!« Und der Tourismus-Chef: »Es geht Sie nichts an, in welchen Verhältnissen die Leute leben!« Hier liegt der Hund begraben! »Es ist mir ganz neu, daß ein solches Verbot besteht. Ich habe hier viele Freunde und Bekannte und habe sie fast alle auf ihre Einladung hin schon in ihren Häusern besucht. Und das soll verboten sein?« »Ja, außerhalb geschlossener Ortschaften ist es verboten!« »Aber Sie haben mich doch hier *im* Ort festgenommen, hier in Agadez. Sie sagen doch eben, es sei nur außerhalb verboten!« »Das ist richtig, aber der Ortsteil, in dem Sie sich befanden, gehört zu einer sicherheitsempfindlichen Zone. Die Präfektur befindet sich in diesem Gebiet, das Justizgebäude, die Militärverwaltung.« Das soll einer wissen. »Wir werden den Verdacht nicht los, daß Sie spionieren wollten.« »Sehen Sie hier – ich spiele einen dicken Trumpf aus – meine Filmgenehmigung. Sie ist von Ihrem Innenminister persönlich ausgestellt, das müßte eigentlich Ihr Chef sein.« Oha, das Schreiben macht Eindruck! Sie sind sichtlich betreten, entschuldigen sich – und drehen den Spieß erneut gegen mich! »Mit einem solchen Papier, als Offizieller, hätten Sie sich unbedingt bei uns melden müssen. Wir hätten Ihnen einen oder mehrere gute Führer gestellt, auch Dolmetscher, alles was Sie wollen. Sie dürfen diesen Dieben, die sich hier als Führer anbieten, nicht vertrauen.« Also jetzt reicht es mir, mein Freund Malam ist kein Dieb und sich lasse mich auch nicht gerne von ihren Dolmetschern und Führern bewachen und gängeln. Um die Situation aber zu bereinigen, entschuldige ich mich für mein Unwissen, verspreche, beim nächsten Mal natürlich zu allererst beim Office du Tourisme vorzusprechen und verabschiede mich. Die Pässe von Hilde und Ernst nehme ich zusammen mit meinem gleich mit.

Zurück zu Hilde und Ernst. Auch die hatten ein paar unerfreuliche Erlebnisse. Irgendein Uniformierter drangsalierte sie wegen einer angeblich notwendigen Phtografiererlaubnis, die nirgendwo im Niger erforderlich ist. Aber in Agadez scheint eine ganz besondere Bürokratie am Werke zu sein. Wir haben jedenfalls im Augenblick genug und beschließen, schnell hier wegzufahren. Nur zwei Dutzend Kilometer außerhalb finden wir in der Sonne noch einen netten Platz. Wir machen Feuer, kochen Tee, zum erstenmal wird auch ausführlich Abendessen gekocht: Büchsenfraß!

28. NOVEMBER, MITTWOCH

Das war wieder mal eine Nacht! Schon am Abend hatte sich ein aufkommender Sturm angekündigt. Ich hatte eine Holzschüssel auf dem Dach abgestellt, die poltert mit lautem Getöse über die Motorhaube zu Boden. Mit einem Schreckensschrei springe ich hoch, draußen brennt eine heftiges Feuer, wie ein Schmiedegebläse angefacht vom Sturm, fauchend, die Funken stieben davon. Was ist das? Im ersten Schreck denke ich an einem Überfall, an eine Falle. Ich schalte die Schweinwerfer an: Die Böen peitschen den Sand über den Boden, da torkelt die Holzschüssel wieder ein paar Meter weiter. Ich erinnere mich daran, daß ich sie selbst auf dem Dach habe liegen lassen – Quatsch, Überfall, leichtsinnig war ich wieder einmal! Und das Feuer? Das haben wir neben einem liegenden Baumstamm angemacht und wohl beim Schlafengehen nicht richtig gelöscht, der Wind hat jetzt den Stamm in

Feuer gesetzt, daß die Funken nur so stieben. Schnell bin ich draußen, Sand ins Feuer, den Baum aus der alten Feuerstelle gezerrt. Hilde und Ernst schlafen gemütlich weiter. Meine Löschaktion wird mit Wasser zu Ende geführt. Diesmal bin ich gründlich, noch einmal soll der Wind keine Chance haben. Es dauert lange, bis ich danach wieder Schlaf gefunden habe.

Um 6 Uhr beim Aufstehen ist der Sturm immer noch heftig, er nimmt sogar noch zu. Das Frühstück fällt unter diesen Umständen aus, rasch sind wir wieder auf der Piste. Soweit das Gelände rechts und links bewachsen ist und dem Wind wenig Angriffsfläche bietet, sind die Sichtverhältnisse akzeptabel. Auf freier Fläche dagegen wird die Fahrt immer mehr zum Blindflug. Im Tagesverlauf nimmt der Sturm an Heftigkeit mehr und mehr zu. Wir müssen immer wieder kurze Pausen einlegen, da in Böen der Boden vor den Wagen nicht mehr zu erkennen ist. Kurz vor neun Uhr sind wir in der Nähe der Abzweigung der Piste nach Norden bei Assaouas – Sichtweite zwei bis drei Meter. So hat das keinen Sinn. Wir bleiben stehen. Ein paar Büsche bieten einen sehr dürftigen Windschutz. Wir verständigen uns von Wagen zu Wagen mit Zeichen, halten beschriebene Zettel an die Fenster: Erst mal hierbleiben, abwarten, wie sich das Wetter entwickelt! Die Zeit kriecht, der Sturm schüttelt die Fahrzeuge, Böen peitschen Sand, Staub und Dreck in wildem Wirbel um uns herum. Es wird immer heißer. Die Sonne dringt schwach von oben durch das Inferno, heizt die Innenluft im Fahrzeug mehr und mehr auf. Ab und zu ein Blick zur Seite, zu Hilde und Ernst – Kopfschütteln. So können wir unter keinen Umständen weiterfahren! Wie lange noch werden wir hier hängen? Ich fange an, mir eine Seite im Wagen freizuräumen, klappe den Liegesitz herunter, lege mich flach. Schlafend wird die Zeit am schnellsten vergehen. Aber an Schlaf ist in dem Getöse kaum zu denken, es ist heiß, die Luft im Wagen ist staub-

gefüllt, flirrende Hitze. Ich drücke den Kopf zwischen die Kanister unter die Steppdecken, dort hat sich noch ein Rest Nachtkühle erhalten. So verrinnt Stunde um Stunde.

Ich schrecke hoch, Stimmen sind zu hören. Ganz benommen noch sehe ich mich um, Hilde und Ernst recken eben auch die Hälse: Die Sicht ist besser, schemenhaft sind Häuser zu erkennen. Ihre Bewohner, die sich während des heftigen Sturmes darin verkrochen hatten, kommen jetzt zu uns herüber. Ein Lkw, erst hörbar, dann sichtbar, taucht aus der Staubwand auf, donnert polternd an uns vorüber, verschwindet wieder im Staub. Immerhin, die Sichtweite liegt nun bei zwanzig bis dreißig Meter. Es ist schon 16 Uhr und höchste Zeit, daß wir weiterkommen.

Im Blindflug – oft genug zwingen uns Böen und damit eine Sichtweite von Null zum Halten – tasten wir uns nach In Gall. Der Ort ist wie ausgestorben. Der Sturm hält jeden im Haus. Wir besuchen einige Bekannte, sitzen dann in der ›Salz-Kur‹-Bar und trinken ein Bier nach dem anderen. Immer wieder ein Blick durch die Tür: Keine Besserung in Sicht. Gegen 19 Uhr, es ist inzwischen vollkommen dunkel, hört der Sturm fast abrupt auf. Für uns gibt es jetzt nur eines: Wir müssen noch ein paar Kilometer fahren! Es ist ja damit zu rechnen, daß nach den Erfahrungen der Vortage auch morgen ab 9 oder 10 Uhr ein Weiterfahren nicht mehr möglich sein wird. Die Piste ist eindeutig, ein Verfahren auch bei Dunkelheit nicht möglich. Aber dann die Spurenbündel! Dort wo das Gelände besonders schwierig ist, bündelt sich die Piste auf. Natürlich ist jetzt bei Dunkelheit nicht zu erkennen, welche Spur die beste ist. Der Bewuchs des Geländes verhindert eine Korrektur, zwingt in die einmal gewählte ›Schiene‹. Es geht nicht lange, da bleibt Hilde in einer dieser tiefausgefahrenen Sandrinnen hängen – Ernst, unmittelbar hinter ihr, natürlich auch. Jetzt heißt es erstmal, Wege zu ebnen: Auf hundert Meter, bis

144

zum erstenmal wieder die Möglichkeit besteht, die Piste zu verlassen, schaufeln wir den Mittelwall ab, der zu hoch für die Bodenfreiheit der Wagen ist. Dann wird Blech um Blech gelegt; Meter um Meter ackern wir den Wagen voran. In der Zwischenzeit kommt von hinten ein Lkw, auch er in der Hauptspur. Der Fahrer macht einen dummen Fehler: Statt abzuwarten versucht er, unsere Pkw im Gelände zu umfahren, sandet dabei schon beim Verlassen der Hauptspur hoffnungslos ein. Jetzt kommt er zu uns herüber und beschimpft uns heftig. »Was habt ihr mit den Pkw hier auf dieser Piste verloren! Diese Piste eignet sich nicht für Pkw! Die kommen hier nicht durch, blockieren nur den Weg.« Ein zweiter, später ein dritter, ein vierter, ein fünfter Lkw sind inzwischen von hinten aufgelaufen. Ihre Fahrer waren vernünftiger, sie blieben erst einmal in der Spur stehen. Sie beruhigen jetzt den Choleriker, helfen ihm, sein Ungetüm wieder zurück in die Spur zu setzen. Dann sind sie auch uns behilflich, und so sind die beiden Wagen mit viel Geschiebe und Gedrücke schnell auf einem festen Platz wenige Meter neben der Piste. Wie Ungeheuer ziehen die Lkw dann an uns vorbei. Auch von Westen her kommt eine Gruppe dieser Riesen-Lkw entgegen. Ihre Scheinwerfer tasten sich wie überlange Finger hin und her durch die staubige Luft. Wir lassen auch diese Gruppe an uns vorbei. Wir wollen es noch einmal versuchen, neben der Hauptspur, die zu tief und zu sandig ist, um von ungeübten Fahrern benutzt zu werden, humpeln wir durchs Gelände, langsam, aber es geht voran. Dann kommt jedoch ein tiefer Graben, der uns wieder zurück in die Hauptspur zwingt. Diesmal sande ich als erster ein, Hilde und Ernst bleiben auf festem Boden stehen. Ei, der hängt fein drin! Da hilft alles Graben und Schieben und auch die Bleche nichts mehr! Wir müssen den Wagen hochbocken. Das erfordert seine Zeit! Und unsere Moral ist danach so geschädigt, daß wir abbrechen. Wir bleiben an Ort und Stelle, fünf Meter neben der Piste, vollkommen erschöpft und ausgelaugt.

Es kühlt erstaunlich rasch und stark ab, der Staub setzt sich, nach und nach erscheinen Sterne am Himmel.

29. NOVEMBER, DONNERSTAG

Ruhiges Wetter, es hat 15 Grad, als wir um 6 Uhr wie üblich aufstehen. Nachtanken, Fahrzeugkontrolle, waschen, frühstücken. Dann sind wir wieder auf der Piste. Es geht gut voran. Aber um 9 Uhr fängt dieser beschissene Staubwind schon wieder an, steigert sich von Minute zu Minute. Um 10 Uhr stehen wir das erste Mal. Wenig später zwingen uns Böen nach Böen zu einer Zwangspause von mehr als einer Stunde. Nichts als Staub um uns herum, Staub, Staub, Staub. Wir sind im Zentrum einer Kugel aus Staub, oben, unten, hinten, vorne, seitlich Staub. Wir nutzen jede auch noch so kurze Windpause, um ein paar Meter voranzukommen. Wir müssen bald in Zonen mit noch dichterem Bewuchs kommen, dort kann der Wind eigentlich nicht mehr so viel Staub verfrachten, so daß die Sicht besser sein müßte.

Am frühen Nachmittag sind wir in Abalak. Auch hier dasselbe Bild wie bereits zuvor in In Gall: Das Wetter verhindert ein reges Marktleben. Dennoch, ein Bummel über diesen vor allem von südlichen Tuareg-Gruppen besuchten Wochenmarkt ist unerläßlich. Ich treffe meinen Führer und Dolmetscher Abdullahi wieder, mit ihm zusammen machen wir uns auf den Weg. Auf dem Kamelmarkt bin ich gerade dabei, die letzten Bilder des eingelegten Filmes zu verknipsen, da wenden sich zwei unsympathische Sonnenbrillen-Schnösel, die von einer Bank auf das Marktgeschehen verfolgen, an Abdullahi. Abdullahi dolmetscht: »Du sollst mal zu den beiden hinkommen.« »Was soll denn das, wenn die was von mir wollen, sollen sie doch zu mir kommen!« »Sei vorsichtig, das sind Sicherheitsbeamte.« Auch das noch! Eigentlich sehe ich keine Veranlassung, mich von den beiden Laffen herumkommandieren zu lassen, aber um Schwierigkeiten zu vermeiden, gehe ich hin. »Haben Sie eine Photographiererlaubnis?« »Das ist ja das allerneuste, im Niger benötigt man doch keine Erlaubnis um zu photographieren!« »Doch! Erst vor zwei Tagen war ein Tourist hier, der hat um eine Erlaubnis nachgefragt!« »Ja und? Wenn einer aus Unwissenheit deswegen bei Ihnen vorstellig wird, ist das für mich noch lange kein Grund, es ebenso zu tun!« Der Zorn kommt in mir hoch, diese elenden verdammten Spitzeltypen, nichts als Schikanen im Kopf! »Wenn Sie so weitermachen – wir werden Ihren Film beschlagnahmen!« Abdullahi verkrümmelt sich, er merkt, daß die Situation langsam brenzlig wird. Unser Disput erregt die Aufmerksamkeit der Marktbesucher, aber es ist mehr als deutlich, keiner will mit dem Streit was zu tun haben, die freie Fläche um uns herum vergrößert sich. »Sie wissen genau, daß Sie dazu nicht die geringste Veranlassung und schon gar kein Recht haben.« »Doch, das Gesetz gibt uns das Recht!« »Das Gesetz möchte ich erst mal sehen!« »Das Gesetz hier, das sind wir. Und das was wir sagen, das ist Gesetz.« So ist das. Ein Standpunkt, gegen den kein Argument zieht. Ich bin bekannt mit dem Distrikt-Chef von Abalak, und obwohl eigentlich noch keine Veranlassung besteht, weise ich jetzt auf diese Bekanntschaft hin, drohe damit einfach, weil ich von den beiden Schmierentypen genug habe. Das macht sofort Eindruck, sie lenken ein. »Wenn Sie weiter photographieren wollen, holen Sie sich bitte die Erlaubnis oben bei der Polizei auf dem Verwaltungsberg.« »Nein, ich danke, ich habe es satt, hier zu photographieren. Im übrigen danke ich Ihnen ganz herzlich für die freundliche Art, wie Sie hier Touristen behandeln.«

Immer noch zornig mache ich mich auf den Weg zurück zum Wagen. Abdullahi gesellt sich wieder zu mir. »Die beiden haben schon mehr Haß auf sich geladen als alle anderen Einwohner von Abalak zusammen! Du wirst schon sehen, eines Tages haben die beiden ein Messer im Rücken. Aber die trauen sich bei Nacht schon gar nicht mehr auf die Straße!« Ich bin deprimiert. Was hat mir da vor kurzem ein Bekannter von den Tendenzen zum Polizeistaat in Niger erzählt? Und jetzt das Aufspielen dieser beiden Sicherheitspolizisten! Und die Erlebnisse in Agadez! Hoffentlich sind und bleiben das Randerscheinungen in diesem schönen Land.

Raus aus Abalak. Das schwerste Pistenstück steht uns bevor. Ein wahres Chaos an tiefen Spurrinnen in Sand und Staub, häufig so tief, daß die Wagen, die ja immer mit zwei Rädern einer Seite entweder auf dem Mittelwall oder außerhalb der Fahrspur gefahren werden müssen, mit den Türen seitlich am Boden streifen oder umzustürzen drohen. Wir kommen schlecht voran, zum Glück ist der Wind durch den Bewuchs so stark gebremst, daß die Sicht wenigstens einwandfrei ist. Ernst blinkt von hinten. »Ich habe eben dort drüben einen Landrover gesehen. Der fuhr eindeutig auf einer Asphaltstraße oder mindestens auf einer ebenen Trasse!« Sollten die Bauarbeiten von Tahoua aus schon bis hierher vorgedrungen sein? Das wäre ja hervorragend, wir würden uns die schlimmsten Pistenteile sparen. Wir steigen auf die Wagendächer, suchen mit dem Fernglas in der Richtung, wo Ernst zuvor den Wagen hat fahren sehen. Es ist nichts zu erkennen. »Die Straße verläuft vielleicht gerade hier in Tieflage, so können wir sie nicht sehen. Ich schlage vor, wir fahren jetzt einfach querbeet dort rüber. Allzuweit war der Wagen nicht weg.« Querbeet! Das ist wieder leichter gesagt als getan. Es hat Dornbüsche und -bäume in Hülle und Fülle, tiefe ausgewaschene Rinnen, im hohen Gras verborgene Steine. So brauchen wir für nicht einmal 2 Kilometer bis zur Straße eine Stunde! Zeitbilanz für einmal Einsanden von Hilde und einmal Plattfuß bei mir. Aber dann die Erlösung! Asphalt! Noch frisch und eingeschottert, aber glatt, eben, fest!

Natürlich ist die neue Strecke noch gesperrt. Aber wir können im Zweifel immer sagen, zufällig daraufgekommen zu sein. Drum auf nach Westen mit Tempo 80!

Schließlich, an einer quer über die Straße aufgebauten Barriere rennt ein Tuaregwächter von seinem Wachzelt auf die Straße. Jetzt gibt's Schwierigkeiten. Oder? Nein! Der rollt zwei als Sperre aufgestellte Benzinfässer auf die Seite, so daß wir zügig passieren können, grüßt uns sogar freundlich!

Jetzt sind wir ganz legal auf dem Asphalt, schnell und problemlos kommen wir nach Tahoua.

Das Hotel in Tahoua! Nur wer die chaotische Piste von Agadez nach Tahoua bewältigt hat, kann ermessen, welche Wohltat dieses etwas heruntergekommene Etablissement darstellen kann! Gemütlicher ›Hock‹ auf der Terrasse, dann werden wir zum Essen hineingerufen. Es gibt Hähnchen, Reis und Salat und – als Krönung nach all dem Staub – kühles gutes Bier in unbegrenzten Mengen. »So schnell geht das! Morgen sind wir in Niamey, und wenn wir Glück haben, übermorgen oder einen Tag später wieder zu Hause. Tja, die Reise ist hier eigentlich schon zu Ende!«

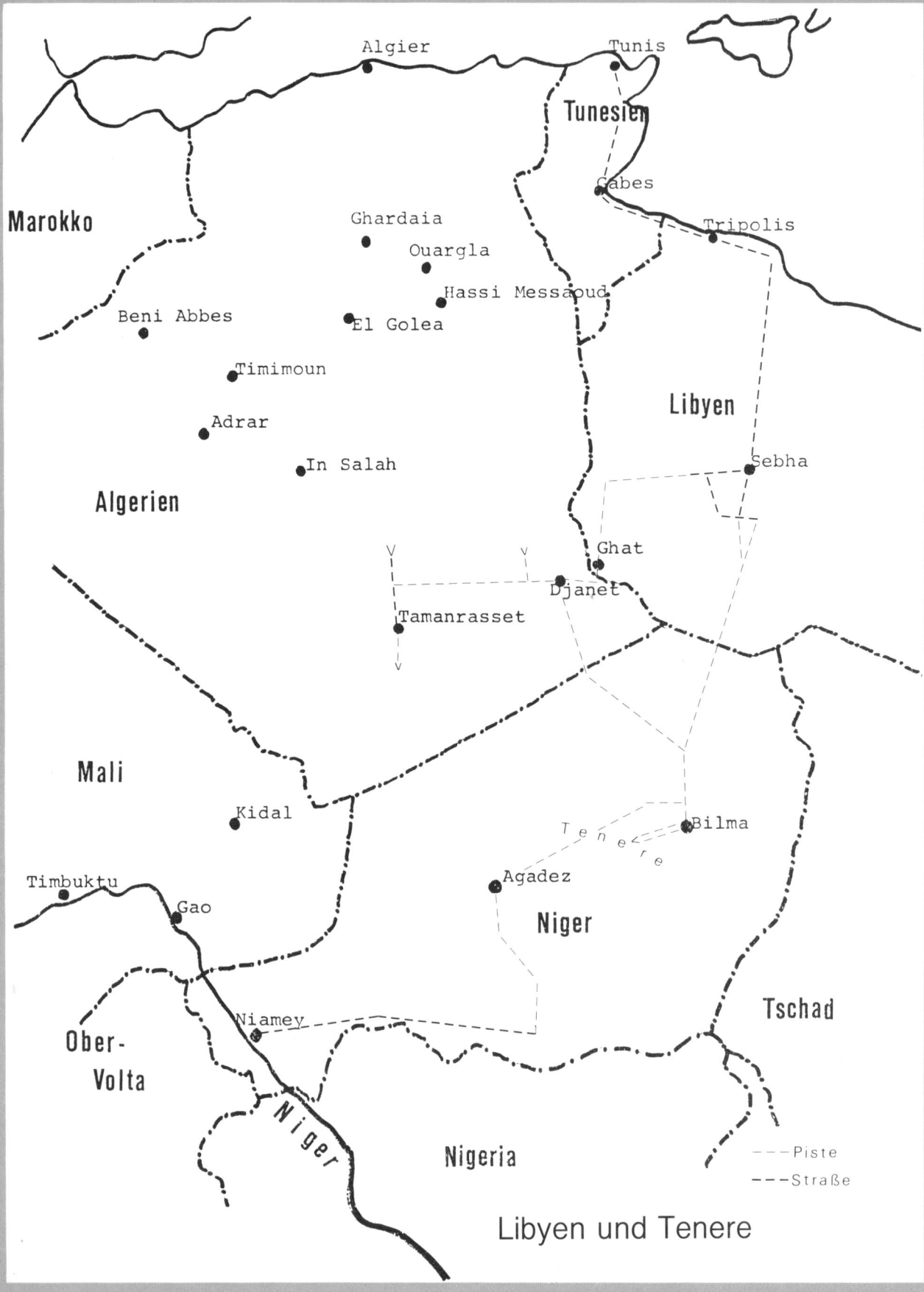

Libyen und Tenere

Durch Libyen und Tenere

1 Die Februar-Reise

Bilma heißt der Ort, liegt im äußersten Nordosten der Republik-Niger, umgeben von Sand, Sand und nochmal Sand. Aber dort wird Salz gewonnen und das macht die Bedeutung dieser >verschollenen< Oase aus.

Seit ich mich mit der Sahara beschäftige, und das tat ich schon in Schulbankträumen, hoffte ich, eines Tages nach Bilma zu kommen. Bilma – das war das Ziel dieser Reise! Zwei gute und gutausgerüstete VW-Busse standen uns zur Verfügung, Schwager Til, mehrfach bewährter Wüstenreisekumpan war mit von der Partie, von seiner Seite her noch sein Freund Claus, von meiner Seite mein Bekannter Niels. Über Tunis und Tripolis gelangten wir zügig auf Asphalt nach Süden bis Sebha und Um el Araneb. Hier hatten wir auf einer Reise im Jahr zuvor Bekanntschaft mit Deutschen geschlossen, die dort bei einem gigantischen Agrar-Entwicklungsprojekt tätig waren. Sie verschafften uns auch diesmal wieder die Möglichkeit, die Werkstatteinrichtungen des Camps für unsere Pisten-Vorbereitungen zu benutzen.

*

3. FEBRUAR, DONNERSTAG

Wir kommen schwer aus den Federn! Erst um 7 Uhr sind wir munter, das Wetter ist klar und sonnig, 7 Grad Celsius. Wir können die Werkstatteinrichtungen des Camps benutzen, um unsere Wagen wüstenfein zu machen. Abschmieren, Ölwechsel, Kontrolle von Zündzeitpunkt, Vergasereinstellung. An meinem Bus hat in letzter Zeit der Anlasser ab und zu ausgesetzt, wir bauen ihn aus, reinigen ihn, stellen die elektrischen Anschlüsse neu her. So vergeht der Vormittag. Nach den Autoarbeiten tätigen wir noch ein paar Einkäufe in Araneb. Wir werden die nächste Zeit keine Einkaufsmöglichkeiten mehr vorfinden, auf dem Weg durch eines der trockensten Gebiete der gesamten Sahara.

Um die Mittagszeit herum verabschieden wir uns, es geht auf Piste! Obwohl wir vor einem Jahr diese Strecke schon einmal gefahren waren, zumindest Til und ich, haben wir anfangs erhebliche Orientierungsprobleme. Die ausgedehnten Bau- und Erdbewegungsarbeiten in Zusammenhang mit dem riesigen Agrarprojekt haben die Landschaft voll-

149

kommen verändert. Doch dann finden wir den Dünenzug, einen Ausläufer des Edeien von Murzuk, der sich wie ein Finger von diesem riesigen Dünengebiet ausgehend weit nach Osten erstreckt, sich uns quer in den Weg legt und den wir überqueren müssen. Schon im Vorfeld des Dünenzuges haben wir erhebliche Mühe und sanden zweimal ein. Der Sand ist dieses Jahr sehr viel weicher als im Jahr zuvor. Wir müssen den Luftdruck noch weiter ermäßigen, als wir es zuvor auf der Piste schon getan haben. Dann finden wir die sogenannte ›Fähnchendüne‹. Sie ist mit einer Markierung versehen worden, um den Wüstenreisenden den besten Einstieg durch den Dünengürtel zu zeigen. Unsere Busse haben erhebliche Mühe, den Dünengürtel zu überwinden, und wir freuen uns, als wir endlich auf dem Südabhang der Dünen stehen, vor uns jetzt nur noch ein einigermaßen gut befahrbares Sandfeld.

Die Sonne knallt vom klaren Himmel, der helle Sand reflektiert das starke Licht. Wir haben den Eindruck, es sei sehr heiß, aber das Thermometer belehrt uns eines besseren – es hat auch um 14 Uhr nur 23 Grad.

Wir richten unseren Kurs exakt nach Süden und los geht es, hinaus auf das weite dimensionslose Sandfeld. Es ist vollkommen spurenlos, liegt vor uns wie ein unberührtes Schneefeld. Es macht richtig Spaß, Spuren hineinzuziehen. Til fährt voran, ich bleibe leicht versetzt in seiner Spur, die Sonne weißt uns den Weg nach Süden. Es kommt wieder jenes Gefühl einer unbändigen Freiheit auf – egal wohin du hier fährst, was du hier tust und machst, egal. Sandebene, unberührte Fläche, unendlich erscheinend. Niels neben mir macht mich auf zwei eigenartige dunkle Gebilde aufmerksam, die von links her in Richtung unserer Spur über dem Horizont zu schwimmen scheinen. Was kann das sein? Auch Til und Claus haben die eigenartigen Gebilde bemerkt und halten an. »Können das schon vorspringende Felsteile des Bergkammes sein, auf den wir zufahren?« »Wenn mich nicht alles täuscht, bewegen sich die Dinger! Schau doch mal, bei allem Hin- und Hergeschwimme, die bewegen sich von Ost nach West!« »Die müssen riesig sein! 30, 40 Meter hoch. Das kann doch nur etwas Natürliches sein. Mensch schau mal, da ist noch ein drittes Objekt!« Wie eingeblendet taucht tatsächlich schlagartig ein drittes derartiges Gebilde auf, verschwindet immer wieder mal kurzzeitig. Es ist klar, die Luftschichtung spiegelt das Objekt immer wieder aus. Aber was kann das sein? Wir steigen auf die Dächer der Autos, nehmen die Ferngläser. Unklar! Wir werden einfach weiter darauf zufahren, dann wissen wir es bald. Eine halbe Stunde weiter ist klar, daß sich die Objekte tatsächlich bewegen und daß sie eine Farbe haben, rot und weiß. Wieder etwas später ist auch klar, daß es sich um Fahrzeuge handelt, riesige, unglaublich große Fahrzeuge. Dann sind wir dort, ihre Reifen sind gerade doppelt so hoch wie unsere Busse, enorme maschinelle Giganten, die zudem noch mit siloartigen Gebilden von gut zehn Meter Höhe beladen sind. ›Sanata-Fe-Corporation‹ steht auf den Fahrzeugen, einer der Fahrer ist Deutscher, kurzer Schnack. »Wir verlagern eine Bohrstelle aus dem Gebiet von Zouila runter nach Gatrun.« »Da wollen wir auch hin.« »Bei euch wirds etwas schneller gehen! Wir kommen nicht über 5 Stundenkilometer.« »Dafür bewegt ihr aber auch einige Tonnen…!« Für uns ist es gut zu wissen, daß wir hier auf dem richtigen Weg sind, die ›Santa-Fe-Leute‹ haben nämlich in Begleitfahrzeugen ortskundige Führer dabei, und die werden ja wissen, wo es lang geht. Aber auch so sind wir uns ziemlich sicher, auf dem richtigen Weg zu sein. Da ist diese Steilstufe, die im Süden jäh aus der Sandebene aufragt, in angemessenem Abstand zu ihr müssen wir jetzt nach Westen abbiegen, uns immer längs zu ihr halten. Später weicht die Steilstufe nach Süden aus, jetzt biegen auch wir nach Süden ab. Es

gibt wieder Spuren, mehr und mehr, sie verdichten sich zu einer Art Piste, auch Markierungen tauchen wieder auf. Das Gelände wird fester, wir fahren häufig im vierten Gang. So taucht schon rasch die Bewuchszone im Westen auf, die sich von Norden her bis zur Oase von Gatrun erstreckt. Diese Bewuchszone dient uns jetzt als Orientierung. Mit den letzten Sonnenstrahlen fahren wir in Gatrun ein. Auch hier, wie in ganz Libyen, fällt uns wieder auf, mit welcher Intensität die Libyer auch noch die kleinsten Oasendörfer modernisieren. Da werden ohne Rücksicht auf gewachsene Strukturen ganze Ortskerne planiert und statt dessen hochmoderne Betonsiedlungen erstellt. Der Baustil läßt darauf schließen, daß an Kosten nicht gedacht wird. Die Tankstelle in Gatrun, eine nagelneue Anlage, ist dementsprechend mit allem modischen Schnick-schnack ausgerüstet. Nachteil nur: Die neuen Maschinen funktionieren mangels Wartung schon nicht mehr. Zum Glück gehen aber die Pumpen, so können wir die Tanks und Reservekanister füllen. Auch Wasser ist in Hülle und Fülle da, wir fassen je Fahrzeug 100 Liter. Schlußendlich, als Krönung gewissermaßen, dürfen wir dann noch die Dusche der Station benutzen. Herrliches warmes Wasser aus dem Elektroboiler – eine Wohltat nach dem heutigen Sandel-Tag!
Etwas außerhalb der Ortschaft suchen wir einen netten Platz unter Palmen. Kaum ist die Sonne untergegangen, wird es merklich kalt.

4. FEBRUAR, FREITAG

Wir stehen kurz nach 6 Uhr auf, es hat 3 Grad! Brrrr. Nach kurzem Frühstück und mehr oder weniger oberflächlicher Wäscherei fahren wir rein nach Gatrun, zur Polizei. Der Diensthabende dort ist unfreundlich. In sehr barschem Ton verweist er uns darauf, daß heute Freitag sei, mithin Feiertag

für ihn. Wir sollen morgen wiederkommen, und überhaupt, englisch bräuchten wir dann nicht mehr mit ihm zu reden, hier spräche man arabisch!
Mit hängendem Kopf ziehen wir uns wieder auf unseren Lagerplatz zurück, holen in der Sonne das Frühstück nach, räumen, säubern, vertrödeln die Zeit. Gegen Mittag fällt uns ein, daß wir da ja noch ein Empfehlungsschreiben haben. Mit diesem versuchen wir noch einmal unser Glück bei der Polizei. Aber leider ist der Adressat des Schreibens schon am Mittwoch ins Wochenende gefahren und so werden wir ebenso barsch wie zuvor abgewiesen. Wir sammeln Holz, bummeln durch die ausgestorbene Oase. Abends kochen wir ausführlich. Da wird so manche Büchse geschlachtet – das erleichtert die Wagen für die kommende schwere Wüstenstrecke.

5. FEBRUAR, SAMSTAG

Kurz nach 6 Uhr sind wir auf den Beinen, es hat nur 2 Grad! Zum Glück haben wir vom Vortag noch Holz zurückgehalten, auch ist die Feuerstelle noch so warm, daß wir schnell wieder ein wärmendes Feuer zustande bekommen. Sehr früh sind wir wieder bei der Polizei. Der gestern so unfreundliche Uniformierte ist heute am frühen Morgen bester Laune, er scherzt mit uns herum, seine Arabisch-Forderung scheint er ganz vergessen zu haben. Er dokumentiert uns, daß er sogar einige Brocken deutsch, ebenso französisch und italienisch beherrscht. So sind wir schnell abgefertigt.
Beim Zoll heißt man uns erst mal warten. Wir trinken in einem hochmodernen arabischen Cafe mit krächzender Koran-Musik Tee. Ein Zöllner gesellt sich dazu. Es stellt sich heraus, daß der Zoll-Chef, ohne den natürlich nichts läuft, noch schläft. Irgendwann kommt der ›große Boss‹ dann angeschlurft. Er fühlt sich durch unsere Anwesenheit an

151

Folgende Doppelseite: In den Dünen von Ubari

dem für ihn noch sehr frühen Morgen offensichtlich erheblich gestört und fertigt uns widerwillig und unfreundlich ab. Die libyschen Autokennzeichen werden wieder zurückgegeben, neue Grenzpapiere und ein Begleitschreiben für die im Süden gelegenen Kontrollstationen ausgefertigt. Zu allem Überfluß weißt er dann auch noch seine Untertanen an, unsere Fahrzeuge heftig zu filzen. Das bedeutet für uns erhebliche Räumarbeit. »Was denkt der eigentlich, was wir aus seinem beschissenen Land rausschmuggeln könnten? Vielleicht den Streichkäse aus Finnland? Oder die geschmacklosen Büchsenfrüchte aus China?« »Na gib mal Ruhe, so ist das eben an Grenzstationen!« »Natürlich, du hast ja recht, aber der Fettwanst kann einem ganz schön auf den Wecker fallen.« Schließlich sind wir jedoch fertig, raus geht es, raus auf die Piste nach Süden.

Wir kommen gut voran. Ein kiesiger nur leicht welliger Untergrund erlaubt ein regelmäßiges Vorankommen bei gutem Tempo. Dann verlieren sich plötzlich die Spuren, jeder fährt in eine andere Richtung. Wir stehen vor einem Steilabfall, an dessen Fuß die Kontrollstation Loueur liegt. Wir erkunden den besten Abstieg erst einmal zu Fuß. Tiefe Spuren wurden von früheren Fahrzeugen hier hinterlassen und bieten deutliche Anhaltspunkte für die Schwere der einzelnen Abfahrtsmöglichkeiten. Ich entschließe mich zu einer steilen sandigen Rinne, die anschließend auf eine Hochfläche führt, die von sehr weichen und kurzen harten Stellen durchsetzt ist. Der Bus kippt über die Kante, ein erschreckendes Gefühl, man hat den Eindruck, der Wagen stellt sich auf den Kopf, aber dann rutschen wir hinab, im zweiten Gang schiebt sich der Bus von harten Flächen zu harten Flächen vor, etwas mühsam kommen wir bis zur Kontrollstation. Til hat uns beobachtet, er bleibt dennoch bei seinem Weg. Wir können jetzt beobachten, wie er oben über den Abbruch hinabfährt. Er hat eine weniger steile

Stelle gewählt, gleichmäßig abfallend, aber sehr weich. Er kommt nicht weit, bleibt kaum 500 Meter weiter hängen. Der Chef des Kontrollpostens hat sich inzwischen zu uns gesellt. Als er jetzt sieht, daß Til hängenbleibt, gibt er einem Fahrer Anweisungen, ihm Hilfe zu bringen. Ein Militär-Lkw, Allrad mit Zwillingsachsen, fährt los, hängt den Bus von Til an und schleppt ihn bis zur Kontrollstation.

Die Abfertigung verläuft rasch und problemlos, schnell sind wir wieder auf der Piste, die jetzt durch hügeliges Gelände führt und die ganze Aufmerksamkeit erfordert. Die Markierungen sind schlecht und oft nicht vorhanden, die Spuren dagegen immer eindeutig. Nur die Abzweigung, die wir nach einiger Zeit wählen müssen, ist kaum zu erkennen. Wir halten uns einfach vorsichtshalber an die Spurenbündel, die tendenziell in unsere Richtung führen, und geraten so glücklich auf die richtige Piste. Wieder haben wir einen Abbruch vor uns, die Hochfläche davor ist schon eine Strapaze für sich. Wir sanden in einem Gemisch von Steinen und sehr weichem Sand mehrfach böse ein. Nur mit Hilfe von Sandblechen und Maschendraht kommen wir wieder frei. Riesige Steine liegen in der Spur, die den Abhang hinterführt. Wir müssen erst einmal Platz schaffen. Das Risiko, an einem solchen Stein Ölwanne oder Achsaufhängung zu beschädigen ist doch zu groß. Am Abhang steht schon ein eingesandeter Lkw, der bergauf will. Von ihm erfahren wir, daß wir auf der richtigen Piste nach Toummo sind. Außerhalb der eigentlichen Hauptspur ziehen wir an ihm vorbei, den Berg hinab. Die neidvollen Blicke der Lkw-Besatzung sind geradezu zu spüren. Sie haben es bergauf nicht so einfach.

Die Piste läßt einfach keine Geschwindigkeit zu! Immer zweiter oder dritter Gang, mehrmals bleiben wir in kurzen weichen Sandstücken hängen, da große Steine ein schnelles Einfahren verhindern. Ein mühsames Vorankommen in einer nicht weiter interessanten Hügellandschaft. Die Sonne geht unter, wenig später ist es dunkel. Wir fahren noch einige Kilometer im Licht der Scheinwerfer, die Spur ist eindeutig zu erkennen. Dann kommen wir an einen Aufstieg, der es in sich hat! Wieder verzweigen sich die Spuren rechts und links, immer ein deutliches Zeichen für eine schwierige Stelle, jeder sucht seitlich nach dem besten Durchgang. Natürlich haben wir jetzt bei Nacht keinen Überblick, der begrenzte seitliche Bereich der Scheinwerfer verhindert, daß wir die besten Flächen finden. So sanden wir nicht weit voneinander entfernt beide heftig ein. Wir nehmen dies zum Anlaß, die Fahrerei für heute einzustellen. Morgen wird's besser gehen.

6. FEBRUAR, SONNTAG

Alpträume bei Nacht! Wir attackieren den Hang erfolglos, er weicht immer wieder vor uns zurück, immer wieder quälen wir uns durch dieselben Stellen und haben sie doch nicht bewältigt. Im Licht des Tages sieht es dann etwas anders aus! Schon vor dem Frühstück erkunden wir zu Fuß die besten Möglichkeiten. Große Felsplatten werden uns als Zwischenstationen dienen, von diesen Ruhestellen aus wird dann immer wieder ein neuer Anlauf möglich sein. Aber der verfluchte Hang hat es in sich! Unter dem scheinbar tragfähigen Sand hat es tiefe grundlose Staubkuhlen. Schließlich laden wir aus, tragen die vollen Benzin- und Wasserkanister zu Fuß den Hang hoch. Mit den leichteren Wagen schaffen wir es dann. Oben angekommen müssen wir feststellen, daß es eine wesentlich bessere Umfahrung gegeben hätte. So ist das eben, wenn man bei Nacht fährt! Dann gerät man immer in die teuflischsten Löcher!

Um 10.30 Uhr sind wir in Toummo. Riesige Antennen haben uns die Grenzstation schon von weitem angekündigt. Unsere Pässe und Papiere werden überprüft, alles verläuft schnell und problem-

los. So sind wir wenige Minuten später über der Grenze, außerhalb Libyens, im Niger. Nach ungefähr 100 Kilometern, die jetzt durch besseres Gelände verlaufen, erreichen wir hier die Grenzstation Madama, ein altes Wüstenfort im Banko-Stil. Hier existiert sogar eine einfache Landepiste, nichts als eine ebene Sandfläche. Ein defektes Kleinflugzeug steht dort. Wie uns die Grenzbeamten mitteilen, sollte mit diesem Flugzeug ein Verunglückter bei einer Rallye ausgeflogen werden. Bei der Bruchlandung hat es dann weitere Verletzte gegeben, so daß im Endeffekt mehrere Rettungsflugeinsätze notwendig wurden. Keine schöne Vorstellung, hier, sozusagen am Ende der Welt, zu verunglücken. Die Grenzabfertigung verläuft ohne Probleme, die Wagen werden auf eine freundliche und harmlose Art gefilzt. Die Grenzbeamten machen dabei einen sehr nervösen Eindruck, da trennt sich keiner zu keinem Zeitpunkt von seinen Waffen, die Ausgucktürme starren vor Waffen, überall Maschinengewehrnester. »Vor wem fürchten sich die Soldaten hier?« »Wir sind von allen Seiten nur von Banditen umgeben, im Norden die Libyer, im Osten die Tschad-Rebellen und im Süden die regulären Tschad-Truppen, alles Banditen. Es gibt hier fast wöchentlich irgendwelche Übergriffe!« Da wundern wir uns über das militärische Gebahren natürlich nicht mehr. Aber welche Chancen hat schon ein derart isolierter Wüstenposten im Falle eines direkten Angriffs?

Die Piste wird wieder wechselhaft, viel weicher Staub. Sie macht den Eindruck, als sei seit Wochen kein Fahrzeug mehr gefahren. Ein Landroverkonvoi kommt uns entgegen, nigerisches Militär. Sie halten an, sind sichtlich über diese Begegnung erfreut. »Wie konntet ihr es nur aushalten bei diesen verrückten Libyern! Kein Alkohol! Keine Frauen!« Nun, wir konnten bisher beides leicht verschmerzen, aber als sie uns jetzt Whisky anbieten, merken wir doch, daß wir alkoholgewöhnten Europäer auf einiges verzichten mußten! Schnell sind wir ganz schön beschickert, es ist gut, daß schon früher Abend ist. Weit hätten wir derart angeheitert nicht mehr fahren können. Wir finden wenige Kilometer weiter bei Mabrous Timidinga einen hervorragenden Nachtplatz. Große Tamarisken-Kupsten bieten Windschutz, es gibt Holz in Hülle und Fülle. Die Wüste ringsum macht einen absolut reinen und unberührten Eindruck.

7. FEBRUAR, MONTAG

8 Grad beim Aufstehen. Wir genießen bei einem relativ gemütlichen Frühstück noch einmal die Umgebung, die uns schon am Abend zuvor so gut gefallen hat. Dann geht es wieder auf die entnervende Piste. Sie bietet heute nur einen Vorteil: Die frischen Spuren der gestrigen Militärpatrouille. Wir wissen ja, daß sie von Dao Timni kam und müssen uns im Zweifel nur an ihre Reifenabdrücke halten. Aber sonst! Es geht und geht nicht voran! Erst hat Til einen Plattfuß, dann schneide ich mir einen Reifen auf. Dann sanden wir wieder und wieder ein. Besonders der 50-PS-Bus tut sich sehr schwer. Auf Schritt-Tempo-Piste erreichen wir Dao Timni fast genau um 12 Uhr. Dort gibt es erst einmal großen Ärger, die Mannschaft ist auch hier über Gebühr nervös, Pässe und Kameras werden uns abgenommen. »Sie haben oberhalb des Forts angehalten und die militärischen Anlagen photographiert!« Natürlich haben wir vor Dao Timni mehrfach angehalten, da war einmal in einer Sandkuhle ein Stein beiseite zu räumen, dann mußte an Tils Wagen die vordere Blechwanne neu befestigt werden. Zu diesem Zeitpunkt war uns leider noch gar nicht bewußt, daß wir schon in unmittelbarer Nähe des Grenzpostens waren. »Hat einer von euch bei den Kurzhalten photographiert?« »Nein! Keiner!« Wir verlangen eine Gegenüberstellung mit dem

Posten, der uns angeblich durchs Fernglas beim Photographieren beobachtet hat. Aber natürlich wird uns das verweigert. Und jetzt beginnt wieder diese Warterei. Zunächst können wir uns die Zeit noch damit vertreiben, Essen zu kochen, Schläuche zu wechseln, Wartungsarbeiten durchzuführen. Aber bald ist alles erledigt und jetzt werden wir ungeduldig. Wir stacheln uns gegenseitig auf und gegen 16 Uhr dringen Claus und ich wütend ins Fort ein. Bis in den Innenhof gelangen wir unbemerkt, dort sitzt die ganze Mannschaft unter lautem Gespräch und Gelächter beim Kartenspiel. Als sie uns bemerken, springen sie auf, greifen zu den Waffen. Der Kommandant dringt auf uns ein, wird handgreiflich: »Wenn Sie es noch einmal wagen, hier hoch zu kommen, werfe ich Sie ins Gefängnis!« Unsere Wut ist im Nu verraucht, natürlich war unser Vorgehen nicht richtig. Hoffentlich wirkt sich das jetzt nicht um so schlimmer für uns aus. Aus dem ungeduldigen wird jetzt ein banges Warten. Einige Zeit später verläßt der Kommandant mit einem Landrover das Fort. Was hat das zu bedeuten? Wir sind stark verunsichert. Einer der Soldaten kommt, leiht sich bei uns einen Schraubenschlüssel, den er wenig später wieder zurückbringt. Er weiß aber nichts über das weitere Vorgehen gegen uns zu berichten. Während wir noch mit ihm reden, kommt der Kommandant wieder zurück, der Soldat versteckt sich hinter unseren Fahrzeugen, sein Vorgesetzter darf ihn offensichtlich nicht bei uns sehen. In weitem Bogen geht er wieder zum Fort zurück.

Kurz vor Sonnenuntergang kommen zwei Soldaten im Schlenderschritt den Berg herunter zu uns, sie haben – das sehen wir schon von weitem – unsere Kameras dabei. Erneut beginnt ein Disput. »Sie haben militärische Anlagen photographiert, das ist streng verboten!« »Nein, wir haben vor Dao Timni überhaupt nicht photographiert. Der Posten muß sich getäuscht haben.« »Wir werden die Filme in den Apparaten beschlagnahmen.« »Aber damit zerstören Sie uns die Bilder, die wir zuvor schon aufgenommen haben.« »Können Sie nachweisen, daß Sie das Fort nicht photographiert haben?« »Dazu müßten die Filme entwickelt werden, und das ist uns hier leider nicht möglich, Sie würden sonst leicht sehen, daß wir nichts Verbotenes aufgenommen haben.« »Dann tut es uns leid, aber wir müssen die Filme unter diesen Umständen beschlagnahmen.« So zieht sich das hin und her und her und hin. Aber die Fronten lockern sich mehr und mehr auf. Einer der beiden ist schließlich dafür, uns ziehen zu lassen, wie wir sind. Der andere legt sich noch eine Zeitlang quer, behauptet, der Kommandant würde verlangen, daß die Filme entnommen werden. Doch nach weiteren zähen Verhandlungen gibt auch er nach. Wir bekommen die Kameras unversehrt zurück, die Pässe sind unterschrieben und gestempelt. Die beiden wünschen uns ganz freundlich eine gute Reise. Wir werden diesen Abend wieder mit langen Diskussionen darüber verbringen, warum uns die so lange drangsaliert haben, um uns dann ohne Konsequenzen weiterfahren zu lassen.

So aber sind wir erst einmal erleichtert, aber auch ziemlich ermüdet. Schon wenige Kilometer weiter finden wir einen netten Platz, der dem von Mabrous Timidinga nur wenig nachsteht: Ein kleines Wadi mit Tamariskenkupsten. Es hat einige Tubbu-Hütten dort und die Bewohner bieten uns prähistorische Artefakte zum Kauf oder Tausch an. Als wir gegen 22 Uhr ins Bett sinken, hat es immer noch 17 Grad.

8. FEBRUAR, DIENSTAG

Mit 10 Grad und klarer Sonne erleben wir erneut einen sehr angenehmen Morgen. Wir sind schnell wieder unterwegs, die Piste ist g'führig und so treffen wir schon am frühen Vormittag in Seguedine ein. Seguedine ist die nördlichste der Kaouar-Oasen. Entlang einer von Süden nach Norden verlaufenden Verwerfung staut sich hier das Grundwasser und ermöglicht so die Existenz einer ganzen Reihe von Oasen entlang dieser geologischen Anomalie. Bilma mit seinen Salinen bildet den Schlußpunkt im Süden dieser Oasenkette, die gleich einer geheimnisvollen verwunschenen Welt hinter der unermeßlichen Weite der Tenere-Wüste verborgen liegt. Das war nicht immer so! Früher, vor gar nicht allzu langer noch etwas feuchterer Zeit stellte die von uns jetzt befahrene Piste den wichtigsten Verbindungsweg zwischen Schwarz- und Nordafrika dar. Bekannt unter dem Namen ›Bornu-Straße‹ wurden aus der Tschad-See-Region vor allem Sklaven über Bilma, Seguedine Dao Timni, Madama, und Toummo nach Murzuk als erstem wichtigen nordafrikanischen Umschlagplatz getrieben. Immer wieder hatten wir unterwegs die noch deutlich sichtbaren Bänder dieser alten Karawanen-Straße gequert. Unvorstellbar heute, daß hier Tausende und Abertausende von Füßen diese Spuren in den Boden gedrückt haben!

Seguedine, auch heute noch Salinenort, hat seine Bedeutung längst verloren. Mit dem Vordringen von Meersalz oder großtechnisch abgebautem Steinsalz und damit verbunden einer geringeren Salznachfrage in den Salinen des Kaouar-Gebietes ging auch die Bedeutung von Seguedine noch in jüngster Vergangenheit zurück. Auch die politischen Verhältnisse trugen zum Ausbleiben von Salzkäufern bei, Seguedine gleicht so heute einer Märchenstadt, die nur noch mit ihren Ruinen an längst vergangene Zeiten erinnert. Nicht einmal ein Verwaltungsposten ist hier eingerichtet, obwohl mehrere hundert Einwohner hier leben. Die Flagge der Republik Niger ist nur über dem Schulgebäude gehißt. Die Bewohner sind vor allem Kanouri, schwarzafrikanische ehemalige Sklaven der Tubbu.

Anfahrt auf Seguedine, halbrechts voraus der Pic Zumri, der aus der Ebene aufragt

158

Trübes Licht erschwert die Orientierung. Der Pic Zumri im Hintergrund ist jedoch als Geländemerkmal unverkennbar

Hier seßhaft geworden, verdienen sie sich ihren Lebensunterhalt durch den Verkauf von Salz und Datteln. Die Tubbu, heute eine ihrer ehemaligen Macht weitgehend beraubte Minderheit, haben sich vor allem in den Tschad zurückgezogen. Früher gefürchtete Wüstenräuber, die auch manchem deutschen Afrika-Forscher schwer zugesetzt haben, verstärken sie auch heute noch mit ihren ungebärdigen Denk- und Verhaltensweisen die Gruppen der Frolinat-Partisanen.

Wir bummeln durch die vom Sand halb zugewehten Gassen von Segeduine, besuchen die Salinen. Die Einwohner bieten uns auch hier schöne prähistorische Artefakte an, Pfeilspitzen, Steinbeile. Sie plündern zum großen Ärger der Archäologen die Fundstellen der weiteren und näheren Umgebung, zerstören dabei natürlich die über Jahrtausende gewachsenen Schichten und erschweren damit eine exakte Forschung. Aus diesem Grund wurde das Aufsammeln und Ankaufen solcher Artefakte auch unter strenge Strafe gestellt und wehe dem Touristen, der in Dirkou oder Agadez bei einer Kontrolle mit einer größeren Zahl solcher Objekte auffällt!

Gegen Mittag fahren wir weiter. Der Pic Zumri ist zunächst unser Wegweiser, ein auffälliger spitzkegliger Berg. Dann orientieren wir uns an der exakt Süd-Nord verlaufenden Kaouar-Falaise. Mit dieser exakten Orientierungsmöglichkeit können wir unsere Fahrstrecke frei wählen. Weiter im Westen scheint der Untergrund fester, so fahren wir so weit westlich, daß wir die Falaise gerade noch erkennen. Es hat 28 Grad, aber irgendwie ist es drückend, fast schwül.

Durch exakte Messung auf der Karte und mit Hilfe des Kilometerzählers navigieren wir uns zum Lac Arrigui, einem flachen See, der sich am Fuß des Steilabbruchs befindet. Das Gelände dorthin ist nur sehr schwer zu bewältigen, flache, aber sehr weiche und stellenweise bewachsene Dünen. Wir lassen Tils Bus außerhalb des schweren Geländes stehen, laden alle schweren Dinge in ihn ein. Claus und Til stellen sich dann bei mir hinten auf die Stoß-Stange. Kurz vor dem Hängenbleiben springen sie jeweils ab, schieben und springen rechtzeitig wieder auf. So kommen wir gut an den See. An einem Dünenhang bleiben wir bergabwärts stehen und gehen den Rest zu Fuß. Dichte Palmhaine lassen nur wenige Durchschlupfmöglichkeiten, um bis zum Wasser vorzudringen. Wir werden von wahren Schnakenheeren überfallen und ziehen uns deshalb rasch wieder zurück.

Nach einer Tee-Pause sind wir schnell in Dirkou, dem militärischen Verwaltungszentrum des Kaouar-Gebietes. Für uns ist der Ort besonders wichtig, weil es hier Benzin gibt. Ein Libyer namens Jerome bringt faßweise das billige libysche Benzin über die Grenze und verkauft es dann in Dirkou zu hohen Preisen an jeden, der es nötig hat. Und wir haben es nötig! Die einzige ›Tankstelle‹ im Umkreis von etwa 800 Kilometer – Radius!

Wir haben die Pässe abgegeben, vor morgen sollen wir sie nicht zurückbekommen. So suchen wir uns einen Platz außerhalb des Ortes auf der freien Sandfläche.

Am Abend entwickelt sich zwischen uns vieren eine leidenschaftlich geführte Diskussion. Unser Ziel ist (oder besser gesagt: ›war‹) die Querung des Bilma-Ergs auf dem direkten Weg nach Süden zum Tschad-See. Til und Claus wollen von diesem Vorhaben Abstand nehmen, sie trauen ihrem Bus die Dünen nicht zu. Niels und ich dagegen sind der Ansicht, daß wir ohne einen Versuch das geplante Vorhaben nicht aufgeben sollten. Wir werden uns nicht einig und ohne Beschluß gehen wir sehr spät ins Bett.

9. FEBRUAR, MITTWOCH

Am frühen Morgen sind wir schon auf der Militärstation. Die Eintragungen sind rasch vollzogen. Wir müssen eine Verantwortlichkeitserklärung unterschreiben, nach der wir für uns selbst verantwortlich sind. Andernfalls hätten wir einen teuren Führer mitnehmen müssen.

Die Strecke nach Süden, Richtung Bilma, läßt sich nicht schlecht an. Wir kommen zügig voran, häufig fahren wir Tempo 70, wobei man berücksichtigen muß, daß praktisch keine Piste vorhanden ist. Mehr als schwache Spuren sind nicht erkennbar. Nach 20 Kilometern queren wir etwas mühsam einen flachen Dünenzug, danach wird das Gelände schwieriger, häufig müssen wir uns im zweiten Gang durchquälen.

Wir fahren in Bilma ein! Die Oase überrascht zunächst einmal durch einen perfekten Kreisverkehr am Ortseingang! Die zweite Überraschung sind die vielen schattigen Bäume, die die Straße im Zentrum säumen. In den Häusern rechts und links davon sind kleine Boutiquen, das Angebot ist allerdings mehr als dürftig. Aber was will man auch erwarten? Normalerweise kommen hier mehr Kamele an als Fahrzeuge! Wir gehen zunächst zur Polizei, da wir wahrscheinlich auf den Stempel im Paß warten müssen. Sie wollen uns auf morgen vormittag vertrösten, aber als sie hören, daß wir bereits am gleichen Nachmittag wieder weiterfahren möchten, lassen sie sich auf den Spätnachmittag als Termin ein. Wir bummeln durch den Ort. Auf dem noch aus der französischen Zeit stammenden Postamt können wir sogar ein Telegramm aufgeben (das allerdings nie angekommen ist). Die Atmosphäre ist beeindruckend. Überall Senegalfinken, die zwitschernd aus und ein fliegen und im Gebälk des Postamtes ihre Nester bauen.

Dann besuchen wir die Salinen, die allerdings wie tot und ausgestorben daliegen. Kein Mensch arbei-

tet, nur eine sehr kleine Karawane mit fünf Kamelen lagert in der Nähe der Süßwasserquelle, die auch wir uns als Standort für den Nachmittag auserkoren haben. Ich bin sehr enttäuscht! Das hatte ich mir anders vorgestellt. Hunderte von Kamelen, geschäftiges Treiben beim Salzhandel, das waren meine Wunschvorstellungen. Und jetzt das!

Wir werden uns darüber einig, daß wir zunächst versuchen werden, über Fachi nach Agadez zu kommen. Das ist eine Kompromißlösung, der Mittelweg zwischen der Querung des Ergs direkt nach Süden und der Ausweichroute über die Falaise von Achegour. So fahren wir am späten Nachmittag zurück in den Ort und bekommen auch tatsächlich unsere Pässe schon wieder. Auch hier müssen wir die schon bekannte Verantwortlichkeitserklärung unterschreiben, nach der wir keinem die Schuld zuschieben können, wenn uns auf der gefährlichen Piste etwas zustößt.

Vorbei am ehemaligen Leuchtfeuer des alten Landeplatzes von Bilma verlassen wir die Oase, finden auch schnell die Eisenstangenmarkierungen. Vor uns liegen die ersten Dünengürtel. Ungeschickterweise hatten wir zuvor den Luftdruck nicht abgesenkt, so bleiben wir schon in einem der ersten Dünentäler dick hängen. Bis wir wieder beide Busse auf einer einigermaßen festen Sandinsel haben, ist es dunkel. Wir bleiben an Ort und Stelle.

In Bilma konnten wir Wein kaufen, die Flasche für 10,– DM. Aber den Luxus *mußten* wir uns leisten, gewissermaßen als Belohnung für unsere Ankunft in Bilma. Jetzt haben wir die kleinen Flaschen schnell leer. Ein paar Büchsen Pichelsteiner-Eintopf vervollständigen das luxuriöse Abendmenü.

10. FEBRUAR, DONNERSTAG

Wir stehen schon um 5 Uhr auf, der Sand ist in der Kälte noch tragfähiger. Es hat 6 Grad, vor Sonnenaufgang sind wir schon unterwegs. Der Sand ist zwar weich, aber wir kommen dennoch gut voran, nur der dritte Gang – der ist überflüssig. Plötzlich ist Til hinter mir verschwunden. Wir warten zunächst, in der Hoffnung, daß er rasch auftauchen wird. Aber er kommt und kommt nicht. So drehen wir um und finden ihn an einer der sanften Steigungen, ziemlich hoffnungslos im Sand versackt. Die kleine Maschine zieht einfach nicht genug. Til ist nervös, er will die Strecke nicht riskieren. So fällt gezwungenermaßen der Entschluß zur Umkehr. Ich bin enttäuscht, aber es hat keinen Sinn, als einziger eine riskante Strecke gegen die Meinung der anderen durchzusetzen.

Es ist erst 8 Uhr, als wir uns auf den Rückweg machen. Wir fahren an Bilma vorbei, sind schnell wieder in Dirkou. Auch hier halten wir uns in Ortsferne, um nicht noch einmal beim Militär aufgehalten zu werden. Es geht hinaus in die weite Ebene des Tenere.

Tenere! Was rankt sich nicht an Geschichten und Erzählungen über Unglücks- und Zwischenfälle um diese Wüste in der Wüste. Tenere – das ›Land da draußen‹ – eine fast ungegliederte sandige und kiesige Ebene, dimensionslos, unendlich. Ein Eindruck, der besonders dann auftritt, wenn durch die überhitzte Luft in Bodennähe Erde und Himmel am Horizont fast ohne Grenze miteinander verschwimmen. Es gibt wohl keinen Wüsten- oder besser Saharakenner, der nicht davon träumt, einmal dieses abgelegene Eck zu durchqueren. Ich aber habe jetzt nur eines im Sinn: So schnell wie möglich Agadez zu erreichen, so schnell wie möglich diese Reise zu Ende zu bringen, die mich doch nicht an die gesetzten Ziele gebracht hat!

Wir kommen gut voran. Nur einmal sanden wir 50 Kilometer nach Dirkou an der Z-Düne ein. Dann geht es wieder zügig weiter. Cram-Cram taucht auf, die Sudanklette. Immer wieder finden wir auch weite Flächen bewachsen von spärlichem Gras.

Diese Strecken sind besonders unangenehm, da sich praktisch an jedem Halm ein kleiner Sandhaufen angelagert hat, der der Federung und den Stoßdämpfern der Wagen hart zusetzt. Und zwischen den Huppeln ist der Sand sehr weich. Die Temperatur ist nicht hoch, dennoch werden die Motoren heiß, so daß wir ab und zu Abkühlungspausen einlegen müssen.

Mein Wagen schluckt ganz schön Öl! Eben habe ich den 5-Liter-Kanister angebrochen. Aber falls das Motoröl nicht genügen sollte – es ist noch dickflüssiges Getriebeöl da, das verheizt sich nicht so schnell! Wir machen uns vorläufig keine Sorgen. Über die harmlose Falaise von Achegour und dem Brunnen dort mit seinem klaren, kalten Wasser geht es Kilometer um Kilometer nach Westen. Die Etappen werden nur durch den Tachometer bestimmt, das Gelände weißt keine Strukturunterschiede auf. Die Nacht bricht herein. Da genug Spuren vorhanden sind wollen wir die Kühle nutzen, um noch ein Stück voranzukommen. Doch dann geraten wir in ein weiches Stück, sanden wieder und wieder ein. Wir quälen uns von Sandbrett zu Sandbrett. Nach einer Stunde haben wir gerade 3 Kilometer geschafft, für die nächsten zwei schuften wir fast bis Mitternacht. Wir sind vollkommen geschafft! Ein Fahrzeug kommt von hinten, vermutlich der Miltär-Lkw, von dem wir schon in Dirkou hörten, daß er nach Agadez fahren würde. Wir warten auf ihn. Doch der Wagen weicht weit nach Norden aus, so weit, daß wir seine Scheinwerfer nicht mehr erkennen können. Erst im Westen von uns kehrt er wieder auf die Spur zurück, wir können seine Rücklichter gerade noch erahnen, das Geräusch seines Motors dringt in dieser unfaßbaren Stille noch lange zu uns. So ist das – wer sich auskennt, bleibt nicht wie wir mitten in der Sch… hängen!

Die Tankstelle von Dirkou

Der weltberühmte ›Arbre du Ténéré‹, jetzt im Nationalmuseum der Republik Niger

164

11. FEBRUAR, FREITAG

Schon früh am Morgen sind wir wieder unterwegs, durch die weichen Sandfelder nach Westen, stetig, gleichmäßig. Ebene, nichts als Ebene, weite, sandig-weiche unendliche Ebene. Gegen Mittag erreichen wir wieder ein Geländemerkmal – ein künstliches! Hier stand einst ein Baum, der berühmte ›Arbre du Tenere‹. Erst wurde er ein Opfer der Dürrekatastrophe der frühen siebziger Jahre, dann lieferte ihn vollends ein Lkw-Fahrer. Jetzt steht er lackiert und unter Dach im National-Museum des Niger in Niamey, an seiner Stelle ein Eisenbaum aus verschweißten Wasserrohren und hinter einer niedrigen Mauer – ein kleines Nachfolgebäumchen, angewiesen auf die Wasserspenden der durchkommenden Wüstenreisenden, die ihm aus mehr als 50 Meter Tiefe ein bißchen Wasser aus dem Brunnen heraufziehen.

Wir nähern uns den Ausläufern des Air-Berglandes. Hier versammeln sich alljährlich die Karawanenleute mit ihren Kamelen, um dann in wochenlangen Fußmärschen die Tenere-Wüste zu durchqueren und in Bilma oder auch Fachi Salz einzuhandeln, mit diesem zurückzukehren, es zu verkaufen, um sich so den wichtigsten Beitrag für ein weiteres Jahr Überleben zu erarbeiten. Mit den Bergen treten Steine auf, Hügel und Täler, trockene, schwer zu bewältigende Flußbetten, Bewuchs und Staub. Die reine Wüste bleibt zurück. Wir nehmen es mit Bedauern hin, was bleibt uns anderes übrig. In einem der Wadis treffen wir auf eine Tuareg-Gruppe. Wir beschenken die Leute überreichlich mit unseren Notvorräten, die wir jetzt ja nicht mehr benötigen, so kurz vor Agadez und mit dem nicht realisierten Ziel des Bilma-Ergs, von dem wir ausgegangen waren, als wir die Vorräte anlegten.

12. FEBRUAR, SAMSTAG

Wir sind nur noch wenige Kilometer vor Agadez! So lassen wir uns Zeit mit dem Frühstück. Die reichlichen Wasservorräte – auch sie waren für den Bilma-Erg dimensioniert – erlauben eine ausführliche Wäscherei. Wir machen uns richtig stadtfein. Agadez – für uns stellt die Stadt vor allem in zwei Punkten eine Attraktion dar: Es gibt ein Hotel, von dem aus die Verkaufsgespräche für die Busse abgewickelt werden können, und einen Flugplatz, von dem aus die Möglichkeit besteht, zurückzufliegen.

Es zeigt sich rasch, daß weder die eine noch die andere dieser Verlockungen für uns zum Tragen kommt. Die VWs sind hier in Agadez nicht zu verkaufen und unter diesen Umständen ist auch an einen Rückflug nicht zu denken. Es fällt uns sehr schwer, uns von den Annehmlichkeiten des Hotels ›Air‹ wieder zu trennen. Wir sitzen einen Tag zuviel herum, fahren dann non-stop in einem Tag bis Niamey, über die damals noch annehmbare Piste In Gall–Tahoua. In Niamey verkaufen wir die Busse, wobei wir nicht einmal die Hälfte von dem bekommen, was wir in Deutschland dafür bezahlt haben.

2 Die März-Reise

›Kamerun‹ steht auf dem Umschlag meines Tagebuches. Das Ziel war eindeutig. Auch die Route lag fest: Via Djanet, Bilma, Agadez. Wenn man nach Kamerun will bestimmt nicht der einfachste Weg! Vor allem der Abschnitt Djanet–Bilma machte uns Kopfzerbrechen: Diese Route ist offiziell gesperrt. Wie würden wir aus Djanet wegkommen?
Über Tunesien gings gen Süden, Hassi Messaoud und das algerische Erdölzentrum, Illizi, die Piste übers Plateau von Fadnoun. Claus war mit von der Partie, erfahrener Wüstenfuchs, nach Landrover-Abenteuern reumütig zum VW-Bus zurückgekehrt, ich selbst mit Peugeot 504, Uli und Manfred als ›Begleitpersonal‹.

*

16. MÄRZ, FREITAG

Am späten Nachmittag trudeln wir in Djanet ein. Unser Hauptinteresse gilt zunächst dem Benzin! Wir werden beruhigt, die Tanks der Station sind voll, aber ohne Fahrgenehmigung rückt der Tankwart keinen Tropfen des kostbaren Nass' heraus, die Fahrgenehmigung aber werden wir nur auf der heute (Freitag) geschlossenen Daira bekommen. Der nächste Punkt auf unserer Dringlichkeitsliste: Informationen über den Pistenverlauf Richtung Bilma. Wir haben zwar von einem Bekannten, der während der Franzosenzeit diese Strecke gefahren ist, eine vage Beschreibung, aber keinerlei aktuelle Informationen. Auf dem Campingplatz sind eine Menge Wüstenfahrer versammelt, Unimogs, Landrover, MAN-Militärallrad und, und, und. Wir tasten uns vorsichtig vor, wissen wir doch, daß die Piste Djanet–Bilma offiziell verboten sein soll.

Schnell erfahren wir, daß einige Gruppen da sind, die auch gerne in dieser Richtung fahren wollen. Aber erst einige Tage zuvor sei eine sehr gut ausgerüstete Gruppe von Belgiern abgewiesen worden. Die Piste ist also tatsächlich offiziell verboten. Und ich mit dem Pkw werde eine Genehmigung in keinem Fall bekommen. »Fahren wir schwarz?« »Klar, wir haben sonst nur die Alternative, über Tamanrasset nach Süden zu kommen.« Nachdem der Entschluß feststeht, machen wir uns auf die Suche nach dem Beginn der Piste Richtung Bilma. Im Touristen-Office hängt eine genaue Karte der Region, wir vergleichen dort unsere eigenen Unterlagen. Da bestehen freilich erhebliche Differenzen! Also raus ins Gelände! In der Nähe des Flugplatzes finden wir eine vielversprechende deutliche Piste. Wir folgen ihr einige Kilometer nach Süden, sie läuft genau auf eine große Düne zu, die dann auf ihrer ganzen Breite sorgfältig gepflastert ist! Da wurde Stein an Stein gelegt, die Piste wird zur Straße! Das kann nur eine wichtige Verbindungsstrecke aus der Franzosenzeit sein, wegen irgendeiner Nebenroute macht sich doch keiner diese Mühe! Auch nach unseren Unterlagen ist die Richtung nicht schlecht. Aber unmittelbar nach der Düne, verzweigt sich die Piste. Markierungen nach SSO, Markierungen nach SSW, die Spuren nach beiden Richtungen deutlich. Wohin jetzt? Wir folgen der einen Richtung ein Stück, dann genausoweit nach der anderen, keine Richtungsänderung! Welches ist die richtige Piste?
Wir fahren zurück nach Djanet, versuchen, weitere Informationen über die von uns gefundene Pistenverzweigung zu bekommen. Vergeblich. In einem Café sprechen wir einen Kellner darauf an, der von sich aus schon erzählt hatte, daß er immer wieder

Touristen zu Felsgravuren in der Gegend führen würde. Er kennt sich aus und meint, die eine Piste würde nur zu Gravuren führen, die andere sei eine alte Piste, die Tamanrasset und Djanet via Erg Admer verbinde. Um ganz sicher zu sein, verabreden wir mit ihm einen Ausflug zu den Gravuren am nächsten Tag.

Am Abend unterhalten wir uns mit anderen Bilma-Interessenten. Es zeigt sich schnell, daß nur eine Mannschaft bereit ist, das Risiko des illegalen Benutzens dieser Piste einzugehen.

17. MÄRZ, SAMSTAG

Manfred, einziges Greenhorn in unserer Gruppe, ist schon um 5 Uhr in Djanet, er will sich einer geführten Tour zu den bekannten Felsmalereien anschließen. Wir selbst trödeln den halben Vormittag herum, da wir unsere Ausflugsreise mit dem Kellner erst in dessen Mittagspause unternehmen können. Immerhin erledigen wir an diesem Vormittag schon die Formalitäten. Nur wegen der Fahrgenehmigung werden wir auf den Nachmittag vertröstet. Wir lassen uns diese Genehmigung auf die Route Djanet–Tamanrasset ausstellen, so können wir im Zweifelsfall immer noch über Tam weiterfahren.

Um 12 Uhr steigt unser Kellner zu. Auch ihm gegenüber wollen wir nicht zu erkennen geben, daß wir nach Bilma wollen, und das ist gar nicht so einfach – soll er uns doch die Piste zeigen, die wir fahren müssen. Wir einigen uns darauf, intern von Bilma nur noch als ›Tante B‹ zu reden, welch sinnige Verschlüsselung! Dann erkunden wir die von uns bereits ausfindig gemachten Pisten. Unser Kellner kennt sich tatsächlich gut aus, die beiden Pisten nach dem Dünen-Pflaster sind für uns tatsächlich uninteressant, wir müssen genau mit der Landebahn des Flugplatzes, parallel zu ihr, erst

Richtung Osten fahren und dann nach soundsoviel Kilometern nach Süden raus aus den Bergen in die Tenere-Ebene hinein. Das sieht nicht gut aus! Entlang der Landebahn – da hat es Kontrollposten, da stehen Landrover von Polizei und Zoll! Was ist, wenn die uns bemerken? Wir sind wieder stark verunsichert, entschließen uns dann aber dazu, am Abend das Flugplatzrisiko zu überwinden. »Wenn sie uns verfolgen sagen wir einfach, wir seien auf der Suche nach einem Übernachtungsplatz. Auf die Idee, daß wir mit dem Peugeot und dem VW-Bus nach Bilma wollen, kommt so schnell keiner!« Doch – einer hat, wie sich erst viel später herausstellt, sofort kapiert, wo der Hase langläuft! Unser Kellner! Als mein Freund Jochen etwa 14 Tage später in Djanet ist, lernt er zufällig denselben Kellner kennen und fragt ihn, ob er nicht zwei Wochen zuvor unseren Peugeot und den VW-Bus gesehen habe. Doch, antwortet unser Kellner sofort, die sind nach Bilma gefahren!

Vorerst sind wir aber noch mit ihm auf Gravurensuche, finden mit seiner Hilfe die berühmte ›weinende Kuh‹ und eine Reihe weiterer wirklich schöner Darstellungen. Am späten Nachmittag können wir unsere Fahrgenehmigung holen und mit dieser endlich tanken. Dabei kommt es zu einem Zwischenfall, der erneut zeigt, daß überhaupt keine Hoffnung bestand, eine offizielle Genehmigung für die Bilma-Route zu bekommen. Ein Militär-Rover fährt ebenfalls an den Zapfsäulen vor, ein Uniformierter, offensichtlich höherer Würdenträger, springt heraus und herrscht mich an: »Wie sind Sie mit diesem Fahrzeug – er meint meinen Peugeot – hierher nach Djanet gekommen? Es gibt weder in Tamanrasset noch in In Amenas eine Genehmigung für Pkw auf den Pisten hierher nach Djanet!« Darauf waren wir schon vorbereitet und so hatten wir vorsorglich auf der Michelin-Karte eine Route ausgesucht, die In Amenas umgeht, aber nicht als ›Piste interdite‹, verbotene Piste, gekennzeichnet

167

Folgende Doppelseite: Djanet – die Perle des Tassili

ist. »Nun, hier sehen Sie auf der Karte, wir sind direkt von Ohanet aus nach Süden gefahren.« »Dieses Märchen kenne ich schon, das erzählt doch jeder, der hier ohne Erlaubnis ankommt!« »Es mag ja sein, daß der eine oder andere tatsächlich illegal hier ist, aber wir sind tatsächlich auf dieser Piste gefahren.« »Beschreiben Sie mir doch einmal, wie es auf dieser Piste aussieht!« Jetzt sauge ich mir bangen Herzens irgendwas aus den Fingern, wie ich mir diese Piste in etwa vorstelle. Er scheint damit zufrieden zu sein, vielleicht sieht er aber auch nur ein, daß es aussichtslos ist, mir nachzuweisen, daß ich nicht tatsächlich diese Piste gefahren bin. »Ich werde dafür sorgen, daß Sie nirgendwo anders wieder hinfahren als zurück nach In Amenas.« Spricht's und rast mit aufheulendem Motor davon. Verdammt, es wird höchste Zeit, daß wir hier abhauen! Was wird der zornige Typ gegen uns in die Wege leiten?

Wir treffen Manfred an der Bar, er ist von seinem Trip zu den Felsmalereien ziemlich erschossen. »Leute macht voran! Wir müssen hier weg, so schnell es eben geht, der Polizist macht uns womöglich noch Schwierigkeiten!« Dann springt der Bus nicht an! Es ist zum Verzweifeln. Wir hängen ihn an den Peugeot, versuchen ihn anzuschleppen. Doch auch so läuft er nur auf einem Topf, stößt schwarze Qualmwolken aus. Ich schleppe ihn aus Djanet raus, zu unserem Übernachtungsplatz der vorhergehenden Nacht. Es ist nicht daran zu denken, sich mit einem Fahrzeug, das nicht anspringt, auf die Bilma-Piste zu begeben!

Bis spät in die Nacht hinein werkeln wir an dem Bus herum. Der Luftfilter war nicht ganz dicht, jetzt sind beide Vergaser total verdreckt, auch die Innereien des Zündverteilers sehen übel aus. Ausbauen, reinigen, einbauen – der Bus springt anstandslos an. Vorsichtshalber machen wir auch noch Ölwechsel, vielleicht war der Dreck schon bis ins Kurbelgehäuse vorgedrungen!

170

Sollen wir jetzt in der Dunkelheit noch raus auf die Piste? Nein, Autoscheinwerfer fallen in der Dunkelheit viel zu sehr auf. Wir wollen uns morgen mit dem ersten Licht am Flugplatz vorbeimogeln.

Die anderen Interessenten für die Bilma-Route waren inzwischen wieder abgesprungen, sie konnten sich innerhalb ihrer Gruppe nicht einig werden. Sie werden über Tamanrasset fahren. Wir vereinbaren einen Treff in Agadez. Auf dem Touristen-Office hatten wir auf der genauen Karte unauffällig unsere Route studiert und vermessen: Wir würden den Mont Tiska im Osten umfahren, auf der Piste Richtung Ghat und In Ezzane, dann den Adrar Mariaou im Osten liegen lassen und auf seiner Westseite nach Süden abzweigen, genau südlich von ihm dann die Balise Nr. 1 der Berliet-Markierungen suchen.

18. MÄRZ, SONNTAG

Frühes Aufstehen, mit dem ersten Licht sind wir unterwegs. Es hat dennoch schon 18 Grad. Bange Minuten beim Passieren des Flugplatzes. Werden wir bemerkt? Die Landrover bleiben vor den Häuschen der Kontrollposten stehen, es schläft wohl noch alles. Immer wieder Blicke in den Rückspiegel – kommt einer hinterher? Erst einmal außer Sicht des Flugplatzes, ist die Angst vor dem Verfolgtwerden vorbei, jetzt haben wir nur noch Bedenken, daß uns ein Fahrzeug von Militär, Polizei oder Zoll begegnet. So fahren wir vorsichtig auf jede Erhebung zu, immer erst ausspähend, ob nicht von der anderen Seite her ein Fahrzeug entgegenkommt. Wir sind andauernd auf der Suche nach einer schnell erreichbaren Deckung. Die Situation ist nicht sehr angenehm und bis zur Grenze sind es noch gut 200 Kilometer. Wir kommen zunächst sehr gut voran, die Orientierung bereitet keine Schwierigkeiten, die Piste ist immer gut erkennbar.

Das wie schon an den Vortagen extrem trübe Wetter verhindert aber die Orientierung am Gelände. Den Mont Tiska erkennen wir erst, als wir unmittelbar auf seiner Höhe neben ihm sind, ebenso bleibt uns später der Adrar Mariaou im Dunst verborgen. Zwischen Tiska und Mariaou geraten wir in ein hügeliges Gelände, die Spuren verschwinden mehr und mehr, schließlich sind wir mit unseren beiden Wagen allein auf weiter Flur. Vorsichtig tasten wir uns weiter vor. Zum Glück verfügen wir über genaue Karten und können so immer wieder unseren ungefähren Aufenthaltsort mit Hilfe von Kompaß und genauen Messungen bestimmen. Wenn nur die Sicht besser wäre! Wir verlassen unsere eigentliche Richtung, nähern uns wieder dem Gebirge, um dort eindeutige Orientierungspunkte erkennen zu können. Wir finden eine Bergspitze, die nach unserer Karte genau nördlich der gesuchten Berliet-Balise liegt. Von hier weg fahren wir, so genau es das Gelände erlaubt, nach Süden. Wir hatten die Entfernung bis zur Balise sorgfältig vermessen und stoßen jetzt nach 12 Kilometern genau auf sie! Unsere Abweichung beträgt nur 500 Meter! Wir sind sehr erleichtert, sind damit doch die Orientierungsprobleme erst mal beseitigt. Jetzt sind nur noch Probleme einfacherer Art zu bewältigen!

Die Balisen stehen in Abständen von 500 Metern, zwei Meter hohe Eisenstangen, durchgehend numeriert. Während der französischen Kolonialzeit konnte diese Strecke gefahrlos auch bei Nacht befahren werden, die Scheinwerfer konnten sich von Stange zu Stange vorantasten. Das Gelände zwischen den Stangen ist weich, der Bus hat schwer zu kämpfen. Finden wir eine harte Fläche, halten wir an, um den Motor auskühlen zu lassen. Um die Mittagszeit sind wir noch 35 km vor der Grenze, wieder ist eine Kühlpause fällig, das Thermometer zeigt 36 Grad. Das Gelände um uns her ist flach, weich, lichterfüllt, die trübe Atmosphäre verschmilzt mit dem Boden, der Horizont ist mehr zu erahnen als zu sehen. Die in regelmäßigen Abständen stehenden und rasch im Trüben verschwindenden Eisenpfähle geben dem Ganzen einen surrealistischen Anstrich.

Mit Bangen sehen wir der eigentlichen Grenze entgegen. Ob sich dort irgendein Posten befindet? Wir fahren noch vorsichtiger, immer bereit, schnell abzudrehen. Die Kilometer vergehen, jetzt müssen wir genau auf der Grenze sein, jetzt im Niger. Vielleicht haben wir uns verrechnet? Vielleicht sind die Kartenangaben ungenau? Wir fahren 50 Kilometer über unsere Grenzberechnungen hinaus – jetzt sind wir sicher, im Niger zu sein!

Claus läßt am VW-Bus Luft ab, er hofft, so besser durch die weichen weiten Sandflächen zu kommen. Er muß immer wieder in den zweiten Gang zurückschalten, sein Wagen wird viel zu heiß, wir müssen schon alle 20 km Kühlpausen einlegen. Bei einer dieser Pausen stelle ich bei mir einen fast platten Reifen fest: Radwechsel. Schon zwei Kühlpausen später habe ich wieder einen Plattfuß! Jetzt muß ich flicken. Es ist meine erste Reifenmontage auf dieser Reise und wie üblich, muß man sich erst wieder reinfinden. So dauerts länger als geplant und es wird darüber dämmrig.

Nach einer Nachtfahrt steht uns allen nicht der Sinn. So bleiben wir an Ort und Stelle, mitten in der Tenere.

19. MÄRZ, MONTAG

Die vielen Kühlpausen des Vortags haben uns dazu bewogen, noch in völliger Dunkelheit schon um 5 Uhr aufzustehen. Es hat 14 Grad, während wir frühstücken sinkt das Thermometer noch mal um ganze 2 Grad! Mit dem ersten Dämmerungslicht sind wir wieder unterwegs. Wir kommen nur unregelmäßig voran. Zwar werden wir von Pannen und

Djado, geheimnisumwobene verlassene Stadt am Rande der Tenere

Wadi Adjal

Wellblech-Piste bei Ghat/Südlibyen

Beim Amguid

Einsanden verschont, aber der Bus tut sich sehr schwer, sein Tempo hängt ganz von der Beschaffenheit des Untergrunds ab, während ich mit dem Peugeot ein gleichmäßiges Tempo halten könnte. Immerhin sind wir um 10 Uhr in Chirfa. Es ist schon wieder ganz schön heiß. In Chirfa befindet sich eine große Militärstation, hier müssen wir uns zum erstenmal im Niger anmelden.

Die Pässe werden uns abgenommen, die Fahrzeuge durchsucht.

Ich habe unterwegs, schon seit Tunesien, immer wieder den einen oder anderen Stein aufgelesen, ein Freund in El Oued hat mir ein paar kleine Sandrosen geschenkt! Diese Steine habe ich achtlos ins Handschuhfach gelegt, jetzt sollten wir deswegen Schwierigkeiten bekommen. Der Niger ist ängstlich darauf bedacht, sich von Touristen nicht seine prähistorischen Fundstellen plündern zu lassen, deshalb haben die Kontrollorgane offensichtlich Anweisung, darauf zu achten, ob solche Fundstücke mitgeführt werden. »Es ist verboten, hier im Niger prähistorische Dinge an sich zu nehmen, sie sind Eigentum des Staates.« »Aber das sind doch ganz normale Steine, nicht ein Artefakt ist dabei!« »Aber es ist auch verboten, ohne Genehmigung den nigerischen Boden seiner natürlichen Vorkommnisse zu berauben.« »Alles was Sie hier sehen, stammt nicht aus dem Niger, mit Ausnahme dieser beiden Kieselsteine – die habe ich dort draußen in der Tenere aufgelesen. Die Sandrose hier, die kommt aus Tunesien!« »Das glaube ich Ihnen nicht! Wie wollen Sie beweisen, daß die Dinge nicht aus dem nigerischen Boden geplündert wurden?« »Sandrosen dieser Art gibt es im Niger nicht, sie sind typisch für das algerisch-tunesische Grenzgebiet.« »Ich werde jedenfalls Meldung nach Dirkou machen, dort ist die vorgesetzte Dienststelle.« »Können wir in der Zwischenzeit einen Ausflug nach Djado unternehmen?« »Wir behalten die Pässe ein, Sie können gehen, wohin Sie wollen, aber kommen Sie hierher zurück, es gibt sonst Schwierigkeiten.«

Djado! Welcher Sahara-Fan träumt nicht davon, diese abgelegene Ruinenstadt inmitten ihres selbstgeschaffenen Sees zu besuchen! Jetzt liegt ihr Besuch unmittelbar vor uns. Das Militär besteht darauf, uns bewaffneten Begleitschutz zu geben. »In den Ruinen sind immer wieder mal Rebellen.« Aber die bewaffneten Schwarzen aus dem Süden des Landes kennen sich nicht aus, also muß auch noch ein Führer mit. Das ist ein gelenkiger älterer Mann, der sich als ›Bürgermeister‹ des Ortes Djado zu erkennen gibt. Er sei Tubbu, also Angehöriger jener ehemals räuberischen Sahara-Nomaden, die heute noch im südlichen Tibesti-Gebirge zu Hause sind.

Zu siebt geht es also nach Djado! Nach all dem, was wir über die Anfahrtsstrecke dorthin gehört hatten, sind wir überrascht, wie problemlos wir sie mit unsren Nichtallrad-Fahrzeugen und der Zusatzlast unserer Begleiter bewältigen können. Dann ein letzter, die Sicht versperrender Felsen und die Ruinenstadt Djado liegt vor uns. Mont St-Michel des Tenere wurde Djado schon genannt. Wie ein Vulkankegel ragt der vollkommen überbaute Burgberg aus den ihn ringförmig umschließenden Seen. Wir überqueren die Wasserfläche auf einem schmalen Damm, dringen durch Palmdickichte zu der Ruinenstadt vor. Eine große Schlange sonnt sich am Rand eines brackigen Tümpels, sie läßt sich durch uns nicht stören. »Hier tut ihr keiner was zuleide«, erläutert unser Bürgermeister-Führer das zutrauliche Verhalten des Tieres. Weniger friedfertig sind die Stechfliegen. Ganze Schwärme dieser blutrünstigen Insekten entsteigen den Palmdickichten und den Schilfwänden um die Wasserflächen, wir flüchten so schnell wie möglich in die Ruinen. Enge Gassen umfangen uns, tief, oft überbaut. Ich fühle mich lebhaft in marokkanische Kasbahs versetzt. Auch hier diese nur mannbreiten Gassen, diese Enge,

176

Winkel, Treppen, Tunnels, Zimmer und Nischen in einer unglaublichen Schachtelbauweise. Wir steigen so hoch wir können, von Haus zu Haus, die Stufen sind oft von einer kaum noch bezwingbaren Höhe. Ein herrlicher Ausblick entlohnt uns für die Mühe der Kletterei in der herrschenden Hitze: Über die Seen hinweg hinaus in die weißen gleißenden Flächen der Tenere-Wüste, im Norden die Bergkulisse des Djado-Plateaus. Dort finden sich viele Felsgravuren, über die trotz ihres wahrscheinlich weit höheren Alters mehr bekannt ist als über Herkunft und Schicksal der Djado-Ruinenstadt. Schnell sind wir zurück in Chirfa, unsere bewaffneten Begleiter sind ganz offensichtlich erleichtert, daß der ›Abenteuer-Ausflug‹ friedlich verlaufen ist.

Eine Wandlung hat sich auch in der Haltung unseres Steine-Kontrolleurs vollzogen. Er ist plötzlich ganz freundlich und gibt uns Auskunft über den weiteren Weg. Er hat tatsächlich unsere Steinesammlung per Funk in Dirkou gemeldet. Dort müssen wir sie erneut präsentieren und da es sich dort um die vorgesetzte Dienststelle handelt, werden sie dann schon wissen was zu tun ist. Er jedenfalls hat seine Pflicht erfüllt und das ist ihm eine sichtliche Erleichterung. »Gestern sind zwei Militär-Lkw von uns nach Dirkou gefahren, halten Sie sich nur immer an die frischen Spuren von ihnen, so können Sie nicht fehlgehen!«

Das Gelände wird sehr schwer. Der Sand ist weich und von dickem Staub unterlagert. Die Spuren der beiden Lkw haben sich tief eingedrückt und sind ohne Schwierigkeiten zu verfolgen. Plötzlich kommen von rechts zwei neue, gleiche Spuren dazu, jetzt sind es also vier Fahrzeugspuren. Uns ist's vorläufig recht, noch ist der Groschen nicht gefallen. Wir queren ein sehr schweres steiniges Plateau, wir müssen Wegebau betreiben, da die Bodenfreiheit unserer Fahrzeuge nicht ausreicht. Ein weiter, sehr weicher Sandkessel liegt vor uns, die vier Spuren

führen geradeaus hinein – und enden dort! »Mensch, wir sind doch Rindviecher! Die vier Spuren – das sind unsere zwei Militär-Laster! Einmal hin und einmal zurück macht vier! Daß uns das erst jetzt aufgeht!« Ganz offensichtlich hatten sich die Soldaten verfahren, hatten in dem sandigen Kessel ihren Fehler eindeutig erkannt und waren zurückgefahren. Dasselbe blüht jetzt auch uns, zurück wieder über das Steinplateau, das nur den Vorteil hat, daß der Untergrund so hart ist, daß man ohne Probleme wieder anfahren kann. Sonst ist hier alles so mulmig, daß Anhalten ohne Einsanden kaum möglich ist. Wir nutzen den festen Untergrund zu einer Erholungspause, spannen ein Sonnensegel zwischen die Fahrzeuge und trinken in diesem herrlichen Schatten kalten Kaffee.

Dann folgen wir wieder den vier Spuren und unseren eigenen vom Herweg, bis sie sich trennen und zwei nach Süden abbiegen, die korrigierte Fassung einer Pistensuche! Tatsächlich finden sich dann auch wieder alte Spuren und uns wird schnell klar, warum die beiden Militär-Lkw den vergeblichen Umfahrungsversuch unternommen haben: Da ist ein weites, extrem weiches Fesch-Fesch-Feld, obenauf heller Sand, darunter bodenloser schwarzer Staub. Claus sandet mehrfach ein, ich drehe verzweifelt Kreise auf der Suche nach einem festen Platz, auf dem ich anhalten könnte. Vergeblich. Ich kurve hin und her und bin nur noch darauf bedacht, die auf diese Weise zusätzlich gefahrenen Kilometer unter Kontrolle zu halten, damit später nicht die ganze Navigation in Gefahr kommt. Nach dem Col de Sara wird es wieder besser. Die Orientierung ist allerdings nach wie vor erschwert, da keinerlei Wegmarkierungen mehr vorhanden sind und die Spuren meist nicht gebündelt, sondern ziemlich wirr verlaufen. Immer wieder müssen wir den Kompaß bemühen, irgendwann entschließen wir uns, nur noch nach Karte und Kompaß zu fahren und die kreuz und quer laufenden Spuren gänzlich zu ignorieren. Wir warten auf das Auftauchen einer wichtigen Landmarke, des Pic Zumri bei Seguedine. Er muß im Osten von uns liegen, so halten wir ziemlich exakt Ostkurs. Die Luft ist immer noch extrem trübe, wir stellen uns darauf ein, den Pic Zumri so wie gestern den Mont Tiska erst im letzten Augenblick zu erkennen. Beruhigend bei dieser ziemlich orientierungslosen Fahrerei ist, daß wir auf keinen Fall zu weit nach Osten geraten können, dort versperrt uns nämlich die Falaise des Kaouar den Weg. Spätestens dort haben wir wieder einen ganz wichtigen Geländeorientierungspunkt erreicht. Die Fahrt zieht sich hin. Der Bus wird immer noch zu heiß, kein Wunder, bei 38 Grad und weichem Sand! Bei einer der deswegen immer wieder eingeschobenen Abkühlpausen stellt sich Claus mit seinem Bus genau neben mich, auf die Nordseite. Ich schaue zu ihm hinüber – und glaube meinen Augen nicht zu trauen: »Mensch, Claus, dreh dich mal um – was ist denn das dort im Norden? Ich freß drei Besen wenn das nicht der verfluchte Zumri ist!« Im Norden, exakt im Norden von uns taucht schemenhaft wie ein Schatten ein dunkler dreieckiger Fleck am Horizont auf, der Gipfel des Zumri? Wir steigen mit dem Fernglas aufs Fahrzeugdach, aber bei der diesigen Wetterlage ist das Fernglas auch keine große Hilfe. Unsere genauen Karten vermerken keinen vergleichbaren Berg in dieser Gegend. Das kann nur der Pic Zumri sein! Wir schauen uns im Osten die Augen aus nach ihm und fahren dabei fast zu weit im Süden an ihm vorbei! »Wir fahren jetzt so weit exakt nach Norden auf diesen Berg zu, bis wir sicher sind, ob es der Zumri ist oder nicht!« »Werden wir wieder hierher zurückfinden? Wenn das nicht der Zumri ist, wäre es schon wichtig, wieder genau hierher zu kommen.« »Wenn wir weiter genau Richtung Osten fahren, kann ohnehin nichts schiefgehen.« Vorsichtshalber markieren wir jetzt aber doch die Stelle unseres ›Wendepunktes‹, indem wir mit den Schaufeln

große Sandkegel anhäufeln. Ein, zwei härtere verbackene Stücke obenaufgelegt – daß müßte halten, bis wir uns Klarheit über den Berg im Norden verschafft haben! Auf geht's, nach Norden. Immer wieder nehmen uns Senken und flache Hügel den Blick auf ›unseren‹ Pic Zumri. Wenn wir ausgerechnet in so einer Senke auf der Höhe des Geisterschattens gewesen wären? Wir kommen näher und näher – es ist der Zumri! Eindeutig! Wir sind 14 Kilometer zu weit nach Süden abgekommen! Wir können uns diese starke Abweichung nur damit erklären, daß wir uns immer wieder von deutlichen Spuren haben ablenken lassen – die ziemlich direkt nach Süden abgebogen sind, auf dem Weg von Chirfa nach Dirkou das Eck nach Seguedine abschneidend.

Jetzt düsen wir erst einmal die Hänge des Zumri hinauf, befreit, weil wir wieder eindeutig wissen, wo wir sind. Claus umfährt den Felskegel im Osten, ich brause über die weiten Hänge im Westen. Mit letztem Licht fahren wir auf Seguedine zu. Dort wird gerade die Fahne vor dem Schulgebäude eingeholt, alle Schüler stehen stramm und verdrehen noch nicht einmal die Augen nach uns hin. Doch dann ist die Zeremonie beendet und alles stürmt auf uns zu. Nur langsam werden wir Herr der Lage. Die medizinische Versorgung in diesem abgelegenen Teil des Niger ist nicht die allerbeste und Touristen haben in der Regel gut gefüllte Apotheken bei sich, so haben wir rasch eine ganze Fülle von kleineren Krankheiten zu versorgen. Zum Glück ist der Lehrer des Ortes dabei, er wird so eine Art von Überwachung durchführen, damit die von uns überlassenen Medikamente auch wirklich entsprechend angewendet werden.

Es ist schon dunkel, als wir den Ort Richtung Süden verlassen. Wir fahren noch die Hänge des Pic Zumri hoch, bis an die Felsen. Dort finden wir schöne festgewehte Sandflächen, ideale Übernachtungsplätze. Wir sitzen noch lange zusammen, verdauen noch einmal im Gespräch diesen doch so wichtigen Tag. Als wir um 23 Uhr ins Bett sinken, hat es immer noch 21 Grad.

20. MÄRZ, DIENSTAG

Der lange Abend fordert seinen Tribut: Wir kommen zu spät weg. Zunächst geht es gut voran, dann kommt aber ein heftiger heißer Wind auf, der auch noch größere Sandkörner mit Vehemenz gegen den Wagen prasseln läßt. Der Wind kommt von seitlich hinten. Hatte gestern Claus bei Gegenwind laufend thermische Probleme mit seinem Wagen, macht heute der Rückenwind meinem Fahrzeug zu schaffen. Jetzt bin ich der ›Hitzebremser‹, dem Wagen fehlt der Fahrtwind. So sind wir erst um 10 Uhr in Dirkou. Der Ort hat sich verändert. Ganz offensichtlich wird er zu militärischen Zwecken ausgebaut, überall entstanden seit meinem letzten Besuch Gebäude, Blechhallen. Im Zollhof stehen einige Lkw, die mit Menschen und Waren aus Libyen kommen. Die Zöllner sind vollauf mit der Abfertigung dieser ›Wüstenpendler‹ beschäftigt. Wir müssen lange warten, bis wir unsere Pässe abgeben können. Kurz nach Mittag erlaubt man uns, ohne Ausweispapiere nach Bilma zu fahren.

Der Wind hat an Heftigkeit zugenommen, die Sicht ist sehr schlecht. Obwohl die Temperaturen des Vortags nicht erreicht werden, ist die Hitze heute viel anstrengender als gestern. Wir sind angespannt, nervös bei dieser Fahrt. Dabei läuft alles ganz problemlos, schon wenig später treffen wir in Bilma ein. Der Ort ist wie ausgestorben, die schönen großen Tamarisken und Akazien, die die Hauptstraße säumen, biegen sich im heftigen Wind, an den Hausecken bilden sich ganze Strudel aus leichtem Dreck, den der Staubwind zusammenbläst. Die Läden haben geschlossen, der Bäcker ist ohne Brot. So verlassen wir den Ort rasch wieder, hinaus zu den Salinen.

Hier ist die Situation kaum anders. Alles ist tot, liegt wie abgestorben da. Nur eine einzige kleine Karawane ist hier, um Salz gegen Hirse und andere hier fehlende Dinge einzuhandeln. Trotz der widrigen Umstände starten wir zu einem kleinen Rundgang durch das Salinengebiet. Bilma-Salz! Welch mühsamen, qualvollen Weg für Mensch und Tier hat hier jedes Salzkristall noch vor sich, bis es auf den Märkten in der Sahelzone verkauft wird! Über 600 Kilometer zu Fuß sind es allein von hier bis nach Agadez, der ersten Etappe vor dem Erreichen der Sahelzone, quer durch die Tenere-Wüste!

Auf dem Rückweg nach Dirkou geraten wir auf eine Nebenpiste. Jetzt beginnt eine verrückte Fahrt! Der Sand ist so weich, daß ein Anhalten für uns nicht möglich ist, uns bleibt nur die Flucht nach vorn! Die Spuren führen uns zunächst in die Oasengärten, wir kurven wild um Hecken, Palmwedelzäune, und Bäume herum. Am Rand der Gärten haben sich Dünen angesammelt, riesige, massige Leiber. Hinauf! Oben bleiben nur Sekundenbruchteile zur Orientierung, hinab wieder wie ein Greifvogel auf seine Beute, immer darauf achtend, den Wagen nicht quer in die Fallrichtung zu stellen. Besonders für Claus mit seinem schweren und hohen Dachgepäckträger birgt das nur zu leicht die Gefahr eines Überschlags. Irgendwann finden wir aber wieder heraus, aus diesem bewachsenen Dünenchaos. Am frühen Abend sind wir wieder zurück in Dirkou.

Jetzt beschäftigt sich erst einmal die Polizei mit uns. Da ist die Funkmeldung aus Chirfa! Die Steine! Wieder zeigen wir unser Sammelsurium vor, der zuständige Sergeant ist sehr vernünftig, erkennt die Harmlosigkeit unserer Fundstücke. Das ist ja noch mal gutgegangen!

Wir brauchen Benzin. Und das verkauft in Dirkou normalerweise ein Libyer namens Jerome. Und der

›Sky-Line‹ des Kaf Ajun, des Geisterberges, vor Ghat/Südlibyen

Vorige Doppelseite: Unangenehme Piste vor Ghat. Am Horizont taucht der Kaf Ajun, der Geisterberg, auf

182

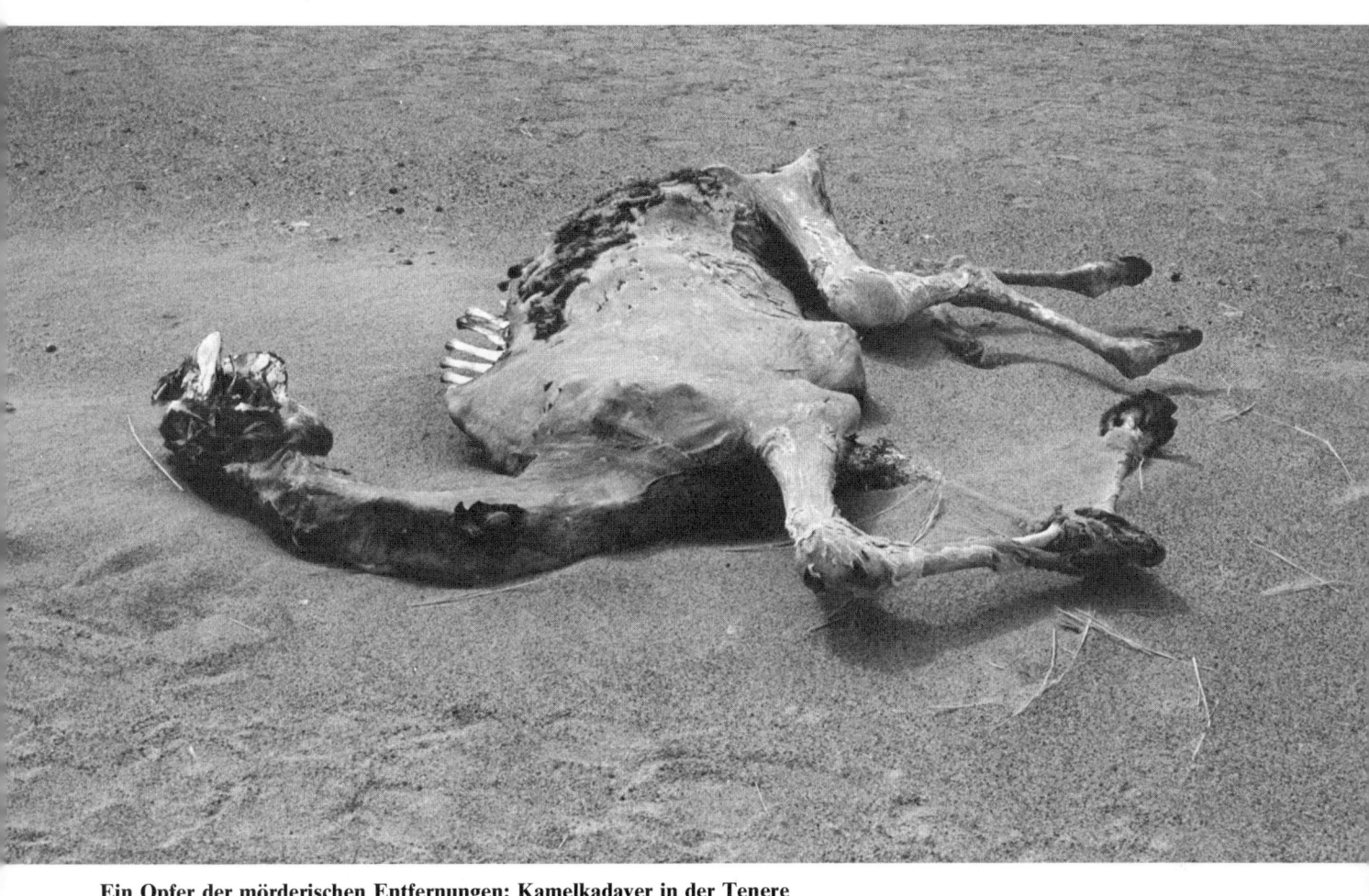

Ein Opfer der mörderischen Entfernungen: Kamelkadaver in der Tenere

ist – wie könnte es anders sein – derzeit nicht verfügbar. Aber das Militär scheint in irgendeiner Weise mit Jerome zusammenzuarbeiten, jedenfalls bekommen wir jetzt unser Benzin aus den Fässern von Jerome vom Militär, mit 1,50 DM noch nicht einmal übermäßig teuer! Die Tankerei zieht sich hin, da die Militärs darauf bestehen, die Mengenmessung mit einem ihrer 20-Liter-Blechkanister vorzunehmen. So muß immer erst ihr Kanister per Schlauch gefüllt werden, aus diesem dann die unsrigen. Darüber wird's dunkel. Man verpflichtet uns, im Zollhof zu übernachten.

21. MÄRZ, MITTWOCH

Um 6 Uhr sind wir schon auf, versuchen durch unsere einfache Anwesenheit das Paß-Verfahren zu beschleunigen. Es hat unangenehm viele Fliegen und von Minute zu Minute wird es wärmer. Wieder wird der Versuch unternommen, uns einen teuren Führer für die Strecke nach Agadez aufzudrängen; wie früher schon können wir den Versuch erfolgreich abwehren, indem wir eine Erklärung unterschreiben, daß wir ganz allein für uns verantwortlich sind. Wir fassen noch Wasser und kommen gegen 8 Uhr los. Es weht wieder ein starker Rückenwind, so haben wir jetzt beide Probleme mit heißen Motoren. Oft müssen wir in Abständen von nur 10 Kilometern Hitzepausen einlegen.

An der Z-Düne, 50 Kilometer hinter Dirkou, erwischen wir eine ungünstige Stelle, aus Tempo 70 heraus bleiben wir beide auf einer Strecke von 5, 6 Metern hängen. Aber wie! Bis zum Bauch stehen beide Wagen im fließenden Sand. Eine üble Schufterei beginnt, ein Glück, daß wir gute Drahtnetze dabei haben. So können wir doch auf 10 Metern ordentlich Schwung holen. Während wir noch mit der Sandschipperei beschäftigt sind, kommt wieder ein heftiger Wind auf, hüllt uns in wahre Sandschwaden. Die Sicht nimmt rapide ab. Bei jedem Wort bläst es einem ganze Wagenladungen Sand in den Mund. Endlich haben wir die Wagen freigekämpft. Wir versuchen, uns etwas nördlich der Dünenkette zu halten, um so den weichen Dünenausläufern zu entgehen. Dabei verlieren wir bei der ohnehin stark eingeschränkten Sicht die Balisen aus den Augen. Jetzt wird die Situation brenzlig! Sollen wir stehenbleiben, bis die Sicht wieder besser wird? »Wir gehen auf Nummer sicher!« Jeden Meter mit dem Kompaß festlegen, aufschreiben, deutliche Spuren hinterlassen. So kann nichts schiefgehen. Wir wissen ja auch, daß wir die Piste bei den Balisen nach Norden hin verlassen haben, also suchen wir jetzt exakt nach Süden. Das Problem ist nur, daß die Stangenmarkierungen hier sehr weiträumig stehen, viele sind umgefallen, vom Sand zugeweht. Wir dürfen auf keinen Fall über die Spuren hinaus nach Süden geraten.

Wir richten beide Fahrzeuge im seitlichen Abstand von ungefähr 500 Metern genau nach Süden aus. Dann geht es los, immer auf Sichtweite. Wird dieser Sichtkontakt wegen zu heftigem Sandtreiben unterbrochen, bleiben wir sofort stehen. Nach jeweils zwei Kilometern wird erstens die Richtung überprüft, zweitens gegenseitig das o. k.-Zeichen ausgetauscht. Ich binde an meinen Wagen ein Sandblech an, das beim Fahren durch seine heftigen Schleuderbewegungen tiefe Spuren im Sand hinterläßt. Im Zweifelsfalle werden wir es so leichter haben, auf unseren eigenen Spuren zurückzufinden. Aber so weit kommt es nicht: Schon wenig später haben wir die Markierungen wieder gefunden. Natürlich halten wir uns von jetzt an immer dichter an ihnen, der Zeitverlust bei solchen Suchaktionen ist einfach viel zu groß!

Die Hitze nimmt zu, der trübe Sandsturm läßt nicht nach. Wir mogeln uns wieder von Kühlpause zu Kühlpause nach Westen. Kilometer um Kilometer. Am frühen Nachmittag sind wir am Brunnen der

Falaise von Achegour. Der Brunnen ist ausgemauert, glasklar und wohl drei oder vier Meter tief steht das Wasser unter uns, eimerweise ziehen wir es hoch und kippen das so kostbare Naß literweise über uns. Die Wirkung ist phantastisch – klatschnasse Kleider, stömendes Naß – doch rasch reißt der trockene Wind den letzten Hauch von Feuchtigkeit aus den Poren, das Hitzeempfinden wird desto größer. Es hat 41 Grad!

Die Markouba! Ein unangenehmeres Vorwärtskommen als in der Markouba ist kaum denkbar. Im Bereich spärlicher Regenzeitniederschläge konnten Grasbüschel wachsen. Um diese Grasbüschel herum hat der Wind Sand angeweht, so daß jedes Grasbüschel einen kleinen harten Höcker bildet. Die Flächen zwischen den Grasbüscheln sind staubig-mulmig, da hier der Wind – abgehalten vom Gras – weniger Angriffsmöglichkeiten hat, das feine Material deshalb nicht ausgeblasen wird. Die Grashügel verhindern ein zügiges Fahren, das der weichen Flächen wegen nötig wäre. So sandet der Bus immer wieder ein. Zu allem Überfluß bildet die Sudanklette, das Cram-Cram, einen Teil des Bewuchses. Beim Aussanden haften die Kletten überall an, ihre Widerhaken durchbohren die Haut und brechen beim Abstreifen der Kletten ab.

Gegen Nachmittag läßt der Rückenwind nach, die Temperaturen gehen merklich zurück. Wir kommen wieder besser voran, bis mich erneut ein Plattfuß ereilt – der soundsovielte dieser Reise. Da auch das Reserverad schon platt ist bleibt nur flicken übrig. Darüber wird es wieder einmal dunkel. Wir bleiben an Ort und Stelle, mitten im flachen Sand, mitten auf der ›Piste‹ (sofern man die spärlichen Spuren als Piste bezeichnen will.) Der Abend vergeht nach den Reifenreparaturen mit Wartungsarbeiten am Wagen.

22. MÄRZ, DONNERSTAG

Wir stehen sehr früh auf und sind unterwegs, sobald es das Licht zuläßt. Am frühen Vormittag erreichen wir den berühmten Arbre du Tenere, den Tenere-Baum. Es ist zwar schon recht heiß, dennoch lassen wir es uns nicht nehmen, dem kleinen Nachfolgebäumchen des berühmten Baumes mit Eimer und Seil aus etwa 50 Metern Tiefe Wasser hochzuziehen. »Schau doch mal, dort draußen – da bewegt sich was!« Ein dunkler Fleck ist zu sehen, der in der flirrenden Hitze über dem Horizont hin- und herschwimmt, mal größer mal kleiner wird. »Kommt ein Auto?« »Kann ich mir nicht vorstellen, dann müßten wir Geräusche hören, der Wind weht auf uns zu.« Aber der Fleck kommt näher. Ein Kamel! Immer wieder erlauben die Spiegelungen einen direkten Blick, die langen Beine, der vergleichsweise klobige Körper. Wenig später ist das Tier am Brunnen. Es macht einen schlechten Eindruck. »Das Vieh ist wohl am verdursten!« »Wo kommt es her? Hunderte von Kilometern im Umkreis nichts als Sand – woher kommt das Kamel?« Wieder ziehen wir Wasser hoch, Eimer um Eimer wechseln wir uns gegenseitig ab. Das Kamel säuft gierig, schlappt auch noch den letzten Rest aus dem Eimer, indem es ihn zum Schluß ganz gekonnt kippt. Drei Eimer für jeden von uns vieren, à 10 Liter, das sind 120 Liter, die das Vieh in sich reinsäuft. Es macht zwar den Eindruck, als könnte es noch mehr vertragen, aber wir sind jetzt erst mal geschafft. »Einen Eimer holen wir noch hoch, dann muß das Vieh mit den 130 Litern im Bauch auf die nächsten Vorüberkommenden warten!« Die Tränkaktion hat uns Zeit und Schweiß gekostet, es hat schon wieder fast 40 Grad, der Staubwind hat wieder eingesetzt, das Licht, von der Luft aus allen Seiten reflektiert, ist fast unerträglich.

Wenige Kilometer nach dem Arbre kommt uns eine Karawane entgegen, 15 Kamele nur, drei

Männer. Mit Ziegen! Das ist kaum faßbar! Zu Fuß durch die Ténéré, sechshundert Kilometer immer geradeaus, das ist Strapaze genug, aber Ziegen vor sich hertreibend! Kamele – die laufen eines hinter dem anderen schnurstracks voran. Aber die Ziegen! Der Mann ist ununterbrochen damit beschäftigt, links und rechts die ausweichenden, stehenbleibenden, meckernden Ziegen weiterzutreiben! Der legt doch den Weg von Agadez nach Bilma fünfmal oder öfter zurück. Die Tuareg freuen sich, als wir ihnen vom Kamel am Brunnen erzählen, uns fällt ein Stein vom Herzen, wissen wir jetzt doch, daß irgendeiner sich bald schon wieder um das Tier kümmern wird.

Die Air-Berge tauchen auf! Jetzt wird die Piste schlechter, bergauf, bergab, Steine, Wadis, in denen der Bus ab und zu im Sand hängen bleibt. Die Hitze nimmt eher noch zu, 42 Grad zeigt das Thermometer bei einer Mittagspause im spärlichen Schatten einer kümmerlichen Dornakazie. Der Wind ist nach wie vor ungestüm, ein einziges überhitztes fauchendes Riesengebläse.

Der Bewuchs wird dichter, die Landschaft nimmt mehr und mehr Sahel-Charakter an. Wir passieren zwei, drei kleine Ansiedlungen, die seit der Dürrekatastrophe in den frühen siebziger Jahren unbewohnt sind. Abgestorbene Bäume, meistens Dornakazien, veranlassen uns dazu, einen Brennholzvorrat mitzunehmen. So können wir uns am Abend einen vegetationsfreien und damit weitgehend dorn- und kletterfreien Sandplatz suchen und müssen dennoch nicht auf ein Feuer zum Teekochen verzichten. Die Hitzespannung läßt kaum nach. Als wir gegen 23 Uhr ins Bett gehen, steht das Thermometer noch immer auf 28 Grad.

23. MÄRZ, FREITAG

Beim Aufstehen um 5 Uhr – es ist noch völlig dunkel – hat es immer noch 24 Grad. Mit dem ersten Licht kurz nach sechs Uhr sind wir unterwegs. Die Piste ist jetzt teilweise tief ausgefahren, immer wieder müssen wir durch Staubfelder, die häufig von großblättrigen Wolfsmilchbüschen bewachsen sind. Der Staubsturm wird von Minute zu Minute heftiger, die Sichtweite sinkt in Böen unter fünf Meter, immer wieder müssen wir anhalten, um bessere Sichtverhältnisse abzuwarten. Wir sind nicht mehr weit vor Agadez.

Wieder eines dieser grauweißen Staubfelder, Sicht gleich Null. Ich halte an, als ich einen Busch überfahre, den ich erst im letzten Augenblick gesehen habe. Wo ist der VW-Bus? Wo sind Claus und die anderen? Sind sie noch hinter mir oder haben sie mich schon überholt? In einer Windpause fahre ich ein Stück zurück – nichts zu sehen. Ich entschließe mich, bis Agadez weiterzufahren, dort werden wir uns auf jeden Fall treffen. Aber wo ist die Piste? Beim Hin- und Herfahren habe ich die Piste verloren. Was jetzt? Der Sturm kommt ungefähr aus SO, wenn ich also immer den gleichen Winkel zu ihm einhalte, kann ich ohne Schwierigkeiten ungefähr Westkurs halten und muß so irgendwann auf Agadez stoßen. Vorbeifahren kann ich nicht – schließlich liegt Agadez an großen Pisten mit Nord-Süd-Verlauf. Langsam taste ich mich nach Westen vor – nur kein Risiko eingehen, ich bin allein, irgendwo abseits der Piste. Ich weiß nicht einmal, wie weit ich mich von ihr entfernt habe und in welcher Himmelsrichtung! Das Gelände ist nicht schwierig, das unangenehmste sind die vielen Dornbüsche. Immer wieder gerate ich in Sackgassen, muß mühsam wenden. Ich habe Angst vor Reifenpanne, obwohl dies ja ein behebbares Übel wäre. Wenn nur der verdammte Sturm nicht wäre, wenn man ab und zu einen Überblick bekäme. Aber so – ich bin schon froh, wenn die Sichtweite 20, 30 Meter beträgt. Ich stoße auf quer verlaufende Spuren. Eine richtige Piste ist das nicht. Soll ich den Spuren folgen? Vielleicht fuhren hier nur Holzsammler! Ich fahre weiter Westrichtung! Nach genau 27 Kilometern kommt eine große Überlandpiste, hartes Wellblech. Die Piste kenne ich! Ich bin nur wenige Kilometer im Norden von Agadez! Es ist seltsam – trotz Sturm steige ich aus dem Wagen, streiche mit den Händen über das Wellblech, nur um auch den Händen das Gefühl zu vermitteln, daß ich wieder genau weiß, wo ich bin. Die Erleichterung ist groß. Claus und die anderen sind rasch gefunden. Sie sind auf der Piste nach Agadez gelangt und warten an der Kontrollstelle am Ortseingang. Wir flüchten vor Hitze und Staub ins Hotel ›Air‹, wo wir uns bei gutem Essen und Bier (!) erst einmal von unserer Staubsturmfahrt erholen. Am Nachmittag geben wir wie üblich die Pässe auf der Polizei ab. Wir werden aufgefordert, sie anderntags um 10 Uhr wieder abzuholen.

24. MÄRZ, SAMSTAG

Schon wieder Wind! Am frühen Morgen schon ist alles trübe. Die Luftfilter der Wagen sind nach der gestrigen Staubsturmfahrt total zu. Das bedeutet Dreckarbeit. Um 10 Uhr sind wir pünktlich auf der Polizei. Aber es gibt Schwierigkeiten. Wir sollen um 12 Uhr wiederkommen, dann sei der für uns zuständige Mann da. Wir rätseln herum, was mit unseren Pässen wohl nicht in Ordnung sein könnte. Um 12 Uhr erfahren wir Näheres: Man wirft uns die illegale Ausreise aus Algerien vor! Dabei sind wir in den Staat Niger ganz offiziell in Dirkou eingereist, mit Stempeln von Polizei und Zoll, mit allem drum und dran. Ein stundenlanges Hin und Her beginnt, man verdächtigt uns der Spionage, durchsucht mehrfach die Wagen. Die Uniformier-

ten warten auf einen Polizeioffizier, der allein darüber entscheiden kann, wie mit uns verfahren werden soll. Wir sollen anderntags wiederkommen, die Pässe werden einbehalten.
Wir übernachten auf dem Campingplatz, sind niedergeschlagen und deprimiert und wollen nicht einsehen, warum sich die Nigerer den Kopf über unsere etwas leichtfertige Ausreise aus Algerien zerbrechen. Das anhaltend schlechte Wetter und die hohen Temperaturen tun ein übriges.

25. MÄRZ, SONNTAG

Der Tag vergeht mit unerfreulichen Verhören und Diskussionen. Das Touristen-Office, Veranstalter von Abenteuer-Reisen mit Allrad-Fahrzeugen in die Tenere-Wüste, schickt einen Repräsentanten, der uns anklagt, mit unserer Fahrt durch diese Wüste mit ganz normalen Pkw die ›Abenteuer-Ambiance‹ dieser schwierigsten aller Wüsten geschädigt zu haben, ihnen mithin das Geschäft zu verderben! Das sind Probleme, mit denen wir uns herumzuschlagen haben! Und immer wieder sind die Leute nicht greifbar, die eigentlich für uns zuständig sind. Wir sollen morgen dem Präfekten vorgeführt werden.
Erneut deprimierte Unterhaltungen am Abend auf dem Campingplatz. Die Kamerunreise ist gestorben! Bereits zwei Tage in Agadez verloren, verloren im wahrsten Sinne des Wortes. Den ganzen Tag über in irgendwelchen Amtsstuben!

26. MÄRZ, MONTAG

Nach langen Vormittagsstunden bei der Polizei, von der wir ja inzwischen wissen, daß sie letztendlich nicht über uns zu entscheiden hat, werden wir in einem Polizeiwagen zum Justiz-Palast gefahren.

Erneutes Warten. Der Vormittag vergeht ohne greifbare Ergebnisse. Über die Mittagssiesta dürfen wir wieder zurück ins Hotel. Anschließend erneut kurz in den Justiz-Palast, dann aber schnell auf die Präfektur. Endlich werden wir dem Präfekten vorgeführt. Sein ›Büro‹ ist beeindruckend: Eine mehrere Stockwerke hohe Halle mit Säulen, im traditionellen Stil gebaut, eine Schußwaffensammlung an der Wand, in einer beleuchteten Vitrine eine sehr umfangreiche Tuareg-Schmucksammlung. Der uns überstellende Kommissar klärt den Präfekten über unser Verhalten auf. Dann beginnt die Diskussion noch einmal von vorne. Natürlich haben wir uns auf der Karte eine Piste ausgesucht, die nicht als verboten gekennzeichnet ist, bei der auch keine offiziellen Kontrollstellen existieren. Aber natürlich weiß der Präfekt genau, daß das nur eine Ausrede ist. Ein Anruf kommt – der Staatspräsident! Beide unterhalten sich angeregt, leider verstehen wir ihre Sprache nicht. Der Präfekt bringt die Rede auch auf uns – wir sind gespannt, was dabei herauskommt. Mit ernsten Augen schaut der Beamte zu uns herüber, beendet das Gespräch. »Es ist klar, wer illegal – unsere Proteste prallen nutzlos ab – ein Land verläßt, kann das Nachbarland nicht legal betreten. Wir werden Sie mit einem Militär-Lkw nach Assamaka bringen, dort können Sie die offizielle Einreise vollziehen. Wie Sie dann wieder hierher kommen, ist Ihr Problem.« Assamaka! Das sind 450 Kilometer von hier! Wir werden eine Woche und mehr an Zeit dazu brauchen! Zeit, die wir nicht haben! Claus vor allem setzt sich jetzt für eine Abänderung der ›Bestrafung‹ ein und hat Erfolg! Erneute Entscheidung: »Sie haben Zeit, Agadez bis heute abend 18 Uhr zu verlassen.« Mensch, besser könnte es ja gar nicht kommen, uns ist doch im Augenblick nichts wichtiger, als hier wegzukommen! Wieder werden wir der Polizei überstellt, die uns die Pässe aushändigen soll. Aber mein Paß fehlt! Den hat irgendeiner der Inspekto-

ren, die sich mit uns befaßt haben, mit nach Hause genommen, und wie so oft, ist er jetzt natürlich nicht auffindbar. Claus, Uli und Manfred fahren los, nur weg von Agadez. Ich selbst übernachte gezwungenermaßen noch einmal auf dem Camping-Platz.

27. MÄRZ, DIENSTAG

Um 7 Uhr bin ich bei der Polizei, um 8 Uhr ist alles vergessen. Ich bin ein freier Mann mit Paß! Raus auf die Piste nach Süden. Schon wieder weht ein starker Sandwind, es ist kaum zu glauben, wieviel Wind wir auf dieser Reise bisher hatten! Um 9.30 Uhr bin ich an dem Platz, wo die anderen übernachtet haben, ich finde das vereinbarte Zeichen. Bereits eine halbe Stunde später treffe ich sie, am Straßenrand stehend. Der Bus läuft nicht mehr! Wir suchen lange, bis wir den Fehler finden: Kein Kontaktabstand! Dabei hatten wir zuvor die Kontakte schon mehrmals überprüft, aber einfach den Fehler nicht gesehen. Es ist 14 Uhr und 40 Grad heiß, als wir weiterkommen. Schon wenig später ist Claus erneut nicht mehr hinter mir! Ich fahre zurück. Wieder ein Zündungsdefekt, der Motor klingelt heftig. Auf Gefühl verstelle ich die Zündung, bis der Bus wieder normal läuft. Dann ist klar, daß wir uns trennen müssen: Ich will so schnell wie möglich nach Niamey, die Reise beenden, die doch nicht mehr dahin führen wird, wohin ich ursprünglich wollte. Und die anderen sind zu dritt, haben Afrika-Erfahrung und können sich helfen! Der Abschied fällt nicht leicht: Eine Reise mit vielen Schwierigkeiten – das verbindet.
Zügig gehts bis Zinder. Oft muß ich mich zügeln, nicht wieder in alte Rallye-Fahrweisen zurückzufallen, der Wagen soll mich ja heil nach Niamey bringen! In Zinder ist es schon dunkel, ich genehmige mir zwei kleine und herrlich kühle Bierchen

im Hotel. Jetzt habe ich nur noch Asphalt vor mir – kein Problem! Die Luft ist hier schon deutlich feuchter als in Agadez, das Lenkrad klebt. Ich komme gut voran, wach bin ich auch noch, die erste Polizei-Kontroll-Station ist schon bewältigt. An der zweiten jedoch tut einer Dienst, der mir den letzten Nerv raubt, ein Umstandskrämer und noch dazu ein Kalligraph! Ich gebe hier die deutsche Umschreibung dessen wieder, was er auf französisch in sein großes Buch gemalt hat: »Heute, an diesem Tag, den Gott gegeben hat, dem 27. März, habe ich auf meinem Posten einen Touristen gesehen. Er nennt sich Soundso, ist am Soundsovielten in Dingsda als Sohn des Soundso (Vater) und der Soundso (Mutter) als zweites Kind geboren. Seine Großeltern sind beide schon verstorben. Er kommt aus Agadez und sein Reiseziel ist Niamey. Unseren Staat, die Republik Niger, hat er am soundsovielten in Dirkou betreten.« Und und und. Als ich erkannte, mit wem ich es hier zu tun hatte, und daß nichts dagegen zu machen war, habe ich mich gottergeben in mein Schicksal gefügt. Eine kritische Situation trat nur in dem Augenblick auf, als ich bemerkte, daß er diesen ganzen Sermon, zunächst auf einem Extrablatt notiert, Buchstabe für Buchstabe fein säuberlich in sein großes Buch übertrug! Das Ganze dauert geschlagene 90 Minuten! Ich bin anschließend total geschafft, fahre nur noch außer Sichtweite des Postens, schlage mich dort irgendwo in die Büsche und schlafe bei großer Schwüle mehr schlecht als recht. Ich bin 150 Kilometer hinter Zinder.

28. MÄRZ, MITTWOCH

Um 17 Uhr treffe ich in Niamey ein. Die Air Algerie hat einen Flug in dieser Nacht. Aber das Büro schließt um 18 Uhr. Ich suche in größter Eile, der Schweiß rinnt mir nur so am Körper hinab, Bekannte auf, von denen ich weiß, daß sie an meinem Auto interessiert sein könnten. Um 18.30 Uhr ist der Wagen verkauft! 30 Minuten zu spät! Vergeblich versuche ich in der Nacht mein Glück auf dem Flugplatz, dort ist kein Ticket lösbar. Oh du dreimal verfluchter Mist! Wegen dreißig Minuten werde ich jetzt zwei Tage in Niamey verbringen müssen, zwei Tage lustlose Hitzequal!
Auch Claus und die anderen sind nicht mehr bis Kamerun gekommen. Nach einer Rundreise in Nigeria sind sie über die Tamanrasset-Piste nach Europa zurückgekehrt. Auf der Autobahn zwischen Basel und Freiburg blieb ihr Bus erneut stehen: Motorschaden.

3 Die Dezember-Reise

Zwei Ehepaare auf Wüstenreise! Mit unseren Freunden Christian und Marie wollen wir erneut den Bilma-Erg in Angriff nehmen. Über Genua fahren wir nach Tunis, queren Tunesien innerhalb eines Tages. Schwierigkeiten tauchen bei der Einreise nach Libyen auf: Die Grenzer bezeichnen unser Vi-

189

Folgende Doppelseite: Am Rande des Tassili Ajjer

sum als ›no good‹ und wollen uns wieder nach Tune-sien zurückschicken. Wir übernachten im Grenzbe-reich, lassen am nächsten Morgen etwas Beziehun-gen spielen und können doch einreisen. Wieder ein-mal sind wir von den Ruinen der römischen Stadt Leptis Magna begeistert, dann geht's auf schlechtem Asphalt nach Süden, nach Sebha. Dort haben wir die erste Fahrzeugpanne: Zylinderkopfdichtung durchgebrannt. Wir finden eine Werkstätte, die den Schaden innerhalb eines Tages beheben will.

*

25. DEZEMBER, MITTWOCH

Christian und Marie sind schon um 6 Uhr los, rein nach Sebha, damit die Reparatur zügig in Angriff genommen werden kann. Wir selbst bleiben noch einige Zeit in den Federn, denn es ist lausekalt: Das Thermometer steht auf 4 Grad Kälte! 4 Grad mi-nus, 4 Grad Frost! Und das in Sebha, der ›Haupt-stadt‹ Süd-Libyens!

Gegen Abend ist die Reparatur beendet, erste Pro-befahrten verlaufen zur Zufriedenheit. Die tunesi-schen Kfz-Mechaniker (Libyer, die diesen Beruf ausüben, gibt es wohl nicht) haben ganze Arbeit ge-leistet. Wir müssen den Zeitverlust wieder aufho-len, fahren zügig auf der neuen Asphaltstraße nach Süden. In Ghoddua wird es dunkel, wenig später sind wir in Traghen. Von hier aus wollen wir direkt nach Süden. Auf unserer Detailkarte ist eine Piste eingetragen, die von Traghen aus über Maafen auf direktem Weg jenen Ausläufer des Edeien von Murzuk überquert, den ich wiederholt bei Um el Araneb weiter im Osten gequert habe. Jetzt in der Nacht haben wir zunächst einmal große Probleme, inmitten einer Vielzahl von Straßenbaustellen die Ausfahrt aus Traghen zu finden. Ein freundlicher Libyer fährt schließlich vor uns bis hinaus auf die

Sebkha-Flächen, die ausgetrockneten Salzsümpfe, die sich an der Nordseite des Erg-Ausläufers ent-langziehen. Jetzt können wir den Weg auch in der Dunkelheit nicht mehr verlieren. Rasch sind wir in Maafen, doch Maafen liegt schon im Sand, und wir kommen dort an – erstens bei Nacht, zweitens mit Straßenluftdruck. Und dann verlieren sich alle Spuren im Ort, an ein Halten im weichen Sand ist nicht zu denken. Verzweifelt kurve ich um Hütten und eingezäunte Oasengärten herum, auf der Su-che nach einem harten Fleck, der ein Anhalten er-möglicht. Von hinten kommen seltsame Geräu-sche: Plattfuß! Der erste der Reise! Jetzt muß ich anhalten, ob ich will oder nicht. An einer leicht ab-fallenden Stelle bringen wir den Wagen zum Ste-hen. Wo ist Christian? Er ist schon etwas früher im Sand hängen geblieben. Ich mache mich erst mal an den Radwechsel, während Renate Christian und Marie zu Hilfe eilt.

Wir reduzieren den Luftdruck erheblich – jetzt geht es besser. Obwohl wir viel Lärm verursacht haben, erscheint kein Bewohner der Ortschaft. Auch beim Reifenwechsel kümmert sich kein Mensch um mich, obwohl in der einen oder ande-ren Hütte Stimmen zu hören sind, das Licht von Pe-troleumlampen durch die Ritzen scheint. Ich muß von Haus zu Haus gehen, um jemanden zu finden, der uns den Weg aus dem Ort hinaus zeigen kann, nach Süden, Richtung Gatrun.

Kurz hinter der Ortschaft finden wir einen Hügel, auf dem wir unser Nachtlager aufschlagen. Wir werden morgen sehen, wie es weitergeht.

27. DEZEMBER, DONNERSTAG

»Das sieht aber gar nicht gut aus, was da vor uns liegt!« Christian betrachtet mißmutig von unserem Übernachtungshügel aus die vor uns liegende Strecke: Ein weicher Kessel, in dem sich die Spuren tief in den Sand eingedrückt haben, weit auseinander verlaufend. Das ist immer ein sicheres Zeichen, daß die Strecke schwer wird. Und dann: Ein paar Dünen, zwischen denen sich die Piste schnell verliert. »Recht hast du, gut sieht das nicht aus. Aber jetzt versuchen wir es erst mal. Der Sand ist noch kalt und den Luftdruck bringen wir auf 1,0 atü, dann wird's schon gehen.« Wir kürzen das Frühstück ab, um noch die Morgenkälte (es hat ganze 2 Grad plus) auszunutzen. Los geht's. Die Dünen stehen eng, erfordern kleine Kurvenradien, das Gelände dazwischen ist sehr weich. Auweia, wenn das mal gut geht! Eine weite, leicht ansteigende Sandfläche, der zweite Gang hält nicht, rasch reiße ich den ersten rein, der Wagen kämpft sich mit hoher Drehzahl durch, der zweite, wieder Düne von links, dann wirds auch von rechts her eng. Ich verkrampfe mich hinter dem Lenkrad. Gibt es hier denn gar keine harten Flächen? »Christian hängt, der ist schon mehr als 500 Meter hintendran!« »Ich kann hier nirgendwo halten, wenn wir hier erst mal stehen, ackern wir Stunden.« »Wir können es an der Düne versuchen, vielleicht gibt es dort Preßsand.« Ich kurve auf die Düne zu, immer noch geht es sanft bergauf. Weit komme ich nicht – im Lee der Düne ist eine extrem weiche Stelle, der Wagen versackt auf einer Strecke von drei, vier Metern total. Aus! Wir steigen auf die nächste Düne, mit dem Fernglas. »Was machen die beiden?« »Sie legen gerade Bleche. Wichtig ist, daß wir hier einen guten Platz finden. Wir müssen wieder rauskommen, und Christian muß hier ja auch irgendwo halten.« Wir markieren eine feste leicht abfallende Sandinsel mit einem Kanister. Dann gehen wir zurück zu Christian. Mensch, hier ist doch ein fester Sandrücken! Warum habe ich den vorhin nicht gesehen?! Ich präge mir die Stelle gut ein. Christian ist am schimpfen: »Hör mal, in so einer Scheiße mußt du fahren, du hast mehr Erfahrung.« Los geht's, über die Bleche raus und rüber zum Sandrücken. Jetzt

im Auto ist er doch nicht so fest, wie ich dachte, also weiter, werden Christian und Marie die Sandbleche eben noch ein paar hundert Meter weiter tragen müssen. Ohne Beifahrer geht der 504 besser durch den Sand, rum um die Düne, auf den Kanisterplatz. Bis Christian und Marie da sind, haben wir unseren eigenen Wagen auch schon dorthin ›geblecht‹. Vor uns liegt jetzt eine Sandtenne, eine ebene Sandfläche mit festem Preßsand, der ein problemloses Vorankommen ermöglicht. Dann tauchen wieder Dünen auf, und wie schon zuvor sind die Täler dazwischen extrem weich. Wieder hängt Christian hinter mir. Ich kurve zurück, der zweite Gang zieht kaum durch. Beim sachten Queren einer tiefen Lkw-Spur hänge ich auch. Das sieht aber schlecht aus! »Es geht hier nicht! Schau dir die Dünen an, das hört nicht auf, Düne an Düne! Soweit du sehen kannst ist die Spur weich!« Unmittelbar neben uns ist eine langgezogene Düne mit einer schönen ebenen und harten Flanke. Dort müssen die Wagen hinauf! Wir ackern vier Stunden – dann sind beide Fahrzeuge wieder auf festen Flächen. »Und wohin jetzt? Die Dünenstrecke mache ich nicht mit!« »Wir könnten zurück auf die Sandtenne und auf der immer nach Osten, bis wir auf die Strecke Um el Araneb – Gatrun kommen. Verfahren können wir uns nicht, im Osten ist ein Bergzug.« »Und wie kommen wir zurück auf die Tenne?« »Ohne Probleme wird es nur über die Düne hier gehen, wir müssen die Wagen eben drüberwerfen!« Als einzigem mit Dünen-Erfahrung fällt natürlich mir diese Aufgabe zu. Zuerst Christians Wagen: Ich will ihn sachte über den Dünenkamm setzen und ihn oben in Längsrichtung zur Düne auf einen harten aber sehr schmalen Streifen stellen. Los geht's, mit Tempo im zweiten Gang, erst längs, dann Sturmlauf direkt hinauf, auf die Wand zu. Der Vorderwagen sticht in den Himmel, es reißt mich nach oben! Die Kante – die Bremsen greifen nicht, ich steche hinüber, im schrägen Winkel, viel zu schnell. Der

Der See von Mandara

Kamel-Karawane auf dem Weg nach Süden (Air-Berge)

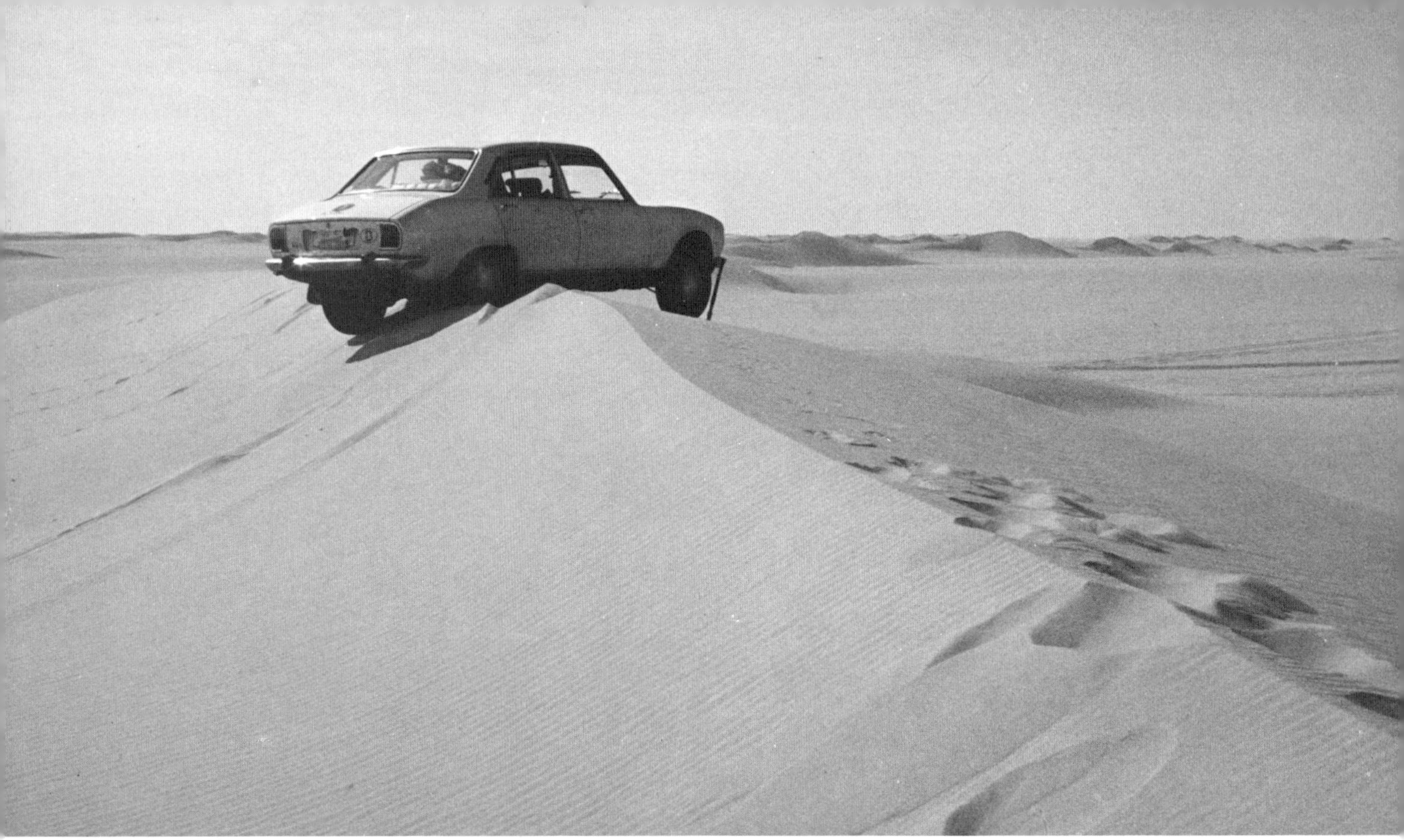

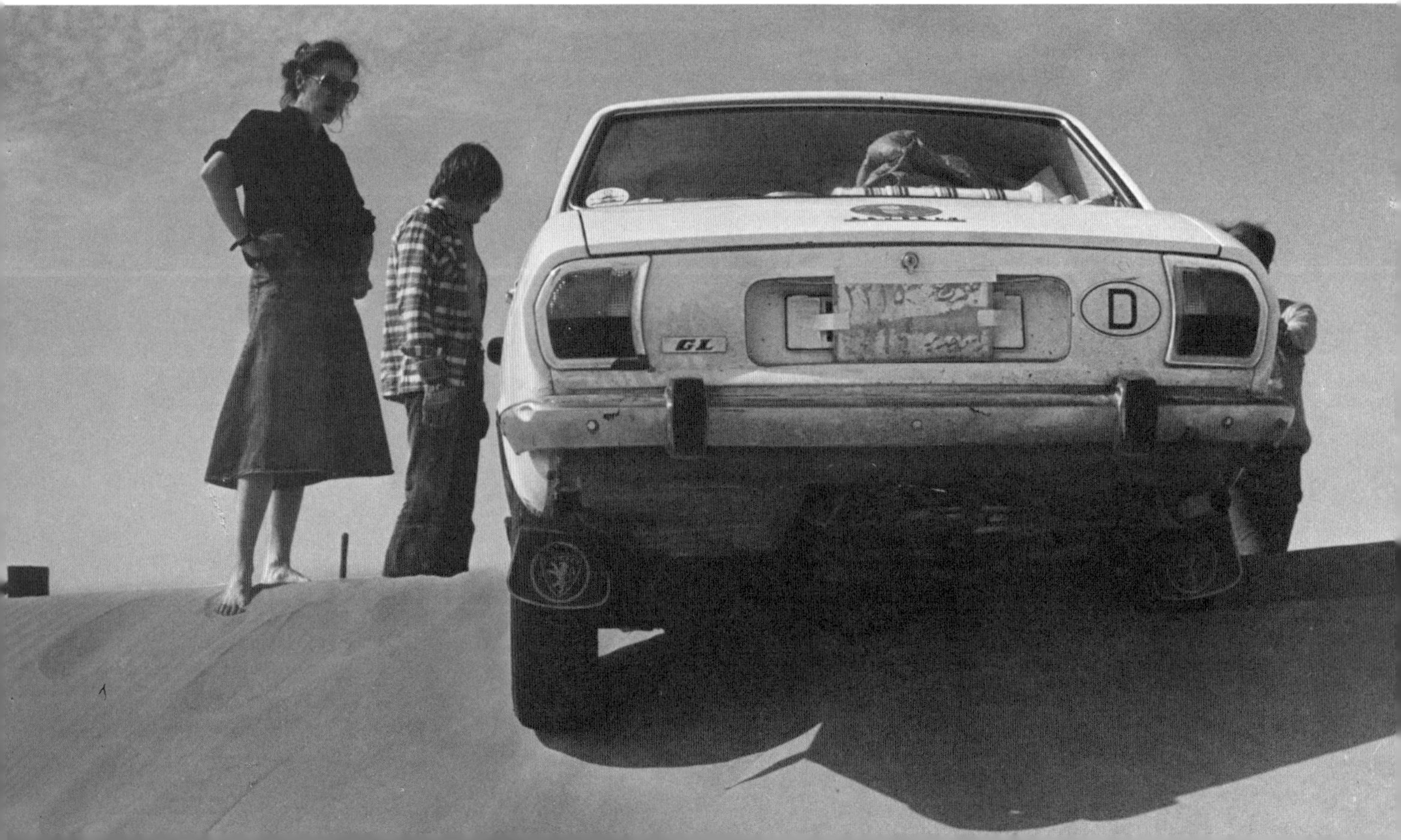
GL
D

In den Dünen von Maafen

197

Wagen rutscht seitlich in den Lee-Hang, kommt dort zum Stehen. Viel hätte nicht gefehlt, er wäre seitlich umgekippt! Das Herz klopft mir im Hals, meine Hände zittern. »Eine Meisterleistung war das nicht!« Wir schaufeln den Sand an den Vorderrädern weg, dann drücken wir den Wagen seitlich herum, jetzt steht er genau in Fall-Linie. Die Neigung ist groß genug, daß er sich problemlos hinabfahren läßt.

Jetzt ist mein Wagen an der Reihe. Auch ihn will ich erst einmal oben auf der Düne abstellen. Gleiches Zitterspiel: Erst wieder längs der Düne Anlauf, dann hinauf, rein in den Himmel! Verdammt! Ich drehe den zweiten Gang nicht hoch genug aus, im letzten Augenblick reiße ich den ersten Gang rein, der Wagen versetzt genau auf der Kuppe seitlich um mehr als zwei Meter, hängt oben auf dem Grat! Vorderräder in der Luft, Hinterräder in der Luft, Bauch auf dem Dünengrat! Mann, Mann. Das Dünenfahren habe ich wohl vollkommen verlernt! Diesmal haben wir es nicht so einfach wie mit Christians Wagen, der Sandrücken vor dem Wagen ist doch ganz schön breit. Den müssen wir jetzt wegschaufeln, Kilo um Kilo, bis der Wagen anfängt, von selbst nach vorne zu kippen. Hinten setzen wir die Sandbleche als Hebel an – dann rutscht auch er den Berg hinab.

Über die Sandtenne kommen wir gut voran, stetig und gleichmäßig nach Osten. Das klare Wetter erlaubt ein frühes Erkennen der Abbruchkante – in 25 bis 30 Kilometer Entfernung steht sie klar erkennbar vor uns. Wir biegen nach Süden ab, nehmen genau Kurs auf Gatrun. Das Gelände ist gut, ebene, leicht kiesige Sandflächen, unser Tempo liegt immer bei 60 bis 70 km/h. Links von uns taucht eine Wadi auf, wir halten uns in gleichmäßigem Abstand zu ihm, es ist vermutlich das Wadi, das sich – weiter im Süden mit Dattelpalmen bewachsen – bis Gatrun hinzieht. Spuren und ganze Spurenbündel kommen von rechts, eine deutlich

erkennbare Piste. Wo soll sie hinführen, wenn nicht nach Gatrun? Wir geben unsere Eigen-Orientierung auf, halten uns nur noch an die Spuren. Wobei wir lediglich auf die Hauptrichtung achten. Am späten Nachmittag treffen wir in Gatrun ein.

Man hält es nicht für möglich: Da fährt man Kilometer um Kilometer durch menschenleere Wüste und glaubt, an einen kleinen verschlafenen Ort am Rande der Welt zu kommen – und sieht eine einzige riesige Baustelle, mit Fertighäusern aus Betonteilen, Baukräne, Armierungseisen, Zementmischern. Wer nur soll in den vielen Häusern wohnen, die hier in Reih und Glied aufgebaut werden? Vor zwei Jahren haben wir dort drüben unter herrlichen Palmen übernachtet, und heute? Heute steht dort ein ausgedehnter Schulpalast, mit Sportanlagen, Freizeitgärten und allem drum und dran. Doch dann kommt der Schlag: Es gibt kein Benzin in dieser Beton-Kleinstadt! Der Tankwagen wird – inschallah – morgen oder übermorgen erwartet. Es kommt aber noch härter: Die Grenze ist hier ohne eine Genehmigung durch die Militär-Verwaltung in Sebha nicht passierbar! Sebha! Da waren wir vor zwei Tagen und hatten Zeit in Hülle und Fülle, solange wir auf die Reparatur des Zylinderkopfes warteten. Und jetzt sollen wir dorthin zurück? Womöglich tagelang auf eine Genehmigung warten, die uns dann nicht erteilt wird? Aber was wird aus dem Bilma-Erg, den wir auf dem Programm hatten? So ein Mist!

Im Augenblick ist vor allem eines klar: Wir würden die Grenze hier nicht passieren können und zurück bis zur nächsten Tankstelle in Um el Araneb haben wir nicht genügend Sprit. Also muß zuerst Benzin aufgetrieben werden! Polizei und Zoll sitzen auch auf dem trockenen, Dutzende von Geländewagen stehen dort herum, zur Passivität verurteilt. Ich fange an, jedes der wenigen Fahrzeuge, die unterwegs sind, anzuhalten, die Fahrer nach ein paar Litern Sprit zu fragen. Schon beim zweiten Wagen habe ich Glück: Am Steuer sitzt ein Syrer, Ingenieur bei einer in Gatrun arbeitenden Baufirma, der deutsch spricht. Er hatte in seinem Heimatland bei einer DDR-Firma gearbeitet. Und er verspricht uns, über seine Baustelle ein paar Liter Benzin zu beschaffen, wir sollten uns nur etwas gedulden. Die Zeit vergeht, der Syrer kommt zurück, er hat immerhin zwanzig Liter aufgetrieben. Jetzt noch mal zwanzig Liter und die Situation ist für's erste gerettet. »Meine Kollegen auf der Baustelle haben schon das Abendessen für Sie zubereitet, bitte machen Sie uns die Freude, mit uns zu essen.« Eigentlich haben wir im Augenblick nicht die notwendige Gelassenheit, um dieser Einladung mit ganzer Freude Folge zu leisten. Aber abschlagen können und wollen wir sie nicht. Die Unterkünfte sind einfach, hier in Europa würde man sie primitiv nennen, aber das Essen ist sehr liebevoll zubereitet, der Tisch sorgfältig gedeckt, alles glänzt vor Sauberkeit. Der Abend wird richtig nett. Dann klopft es an der Tür, ein anderer Bauarbeiter kommt schnell herein, sagt einige Worte, ist gleich wieder weg. »Der Polizei-Chef kommt!« Unsere Gastgeber sind sichtlich erschrocken, sie werfen sogar ihre angefangenen Zigaretten weg. Wenig später ist der Mann da, eine große, imponierende Gestalt. Es zeigt sich schnell, daß er unseretwegen kommt. Er kann es offensichtlich nicht verschmerzen, daß wir bei der Polizei abgewiesen wurden, und jetzt auf die Hilfestellung der Bauarbeiter angewiesen sind. Morgen könnten wir genügend Benzin erhalten, um damit bis nach Um el Araneb zu gelangen. Auch bietet er uns ein Zimmer im Dorf an, in dem wir übernachten können. Es ist uns richtig unangenehm, sein letzteres Angebot abzulehnen. Aber wir werden auf jeden Fall wieder in den Fahrzeugen schlafen, daran führt nach vielen schlechten Erfahrungen kein Weg vorbei. Als der Polizei-Chef sich verabschiedet, sind die Bauarbeiter sichtlich erleichtert.

28. DEZEMBER, FREITAG

Wir sind auch noch zum Frühstück eingeladen! Dabei wird uns vorgeführt, wie Fladenbrot gebacken wird. Das von der Polizei versprochene Benzin steht aber leider doch nicht zur Verfügung. Vielleicht, weil wir das Betten-Angebot vom Vorabend ausgeschlagen haben? So besorgen uns unsere Bauarbeiter noch einmal 20 Liter, sie scheinen eine gute Quelle zu haben. Nach dem Austausch von Geschenken und Adressen verabschieden wir uns von den freundlichen Helfern in der Not, wir müssen zurück nach Norden.

Die Piste läßt sich gut an, der Untergrund ist kiesig, die Spuren deutlich und nicht zu verfehlen. Ein Lkw kommt uns entgegen, er ist überhoch beladen mit allerlei Sack und Pack, ganz obenauf sitzen dann noch mal gut drei Dutzend Männer. Es sind Nigerer, die hierher nach Libyen gekommen sind, um Gebrauchsgegenstände einzukaufen, die sich mit Gewinn dann wieder im Niger absetzen lassen. Wir unterhalten uns mit dem Lkw-Fahrer wegen der Grenz-Genehmigung. »Zwei bis drei Tage müßt Ihr schon warten, auch wenn alle Papiere in Ordnung sind. Aber für die Peugeots – ich glaube kaum, daß die Genehmigung für Pkw erteilt wird.«

Natürlich, hatten wir auch schon insgeheim befürchtet. Wir werden unsere Reise-Situation in Um el Araneb neu überdenken müssen! Wieder müssen wir den Ausläufer des Murzuk-Edeien überqueren, geraten auch prompt an eine saumäßig schlechte Stelle. Nur ein paar hundert Meter haben wir den festen Boden verlassen, dorthin ackern wir uns jetzt mühevoll zurück! Wir werden die früher von mir schon befahrene Querung wählen, ziemlich weit im Osten. Einige Kilometer weichen wir so nach Osten aus, immer entlang dem Sandfeld. Dann wagen wir erneut die Querung. Es geht hier besser, obschon der Sand weich und mulmig ist. An

Piste Djanet–Tamanrasset bei Fort Gardel

Der mächtige Gebirgsstock des Djebel Telertheba am Rande der Piste Djanet–Tamanrasset

Piste Djanet–Tamanrasset bei Serouenout

Piste Djanet–Tamanrasset bei Ideles

ein Anhalten ist nicht zu denken und wehe uns, wir wären irgendwann einmal hängen geblieben.

In Araneb stoßen wir wieder auf die Asphaltstraße. So sind wir schnell in Traghen. Dort gibt es Benzin in Hülle und Fülle. Beim Volltanken diskutieren wir den weiteren Reiseablauf. Christian, aufgrund seiner vielen Sandprobleme doch etwas geschockt, will zurück, auf Asphalt bis ans Mittelmeer, durch Tunesien rüber nach Algerien, und dann auf der Hoggar-Piste wieder runter nach Süden. Seine Zeitkalkulation ist bestechend, vor allem läßt sich auf der Asphaltstraße nötigenfalls rund um die Uhr mit Fahrerwechsel fahren. Marie, meine Frau und besonders ich selbst wollen aber lieber ›Abenteuer schmecken‹, wir wollen über Ghat nach Djanet und von dort nach Tamanrasset fahren. Alles Piste, der Teil auf libyscher Seite ist uns allen nicht bekannt und sicher nicht ganz anspruchslos. Das geht schon aus dem Verlauf der Strecke aus der Karte hervor! Drei zu eins steht es gegen Christian, von seinem möglichen Vetorecht macht er keinen Gebrauch. Von Murzuk aus gibt es eine ganz neue Asphaltstrecke nach Djerma. Wir entschließen uns zu einer Gewaltfahrt, um den Zeitverlust für die vergebens gefahrene Strecke nach Gatrun wenigstens etwas auszugleichen. Schon vor Murzuk kommen wir in die Nacht, fahren dann noch bis kurz vor Ubari.

29. DEZEMBER, SAMSTAG

Die Polizei in Ubari macht uns Schwierigkeiten. Da ist so ein junger Schnösel, der absolut meint, unsere Weiterfahrt nach Ghat verhindern zu müssen. Argumente dafür hat er nicht, außer daß er die Pkw auf dieser Piste für untauglich hält. Zum Glück sind die anderen Beamten friedfertiger Natur. So bekommen wir die Papiere auch gegen den Widerstand des einzelnen.

Die Piste ist denkbar schlecht: Steine, Staublöcher, Wellblech, alles was dem Wüstenfahrer zu schaffen macht. Wir quälen uns durch kleine Wadis neben der Piste, kurven wie Skifahrer im Slalom um Dornakazien – was zur Folge hat, daß wir schnell einen Plattfuß nach dem anderen haben. Beim vierten Plattfuß müssen wir reparieren, mehr Reserveräder haben wir nicht dabei. Wir brauchen viel Zeit, die Reifenpannen nehmen kein Ende. Die Piste erlaubt nur selten Geschwindigkeiten über 30 km/h. So sind wir mit Einbruch der Dunkelheit gerade 170 Kilometer hinter Ubari, die Reifen sind schon wieder platt, wir müssen erneut flicken.

30. DEZEMBER, SONNTAG

Als wir uns im Morgengrauen bei 2 Grad Celsius aus den Betten erheben, sind zwei unserer mühsam montierten Reifen vom Vorabend schon wieder platt. Die Karkassen stecken voller Dornen. Erneut geht es an's Montieren, diesmal arbeiten wir sorgfältiger. »Von jetzt an bleiben wir aus diesen mistigen Dornwadis draußen. Das dauert wesentlich länger mit der ewigen Flickerei, als wenn wir auf der Wellblech-Piste entlanghumpeln.« Tatsächlich kommen wir nur selten auf Geschwindigkeiten über 20 km/h und auch vor weiteren Reifenpannen bleiben wir nicht verschont. Aber dann verlassen wir die Steintrümmerlandschaft, es wird sandiger, unsere Peugeots atmen hörbar auf, wenigstens bilden wir uns das ein. Jetzt geht es flotter und kurz nach Mittag sind wir in Serdeles. Auch hier besteht wieder Meldepflicht bei der Polizei, aber das geht schnell und ganz ohne Probleme über die Bühne.

Die Piste bleibt wechselhaft. Am schlimmsten sind die häufigen Staublöcher. Wie Wasser liegt der Staub in den Kuhlen, Steine und Löcher verbergend, wie Wasser spritzt er beim Reinfahren zur Seite und unter die Kotflügel.

Die Landschaft wird immer phantastischer, links der mit einer riesigen Steilwand aufragende Djebel Akakus, rechts mit einer burgähnlichen Kulisse der Kaf Ajun, der Geisterberg. Am Wadi Tanezuft haben sich Dünen gebildet, die Piste ist teilweise erheblich verweht. Ein Lkw steckt dort drin, verursacht einen regelrechten Verkehrsstau, bestehend aus einem weiteren Lkw, einem Toyota, der uns kurz zuvor überholt hatte und jetzt noch unsere beiden Peugeots. Ein Ausweichen ist nicht möglich, so müssen wir warten, bis der Lkw aus dem Sand befreit ist.

Kurz vor Ghat wird es wieder dunkel. Von weitem schon sehen wir regelmäßiges Neonlicht – eine beleuchtete Straße. Wenig später sind wir dort, Asphalt, eine wahre Wohltat! Doch wir werden bitter enttäuscht: Der Asphalt führt nur zu einem Militär-Camp, die Freude umsonst, die Straße ein Irrweg. Wir müssen zurück zur Piste und auf dieser weiterhumpeln bis Ghat.

Die Polizei hat noch geöffnet, wir können die Formalitäten erledigen, die zur Ausreise erforderlich sind. Aber die Zollstation ist geschlossen. Immerhin sind die Leute noch so aktiv, daß sie uns dazu verpflichten, im Zollhof hinter Stacheldraht zu übernachten, zusammen mit einer Reihe von Lkws, die auch auf der Strecke Sebha–Agadez unterwegs sind.

31. DEZEMBER, MONTAG

Der Zoll öffnet seine Pforten erst um 10 Uhr! So verlieren wir unnötig Zeit. Die Kontrolle verläuft um so erfreulicher. Zwar sind viele Grenzgänger da, aber Touristen scheinen hier noch so selten zu sein, daß man uns überall den Vortritt läßt. Man kennt das Grundübel der Europäer, immer in Zeitnot zu sein.

Eine Viertelstunde später sind wir abgefertigt, die schönen libyschen Nummernschilder mit Bedauern zurückgegeben. Nach der Devisenerklärung wird nicht einmal gefragt. Wir können weiterfahren. Nach 45 Kilometern befinden wir uns schon in Algerien, an der Grenzstation Tin Alkoum. Wieder werden uns die Pässe abgenommen, doch schon nach kurzer Zeit zurückgegeben. »Es ist uns ein Rätsel, warum die Libyer Sie mit diesem Wagen auf die Piste gelassen haben! Bei uns in Algerien hätten Sie damit keine Chance!« Ich verteidige den Peugeot, lobe seine Robustheit, seine Geländegängigkeit, preise ihn als ideales Wüstengefährt. Wenn ich da schon gewußt hätte, was uns kurz danach zustoßen würde – vermutlich wäre ich kleinlaut gewesen!

Wenige Kilometer später wieder ein weiches Sandfeld. Das sieht ein Blinder, daß das nicht einfach wird – also hinein, mit Dampf. Mensch, paß auf, da hat es Steine drin, wahre Wackermänner, links, rechts drumherum, und dabei der weiche Sand. Wir haben wieder festen Boden unter den Reifen. Und Christian? Wir halten an, schauen nach ihm zurück – da macht sein Wagen einen eigenartigen Galopp-Sprung, wir sehen deutlich, wie Christian nach vorn gegen die Windschutzscheibe fliegt. »Verdammt, das ging ja wohl ins Auge!« Wir laufen zurück, gerade steigen Marie und Christian aus ihrem Wagen, kommen auf uns zu. »Es ist aus. Reise vorbei. Die Karre ist hinüber.« »Nun wart erst mal ab, laß sehen, was los ist.« Das sieht wirklich nicht gut aus. Das Wasser läuft aus dem Kühler. »Schnell, eine Schüssel untergestellt, wer weiß, was jetzt noch auf uns zukommt.« Die Räder hinten stehen vollkommen schief. Was ist denn das? Wir schaufeln den Wagen frei, um das Malheur begutachten zu können. Die Quertraverse der Hinterachse ist an einem großen Stein hängengeblieben, sie ist abgeknickt, jetzt stehen die Räder so schief, daß sie hoffnungslos in der Karosserie klemmen. Bei dem harten Aufschlag hat sich der Motor nach vorne bewegt und dabei den Kühler aufgerissen. Das ist halb so schlimm, einen Ersatzkühler haben wir dabei. Aber die Hinterachse? »Gerade bekommen wir die Traverse auf keinen Fall, wir können nur den Rädern soviel Platz schaffen, daß sie sich im Radlauf bewegen können!« Mit dem großen Hammer beulen wir die Karosserie aus, schneiden an weniger zugänglichen Stellen mit der Blechschere die Kotflügel auf, biegen die Blechteile beiseite. Die Räder bekommen mehr und mehr Luft. Schließlich sind sie frei, der Spielraum ist zwar klein, aber wir können ja langsam fahren. Dann tauschen wir noch den Kühler. »Mann, bin ich gespannt, ob die Karre wieder läuft!« »Irgendwie werden wir sie schon bis nach Djanet schleppen!« Probestart. Tatsächlich, Maschine läuft, der Wagen kommt weg. Das Getriebe jault kläglich vor sich hin, über die Kardan-Welle wird die verbogene Hinterachse vermutlich irgendwie Druck auf die Lager ausüben, aber das Ding bewegt sich! Natürlich – das Fahrverhalten spottet jeder Beschreibung. Je nachdem, welches Hinterrad härteren Boden unter dem Reifen hat, steuert der Wagen hinten hin und her, torkelt wie betrunken durch die Landschaft. Aber besser getorkelt als den Wagen irgendwo aufgegeben!

Weit kommen wir an diesem Nachmittag nicht mehr. Der lädierte Wagen ist im Sand erheblich benachteiligt und bleibt jetzt auch in harmlosen Stücken immer wieder hängen. Das kostet Zeit. Nach einem steilen steinigen Anstieg finden wir auf dem anschließenden Plateau einen sehr netten Platz. Da es bereits dämmrig ist, bleiben wir an Ort und Stelle.

Silvester-Abend! Wir haben Wunderkerzen dabei, eine gute Flasche Wein. Damit ließe sich der Abend würdig verbringen. Aber die Wunderkerzen könnte man an der Grenzstation Tin Alkoum sehen, und administrative Schwierigkeiten wollen wir im Grenzgebiet nach Möglichkeit vermeiden.

Und der Wein? Den trinken wir praktisch zu zweit: Christian und Marie liegen sich in den Haaren, da Christian die Schuld an dem Unfall seiner Frau zuschiebt – wären sie über Asphalt außen herumgefahren. Ja, wenn sie wären!

1. JANUAR, DIENSTAG

Kurz vor 8 Uhr kriechen wir aus den Federn. Ein eisiger Wind zieht über das Plateau, es hat lausige 2 Grad. Wir verschieben das Frühstück auf eine Vormittagspause im Windschutz an einer sonnigen Stelle. Es ist schade, daß uns die Spannung mit dem Havaristen so sehr in Anspruch nimmt, die Landschaft ist nämlich ganz phantastisch. Wir queren die Ausläufer des Tassili n'Ajjer. Die Sandsteinplateaus wurden hier durch Wind, Sand und Temperaturschwankungen zu teilweise extrem skurilen Formationen ausgebildet. Der Pistenzustand ist wechselhaft, wirklich schwierige Teilstücke selten. Mit der Umfahrung des Tassili n'Ajjer kommen wir in ein weiträumiges Tal, in dem ebene Sandfelder mit fester Struktur ein zügiges Vorankommen ermöglichen. Gegen 4 Uhr treffen wir in Djanet ein, in der ›Perle des Tassili‹. Christians Auto ist jetzt in ›Sicherheit‹. Hier gibt es einen Flugplatz, über den sich gegebenenfalls nach Hause bzw. mit einem entsprechenden Ersatzteil auch wieder in die Sahara fliegen läßt. Beim Zoll erledigen wir die Einreiseformalitäten ohne Probleme. Die Polizei hat jedoch geschlossen, bei ihr ist seltsamerweise der 1. Januar Feiertag. So haben wir viel Zeit, bummeln durch die Oase und ihre Gärten, kaufen auf dem wenig belebten Markt Frischgemüse ein. Erstaunlicherweise sind praktisch keine Touristen anwesend, es steht nur ein einziges Touristenfahrzeug auf dem Campingplatz.

Wir beziehen wieder einen Platz etwas außerhalb der Oase, in einem geschützten Tal. Das hier in

Fülle zur Verfügung stehende Wasser nutzen wir zu einer gründlichen Wäsche.

2. JANUAR, MITTWOCH

Um 10 Uhr hat die Polizei immer noch geschlossen, obwohl sie bereits seit 8 Uhr geöffnet haben sollte. Wir sitzen vor dem neuen Gebäude in der Sonne und unterhalten uns wie schon am Vorabend über das weitere Vorgehen. Jetzt am Tag sieht alles wieder anders aus als gestern in der Dunkelheit. Christian und Marie wollen den Peugeot doch noch bis Tamanrasset durchbringen, vielleicht besteht dort die Möglichkeit einer Reparatur, auf jeden Fall aber sind die Flugmöglichkeiten wesentlich günstiger. Es bleibt so nur eine Wahl: Möglichst zügig nach Tamanrasset zu fahren. Es wird 13 Uhr bis wir in Djanet mit allen Formalitäten fertig sind und losfahren können, auf der Piste geht es in Richtung Westen. Die Landschaft hier, der Übergang zwischen den Steilabbrüchen des Tassili n'Ajjer und dem Erg Admer zählt zu den schönsten Landschaften der Sahara. Aber wie schon am Vortag – der Havarist beansprucht so sehr unsere Aufmerksamkeit, daß wir nur wenig Sinn für die landschaftlichen Schönheiten haben. Außerdem – wir wollen noch bis an die Atlantik-Küste in Kamerun!
110 Kilometer nach Djanet steht Christians Peugeot wieder mal. Die Diagnose ist schnell gestellt: Halbwelle gebrochen! Der dauernde Schräglauf der Hinterräder beansprucht die Gelenkwellen natürlich ganz enorm, es ist kein Wunder, daß jetzt eines dieser Gelenke in seine Bestandteile zerfallen ist. Zum Glück haben wir eine komplette Halbwelle dabei, die muß jetzt eingebaut werden. Ein Lkw kommt und hält an. Der Fahrer ist der geborene Kfz-Mechaniker – wir stehen nur noch wie Statisten dabei, er nimmt uns die ganze Arbeit aus den Händen – Widerspruch ist da gar nicht möglich. Zwei Stunden später ist die Welle getauscht. Wir trinken gemeinsam Tee, überreichen ein paar Geschenke. Die Lkw-Besatzung drängt zum Aufbruch. »Und wir? In welcher Richtung fahren wir? Nach Djanet sind es etwas über 100, nach Tamanrasset um die 600 Kilometer.« »Wenn man wüßte, wie lange die zweite Halbwelle das noch mitmacht!« »Wenn die den Geist auch noch aufgibt, wird eben geschleppt. Wozu haben wir die Sandbleche als Abschleppstangen dabei?« Also nach Westen! In Fort Gardel wird es dunkel. Das Gelände ist neben der Piste unübersichtlich, die Piste selbst hat ein sehr starkes Wellblech. Wir verlieren uns in der Dunkelheit zweimal, da mal der eine, mal der andere auf eine Nebenspur kommt. 40 Kilometer nach Fort Gardel geben wir auf und beziehen unser Nachtlager.

3. JANUAR, DONNERSTAG

Wir sind schon früh auf den Beinen, die Kälte kürzt das Frühstück ab. Wir torkeln nach Westen, der Lädierte voran. Touristen kommen entgegen, zuerst zwei Motorradfahrer (Fan muß man sein!), ein VW-Bus, später ein Lada-Allrad. Der Fahrer dieses Wagens hat böse Informationen parat, vor uns, in der Nähe des Djebel Telertheba, sei ein extrem weiches Sandfeld, dort würden im Augenblick zwei große Unimog einer Frankfurter Reisegruppe stecken. Von einer früheren Reise auf dieser Piste her kann ich mich an dieses Sandfeld auch noch vage erinnern
Der Djebel Telertheba taucht auf, ein riesiges, fast 2500 m hohes Felsmassiv. Und dort vorne steht der eine Unimog noch im Sandfeld. »Wir bleiben ziemlich rechts, dort ist das Gelände geneigt, es müßte dort besser sein.« Ohne Schwierigkeiten umrunden wir den eingesandeten Geländewagen, winken den herumstehenden Pauschaltouristen ausgelassen zu.

Piste Djanet–Tamanrasset bei Oued Amadror

Piste Djanet–Tamanrasset bei Ideles

Wellblechpiste

Nach 40 km Asphalt sah der
Reifen am Havaristen so aus!

Wir sehen förmlich, wie sie die Augen aufreißen – bei unserer lockeren Durchfahrt durch dieses weiche Stück – mit dem Pkw!

Im Schutze einiger schöner Tamarisken-Kupsten legen wir eine erholsame Mittagspause ein. Gestern nachmittag sind wir in Djanet losgefahren und sind jetzt schon im Wadi Amadror! Heute abend werden wir in Tamanrasset sein – inschallah. Und bei meiner ersten Reise hierher war ich auf dieser Strecke fast eine Woche unterwegs!

Mit dem Erreichen der Hoggar-Berge läßt unser Tempo wieder nach. Die Piste wird steinig, ein Ausweichen ins Gelände ist oft nicht möglich. Nur wenige Kilometer vor dem Erreichen der Asphaltstraße wird es dunkel. Wir kämpfen uns aber noch bis zur Straße durch.

Erneute Schwierigkeiten: Durch die Schrägstellung der Räder radieren sie auf dem Asphalt enorm – der Wagen hinterläßt eine deutlich sichtbare schwarze Spur, die quietschenden Reifen erhitzen sich so stark, daß sie mit der Hand nicht mehr anzufassen sind. Wir fahren nur noch Tempo 40. Nach 20 Kilometern ist der Gummi weg, jetzt treten die Stahleinlagen der Reifen in Aktion, die Funken sprühen. Aber auch das Eisen ist der Reibung nicht lange gewachsen, ziemlich genau 40 Kilometer Asphalt genügen, um die Reifen bis auf den Schlauch runterzuhobeln. Wenn wir so weitermachen, ist bis Tamanrasset ein weiterer Reifen ruiniert. Es gibt nur eine Lösung: Christian fährt neben der Asphaltstraße im Gelände oder auf der alten Piste. Nach einer erneuten Reifenpanne hören wir erschöpft auf. Als wir gegen 22 Uhr ins Bett fallen, hat es gerade noch 6 Grad.

4. JANUAR, FREITAG

Wir quälen uns die letzten Kilometer bis Tamanrasset, immer von der Angst verfolgt, nochmal von

Reifenpannen und Reifenflicken in Anspruch genommen zu werden. Der Ort macht noch einen verschlafenen Eindruck. Es ist ja auch Freitag, muselmanischer Sonntag.

Wir machen Arbeitsteilung: Unsere Frauen kümmern sich um die Formalitäten bei der Polizei, wir Männer ziehen von Reparatur-Werkstatt zu Reparatur-Werkstatt auf der Suche nach einer Traverse bzw. einer Möglichkeit, diese zu reparieren. Die Ergebnisse sind ziemlich entmutigend. Schließlich kommen wir auf die Idee, die Traverse, eingebaut wie sie ist, mit einem starken Stahlseil, das an einem Mast verankert wird, wieder geradezureißen. Christian steigt ins Auto, ich überwache das Seil am Fuß des Masten, er gibt Gas – krach! Die Traverse hat sich keinen Millimeter verbogen! Erneuter Versuch – der Anlauf diesmal noch heftiger – krach. Das Ergebnis erneut gleich Null. Dafür hat sich der Fuß des Stromleitungsmasten schon ganz erheblich gelockert. Das können wir so nicht noch einmal machen. Überhaupt – vielleicht reißen wir die ganze Verankerung der Traverse aus, dann ist Hopfen und Malz verloren. Als Ersatzteil ist die Traverse offensichtlich nicht zu bekommen, neu schon gar nicht und ein Schrottwagen mit tauglichem Teil ist auch nicht aufzutreiben.

Die Entscheidung fällt schwer, aber Christian und Marie werden hier im Tamanrasset die Reise abbrechen und zu einem späteren Zeitpunkt mit einer Traverse wieder hierherkommen, Renate und ich werden so schnell wie möglich nach Süden weiterfahren, um in der noch verbleibenden Zeit möglichst noch bis zum Meer zu kommen – das früher schon nie realisierte Endziel mancher unserer Sahara-Fahrten. Nach einem Abschiedstrunk mit den Reisegefährten düsen wir um 16 Uhr los, fahren an diesem Abend in die Dunkelheit hinein noch 280 Kilometer gegen Süden. Am Tag darauf sind wir bereits kurz vor Tahoua, können so den Sonntagsmarkt von Tahoua besuchen. Dann wird uns die

Einreise nach Nigeria verwehrt, weil wir kein Carnet dabei haben. Bleibt als Lösung die Fahrt über Benin und Togo. Wieder bewältigen wir große Etappen, nur im Grenzgebiet zwischen Benin und Togo, ganz im Norden der beiden Staaten, besuchen wir noch die Sombas und ihre burgähnlichen Gehöfte. Hier nehmen wir uns wieder etwas mehr Zeit.

Endlich sind wir dann in Lome, verbringen noch ein paar Tage an der Küste, überlassen das Fahrzeug einem Bekannten dort und fliegen per Charter direkt nach Zürich zurück.

Tips und Kniffe für den Sahara-Fahrer

Wetter und Jahreszeiten

Fahren Sie im August mit Skiern an die Ostsee? Nein? Dann wird es sie auch nicht überraschen zu hören, daß es in der Sahara ausgeprägte Jahreszeiten gibt. Im Gegensatz zu unseren klimatischen Verhältnissen sind die Ausprägungen dieser jahreszeitlichen Klimaveränderungen jedoch wesentlich stabiler, d.h. zuverlässiger. Diese Regelmäßigkeit wird allerdings von mitunter sehr heftigen Unwettern durchbrochen. Wer die Sahara durchqueren will, hat darauf zu achten, daß er dabei drei Klimazonen durchschreitet: Gemäßigte Klimaverhältnisse im Mittelmeerraum und Nordafrika, arides Wüstenklima, Sahel-Klima mit ›zwei Sommern‹ südlich davon. Eine Reise im April zum Beispiel trifft in Nordafrika auf angenehm warme Wetterverhältnisse, in der Sahara wird es schon recht heiß, im Sahel dagegen ist jetzt der zweitheißeste Monat in einem ausschließlich heißen Jahr. Die untenstehenden Klimatabellen mögen dies verdeutlichen:

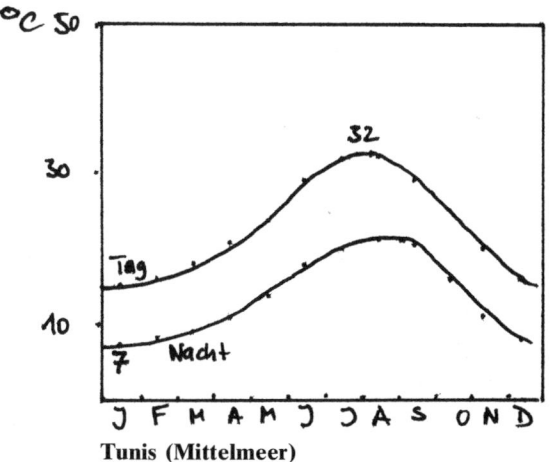

Tunis (Mittelmeer)

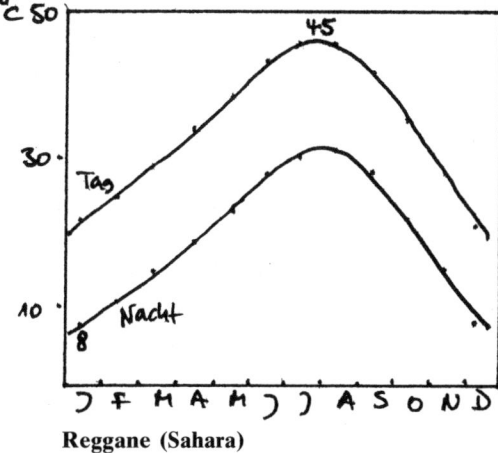

Reggane (Sahara)

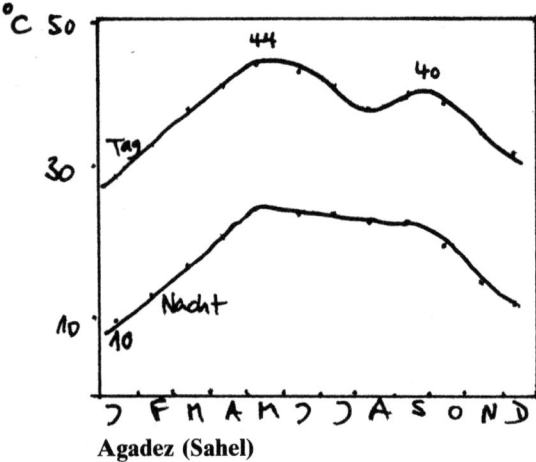

Agadez (Sahel)

Beste Reisezeit ist demnach Oktober bis März. Besonderheiten: Harmattan-Stürme im Sahel während der Wintermonate. Stürme in der Sahara häufiger in Übergangszeiten März–April und September. Hochsommer: Die Sahara wird von Hitze fast erdrückt, Regenzeit im Sahel, viele Pisten nicht benutzbar, Regensperren – aber nach Regenfällen herrlich klare Luft.

Fahrzeug und Fahrzeugausrüstung

Erfahrung und Fahrkönnen sind wichtiger als noch so potente Geländefahrzeuge. Wer keine Erfahrung mit dem Unimog im Sand hat, wird sich beim Aussanden dieses paramilitärischen Instrumentes sehr schinden. Natürlich ist unter sonst gleichen Voraussetzungen ein allrad-angetriebenes Fahrzeug immer im Vorteil. Die üblichen Wüstenpisten lassen sich jedoch alle ohne weiteres mit jedem robusten Pkw befahren. Es sei ausdrücklich betont, daß bei Verlassen der ariden Zonen und dem Auftauchen von feuchtem Untergrund oder gar Schlamm der Vorteil des Allradfahrzeugs gegenüber dem Pkw immens wird. Für die Sahara selbst jedoch genügt in den meisten Fällen *eine* angetriebene Achse.

Die Probleme des Fahrzeugs nehmen mit der Hitze enorm zu, deshalb sei jeder Selten-Fahrer davor gewarnt, in der heißen Jahreszeit in die Sahara zu fahren. Es gilt die Regel, daß Fahrzeuge mit geringer Wintertauglichkeit besser im Sand sind als solche mit großer Wintertauglichkeit. Vorderradantrieb ist ungünstig, die Fahrzeuge bewältigen nur mühsam steile Berge und ziehen sich durch die Vorderachsentlastung beim Anfahren nicht oder nur schlecht auf die Sandhilfen hoch.

Eine ganz wichtige Rolle, wenn nicht die wichtigste überhaupt, spielt die Beladung des Fahrzeugs. Es gilt die Regel, so wenig wie möglich mitzuschleppen. Natürlich steht dies im Widerspruch zu den Autarkieproblemen, dem erhöhten Bedarf an Wasser und Treibstoff, den weiten Distanzen. Aber im Zweifelsfall sollte man immer ein Ding weniger mitschleppen. Dies gilt insbesondere für Fahrzeuge mit hohem Ladevolumen, wie z. B. dem VW-Bus.

Nichts ist den Fahreigenschaften dieses Fahrzeugs im Gelände so abträglich, wie eine zu hohe Zuladung.

Montierte Zusatzausrüstung, Fahrzeugvorbereitung:
Breitere Reifen verbessern die Sandtauglichkeit des Fahrzeugs, ein höherer Abrollumfang mindert die Kerbwirkung und erhöht die Bodenfreiheit. Auch hier sind Grenzen gesetzt, einmal durch den Freiraum im Radgehäuse, zum andern durch die Veränderung der Übersetzung.
Schutzkufen und -bleche an Motorwanne, Achsen und Getriebe sind immer von Vorteil, es ist jedoch darauf zu achten, daß evtl. notwendige Kühlluft die geschützten Aggregate noch ungehindert treffen kann.
Verstärkte Stoßdämpfer schonen das Fahrzeug bzw. dessen bewegliche Teile im Übergang zwischen gefederter und ungefederter Masse. Es ist bei ›Heavy-duty‹-Stoßdämpfern darauf zu achten, daß die Stoßdämpferaufnahmen robust genug sind, um der Dauerbeanspruchung gewachsen zu sein. Bei luftgekühlten Motoren ist ein Ölthermometer unbedingt erforderlich.
Verwenden Sie Kerzen mit einem etwas höheren Wärmewert und ein Öl, das auch höheren Temperaturbelastungen gewachsen ist. Fahren Sie während der Wintermonate los, vergessen Sie bei wassergekühlten Fahrzeugen auf keinen Fall den Gefrierschutz.
Bauen Sie in die Benzinleitung vor der Benzinpumpe einen Filter ein. Nehmen Sie einen entsprechenden Ersatzfilter mit. Ein verstopftes Filter läßt sich durch Umkehren der Fließrichtung mit Benzin freispülen.
Trockenluftfilter sind nicht ideal. Montieren Sie nach Möglichkeit Ölbadluftfilter. Ein vorgeschaltetes Zyklonfilter kann nicht schaden, einfacher ist

es oft, den Ansaugstutzen in eine möglichst staubfreie Zone hineinzuverlängern.
Halogen-Hauptlicht (keine Zusatzscheinwerfer) und eventuell Halogenlampen mit höherer Leistung (in Deutschland verboten, also erst unterwegs montieren), helfen bei Nachtfahrten. Auch wenn solche nicht auf Ihrem Programm stehen, können sie immer einmal notwendig werden. Funzelbeleuchtung erhöht dann nur unnötig das Risiko.
Schnallen Sie sich immer an! Immer! Sie vermeiden im Zweifelsfall Verletzungen, die bei uns vielleicht harmlos sind, aber Hunderte von Kilometern von einem Ort oder einem ähnlichen Stützpunkt entfernt tödliche Auswirkungen haben!
Eine Verbundglaswindschutzscheibe ist gegen Steinschläge sicherer als eine vorgespannte Normalscheibe, die im Zweifelsfall in abertausend Krümel zerfällt und damit ihre Schutzwirkung vollkommen verliert.
Kühlprobleme treten häufig im Sommer und bei langen Sandstrecken oder ungünstigen Windverhältnissen auf. Bestimmte Fahrzeugtypen lassen sich mit Tropenkühlern versehen. Oft genügt es auch, den vorhandenen Eisenkühler gegen einen solchen aus Kupfer zu tauschen. Bei manchen wassergekühlten Fahrzeugen empfiehlt es sich, den Thermostat auszubauen. Montieren Sie einen großen Feuerlöscher in Griffweite.

Lose mitgeführte Fahrzeugausrüstung:
Die Menge der hier anzuführenden Dinge würde den zur Verfügung stehenden Raum überschreiten, es seien deshalb nur die wichtigsten Dinge genannt. Ganz obenan steht auch hier wieder die Warnung, durch eine Fülle von mitgeführten Gegenständen, mit denen Pannen und Reparaturen behoben werden sollen, solche erst zu verursachen, da ein überladenes oder auch nur schweres Fahrzeug sich im

Gelände und auf Pisten sehr viel schwerer tut als ein leichtes. Ersatzräder und Reifen: Ein Ersatzrad genügt normalerweise, Felgen lassen sich mit Hilfe eines Hammers immer wieder richten. Ein zusätzlicher Ersatzreifen, evtl. Karkassenflickzeug. Es ist darauf zu achten, daß bei Mischbereifung die mitgeführten Ersatzreifen auf jede Achse montierbar sind. Mehrere Ersatzschläuche, viele Schlauchflikken, dazu Gummilösung in mehreren kleinen Tuben (!).

Sandausrüstung: Optimal sind Alu-Sandbleche, meist in Form gebrauchter Luftlandebleche kaufbar. Ich bringe an den Blechen Löcher an, in denen sich stabile Ösen befestigen lassen, so sind die Bleche notfalls als Abschleppstangen verwendbar. Weitere Möglichkeiten: Luftlandebleche in Eisenausführung, stabile Bretter (Gipsdielen). Nur zum Aussanden verwendbar und nicht als Brücke u.a.: Sperrholzplanken. Als Sandausrüstung für schweres Gelände sehr bewährt haben sich bei Pkw ca. 60 cm breite Maschendrahtstreifen, Drahtstärke 0,8 bis 1,0 mm, Maschenweite ca. 25 mm.

Benzinkanister: Optimal aber auch schon eine Gewichtsfrage: Wehrmachtskanister aus Eisenblech. Der leere Kanister wiegt fast 5 kg, Gewichtsfrage bei Pkw-Reisen, z.B. Benzinreserve 200 Liter = 50 kg Gewicht nur durch die Kanister. Alternativen: Kunststoffkanister, stabile Ausführung, für 30 Liter wiegen ca. 1 kg. Oder Kanister aus Alublech, nur sehr schwer erhältlich über Militärausrüstungs-Verwerter. Ersatzdichtungen mitführen!

Luftpumpen: Fußluftpumpen haben ein geringes Volumen, sie müssen beim Betätigen unbedingt auf eine Unterlage gestellt werden, z.B. Fußmatte. Handluftpumpen arbeiten besser, besonders Doppelkolbenpumpen. Angebauter Manometer günstig, aber immer zusätzlichen Manometer mitführen.

Abschleppseil: Genügend Seile mitführen, starke, schwache, alle Ausführungen. Auch Abschlepp-

seile aus Stahldraht reißen und führen gerade beim Schleppen auf Piste oft zu Beschädigungen. Sandblech als Abschleppstange umfunktionieren (s.o.).

Wagenheber: Mindestens zwei serienmäßige Wagenheber, evtl. noch zusätzlichen hydraulischen Heber. Für Geländefahrzeuge und je nach Reiseziel gibt es lange Stangenwagenheber mit Hubhöhen über einen Meter.

Schaufeln: In der Regel genügen zwei Klappspaten. Der Griff sollte aber nicht durch Verdrehen Griff/Spaten festgestellt werden, sondern durch eine Überwurfmutter.

Seilzüge und Winden: Eine normalerweise überflüssige Ausrüstung, die für Feuchtgebiete mit Baumbestand sicherlich angebrachter ist als für die Sahara.

Fettpresse: Überzeugen Sie sich, daß das mitgeführte Modell für alle Schmiernippel an ihrem Fahrzeug zugänglich ist.

Sonstige Ausrüstung: In Stichwortform sollen hier nur einige Dinge aufgeführt werden, die häufig benötigt werden. Die Liste erhebt keinen Anspruch auf Vollständigkeit, dagegen wird es sicherlich möglich sein, das eine oder andere Ding zu Hause zu lassen. Universell verwendbare Dinge sind vorzuziehen: Komplettes, gutes Werkzeug, Kerzen- und Radschlüssel, destilliertes Wasser, Bremsflüssigkeit, Engländer, Reifenmontiereisen, Metallsägeblätter, schwerer Hammer oder Beil, Draht in verschiedenen Varianten, Elektrokabel (auch für Batterie, also ausreichend stark), Spezial- und Komponentenkleber, Glasfasergewebe und Harz, Spachtel, Dichtungspapier, Stoffklebeband, Reinigungspaste, Schmierfett, Handbohrmaschine und sehr gute Metallbohrer, Meterstab, Schnur, Drahtbürste, Schere, Schmirgelpapier, Schlauchklemmensortiment, Schläuche.

Ersatzteile:

Hier ist es besonders wichtig, die Schwachstellen des gewählten Fahrzeugtyps zu kennen. Ziel sollte immer sein, solche Teile mitzuführen, die einen Totalausfall des Fahrzeugs verhindern können. Eine der günstigsten Methoden, sich mit Ersatzteilen zu versorgen, ist (bei gängigen Fahrzeugen), sich ein Ausschlachtfahrzeug zu kaufen. Da der TÜV bei uns häufig den Rost-Tod der Fahrzeuge fordert, sind die mechanischen Teile noch durchaus geeignet, als ›Teile in der Not‹ ihren Zweck zu erfüllen. Auch hier sei es mit einer kurzen Auflistung getan: Kühler, Federblätter und Spiralfedern, Halbwellen, Vergaser bzw. Einspritzpumpe, Lichtmaschine, Kühlwasserpumpe, Zündspule, Verteiler, Benzinpumpe, Anlasser, Unterbrecherkontakte, Keilriemen, Kupplung, Regler u. a.

Persönliche Ausrüstung

Gesundheit und Hygiene:
In allen Fragen von Impfungen, häufigen Erkrankungen auf ›exotischen‹ Reisen, Zusammenstellung einer Notfallapotheke usw. gibt ein kleines Heftchen erschöpfend Auskunft, das gegen Erstattung der Kosten (z. Z. 3,50 DM + 1 DM Porto) vom Tropeninstitut München an alle Interessenten verschickt wird. Da hierin auch Behandlungsvorschläge und Erkennungs-Symptome genannt werden, empfiehlt sich die Mitnahme dieses kleinen Heftchens auf die Reise.

Wasser und Lebensmittel:
Ich habe mir angewöhnt, für die gesamte Dauer meiner Reisen Trinkwasser (nur Trink-Wasser!) aus Deutschland mitzuführen. Natürlich ist dies nur möglich bei Reisen, die einen bestimmten zeitlichen Rahmen nicht überschreiten. Das Wasser sollte in trinkwassergeeigneten Kanistern mitgeführt werden. Tip: Krankenhäuser haben oft große Mengen an leeren Dialyse-Kanistern, die sie gerne an Sahara-Fahrer loswerden.

Empfehlenswert:
Feldflasche mit Filzumhüllung, durch Anfeuchten Kühlhaltung möglich, jedoch immer nur für die gerade benötigte Menge. Von großen Leinenwassersäcken halte ich nicht viel: Der Wasserbedarf zur Kühlhaltung der gesamten enthaltenen Menge ist m. E. zu groß. Wasser aus anderen Quellen sollte immer abgekocht werden. Auch ist eine allmähliche Gewöhnung an schlechte Wasserqualität möglich, aber dies schützt nicht vor Krankheiten. Es werden eine relativ große Zahl unterschiedlicher Filtersysteme angeboten, die aus jedem Wasser hygienisch unbedenkliches Trinkwasser bereiten. Dazu sind auch Entkeimungsmittel in der Lage, bei denen jedoch vor Überdosierung gewarnt werden sollte.
Die Versorgungsmöglichkeiten mit Lebensmitteln sind in allen Sahara-Oasen sehr begrenzt. Am besten versorgt sind libysche Butiken, aber auch hier ist die Auswahlmöglichkeit für den verwöhnten Europäer mehr als bescheiden. Bleibt nur die Mitnahme von Dauerprodukten in größerem Umfang.

Die Versorgung mit Frischobst sollte in den nordafrikanischen Ortschaften erfolgen (z. B. Orangen,
Datteln), weiter im Süden fehlt oft das Angebot
oder ist knapp und teuer. Frisches Brot ist überall
erhältlich, von Engpässen (häufig in Algerien)
kurzfristiger Art abgesehen. Gleiches gilt für Zigaretten. Sorgen Sie rechtzeitig für Proviant.

Kleidung und Schlafen:
Beachten Sie in den Klimatabellen die für die gewählte Reisezeit gültigen Werte und Sie werden
wissen, was Sie mitzunehmen haben. Denken Sie
insbesondere an eine Sonnenbrille, die dunkler ist
als man sie in unseren Breiten verwenden würde.
Frauen sollten bedenken, daß in muselmanischen
Ländern eine europäisch lockere Bekleidungsform
echte Gefahren heraufbeschwört, die u. U. nicht
bei ›vorübergehenden Handgreiflichkeiten‹ enden!
Nach einer Reihe schlechter Erfahrungen (Skor-
pione, Spinnen) halte ich das Schlafen im Freien
grundsätzlich für bedenklich. Schlafen Sie nur im
reinen Wüstengebiet im Freien und nur auf harten
sandigen Flächen, suchen Sie die Umgebung nach
Spuren ab, drehen Sie alle Steine um. Im Freien be-
lassene Schuhe sollten am Morgen grundsätzlich
umgekehrt und heftig aufgestoßen werden, bevor
man hineinschlüpft. Während im Winter bei Temperaturen um oder unter dem Gefrierpunkt ein guter Daunenschlafsack herrlich sein kann, erfüllt in

Sommernächten ein klatschnasses Handtuch bei
Durchschnittsnachttemperaturen um oder über 30
Grad denselben Zweck.

Photo und Film:
Entgegen Beteuerungen von parteiischen Berufs-
photografen habe ich bei nichtgekühlten Filmen
schon oft Hitzetrübungen erlebt. Meine Filme sind
seither immer in Plastik-Boxen, die mit einem
Handtuch umwickelt sind, das ständig feucht gehalten wird. Die Kamera kommt in eine Plastiktüte,
die auch vor Staub schützt, drumherum auch wieder ein naßes Handtuch. Ähnlich wie im Schnee
neigt der Belichtungsmesser auch im Sand bei
Sonne zu einer Überreaktion – die Bilder werden
zu dunkel, öffnen Sie also die Blende um einen halben oder ganzen Wert. Ersatzbatterien mitnehmen!
Sehr wichtig ist das Beachten von Photographier-
verboten. In Mali bedarf es grundsätzlich einer
Photographiererlaubnis, die jedoch problemlos erteilt wird. Im Niger dagegen ist das Filmen auch mit
Super-8 verboten, eine Genehmigung ist nur
schwer erhältlich. Wer mit 16-mm-Kamera unterwegs ist und keine spezielle Erlaubnis hat, kann von
Glück reden, wenn er seine Kamera wieder mit
nach Hause bringt.
Respektieren Sie die Photo-Scheu Ihrer Opfer!

Anreise und Formalitäten

Wie immer Sie Afrika auf dem Landweg erreichen wollen, eine Fährverbindung ist in jedem Falle erforderlich. Von West nach Ost fortschreitend seien folgende Möglichkeiten aufgezählt:
Algeciras – Tanger (mehrmals täglich), Algeciras – Ceuta (mehrmals täglich), Malaga – Melilla, (mehrmals wöchentlich), Almeria – Melilla (mehrmals wöchentlich), Sête – Tanger (wöchentlich), Marseille – Algier oder Oran (täglich), Genua – Tunis oder Algier (wöchentlich), Neapel – Tunis (wöchentlich), Palermo – Tunis (wöchentlich), Venedig – Alexandria (wöchentlich), Ancona – Alexandria (wöchentlich).
Für manche Länder, die von den genannten Fährlinien angelaufen werden, gibt es Beschränkungen für Fahrzeuge in bestimmten Größenklassen. Dies gilt häufig schon für den Unimog. Marokko ist derzeit für Lkw ganz gesperrt, für Algerien ist eine Sonderbewilligung erforderlich.
Eine Reihe der für Sahara-Reisen interessanten Länder verlangen von Bundesbürgern Visa, z.Z. Marokko, Algerien, Mali, Libyen (Paß auf arabisch übersetzen lassen), Ägypten und Sudan. Die sonst benötigten Papiere und Formalitäten finden Sie auf dem jeweils aktuellen Stand in den Unterlagen der Automobil-Clubs. Es sei hier besonders darauf hingewiesen, daß in den meisten afrikanischen Ländern eine schriftliche Vollmacht erforderlich ist, wenn Sie ein Fahrzeug fahren, daß nicht auf Ihren Namen zugelassen ist, auch wenn es sich bei der in den Papieren vermerkten Person z.B. um Ihre Ehefrau bzw. Ihren Ehemann handelt! Entsprechende Vordrucke gibt es bei den Automobil-Clubs. Lassen Sie den Versicherungsschutz für das Reisefahrzeug in der grünen Karte auf die von Ihnen bereisten Länder ausdehnen (Tunesien!), in manchen Ländern müssen Sie ohnedies eine besondere Versicherung an der Grenze abschließen (Libyen, Algerien). Devisenkontrollen werden oft streng eingehalten! Bringen Sie sich nicht in erhebliche Schwierigkeiten, indem Sie bei der Ausreise die deklarierten Devisen nicht in Höhe der vermerkten Beträge vorweisen können! Achten Sie hierauf ganz besonders in Algerien. Die Schwarzgeld-Kurse liegen i.a. beim ungefähr doppelten Wert des offiziellen Kurses.

Fahren auf Pisten und im Gelände

Es ist noch kein Meister vom Himmel gefallen – alles ist lernbar. Für das Fahren außerhalb asphaltierter Straßen gibt es einige wichtige Besonderheiten, die zu kennen entscheidende Vorteile mit sich bringt. Nicht nur die Ausrüstung trägt ihren Teil zum Gelingen einer Sahara-Reise bei, mehr noch ist sorgfältiges Fahren von Bedeutung.
Daß die Sahara nicht nur aus Sand besteht, hat

sich in der Zwischenzeit herumgesprochen. Was ›Wellblech‹ ist, ist den wenigsten bekannt. Es ist die unangenehmste, strapaziöseste und – auch das noch – auf den gängigsten Durchgangsstrecken häufigste Pistenform: Unter Einwirkung der Schubwirkung der Räder und ihrem Aus- und Einfedern hat sich die Oberfläche zu Wellen ›aufgeschwungen‹. Höhe und Abstand dieser Wellen hängt wesentlich von der Beschaffenheit des Untergrundes ab. Im losen Sand gibt es kein Wellblech, eine bestimmte Mischung aus Steinen in Kieselgröße und einem bindigen Untergrund bietet dagegen optimale Voraussetzungen. Lkw die häufig für das Vorhandensein von Wellblech verantwortlich gemacht werden, sind dazu nicht erforderlich. Jede Art von Fahrzeugen ist in der Lage, Wellblech entstehen zu lassen, Art und Höhe des Wellblechs werden vielmehr von der Häufigkeit des Verkehrs beeinflußt. Man liest immer wieder, daß die einzige Möglichkeit dem Wellblech zu entgehen darin besteht, möglichst schnell zu fahren. Das ist auf keinen Fall richtig. Richtig ist, daß es Geschwindigkeiten gibt, die man auf Wellblech in keinem Fall fahren darf. Bei einem Tempo von sagen wir 20 km/h, rollt das Rad jede Welle aus, auf, ab, auf, ab, der Wagen bewegt sich kaum in der Federung, er macht die Bewegung des Wellblechs mit. Steigert man die Geschwindigkeit, ist die Masse des Wagens zu träge, er kann der Radbewegung nicht folgen. Es kommt dann die Geschwindigkeit, wo nur noch die Räder dem Auf und Ab des Untergrunds folgen, dieses auf und ab steigert sich mehr und mehr, irgendwann stößt das Wellblech das Rad im ›optimalen‹ Zeitpunkt ab, das Rad gerät in eine Eigenschwingung, die durch das Wellblech aufrechterhalten und verstärkt wird, das Rad tanzt von Anschlag zu Anschlag, ein Einhalten dieser Geschwindigkeit würde den Wagen in kürzester Zeit ruinieren. Steigert man die Geschwindigkeit weiter, wird diese Eigenfrequenzfolge überwunden,

das Rad wird nicht mehr ›optimal‹ angestoßen, es berührt nicht mehr regelmäßig die Wellen des Untergrunds, da es in den Zwischenintervallen nicht mehr in jedes Wellental fällt. Mit weiter zunehmendem Tempo kommt der Punkt, bei dem das Rad nur noch die Spitzen der Wellen berührt, es bleibt relativ ruhig und stabil auf dieser Höhe, das ganze Fahrzeug wird ruhig. Diese Geschwindigkeit ist die unter dem Gesichtspunkt eines zügigen Vorankommens einzige, die gewählt werden darf. Das von Wellenspitze zu Wellenspitze eilende Rad hat nur noch wenig Bodenkontakt und reagiert deshalb nicht spontan auf Lenk-, Brems-, und Beschleunigungseinflüsse. Bei welcher Geschwindigkeit dieser Punkt erreicht wird, ist von Fahrzeug zu Fahrzeug unterschiedlich, Reifen und Luftdruck bestimmen den Punkt wesentlich mit. Lkw sind häufig schon mit ca. 40 km/h ›obenauf‹, meine Peugeots erreichten den Punkt meist um ca. 60 km/h, VW-Busse dagegen müssen oft mit 80 km/h über die Waschbrettpiste gejagt werden, um ruhig zu werden.

Aber eine Piste ist eine Piste: Da liegt hinter der nächsten Kurve eine Düne oder ein großer Stein oder beim letzten Regen wurde eine metertiefe Rinne ausgewaschen. Wer sich jetzt nicht rechtzeitig einbremsen kann, riskiert den Wagen. Um so höher die Geschwindigkeit, um so höher natürlich auch das Risiko, da der ohnehin lange Bremsweg noch verlängert wird. Ich huldige deshalb seit längerem und – natürlich – nach einigen schlechten Erfahrungen dem Prinzip, lieber langsam die Wellblechstrecke abzuhoppeln, als hinter der nächsten Kuppe den Wagen zu Schrott zu fahren. Wellblech ist zwar wie eingangs erwähnt die häufigste Erscheinung auf großen Pisten, aber oft gibt es Ausweichmöglichkeiten, so daß die Kilometer, die man insgesamt gezwungen ist, mit 20, 25 km/h dahinzuhoppeln, doch relativ wenige sind.

Bleibt als Ergebnis dieser Wellblech-Ausführun-

222

gen festzuhalten: Luftdruck herabsetzen, bis bei ca. 60 km/h die erste Ruhig-Geschwindigkeit erreicht wird – oder mit 20 km/h die unabwendbaren Stücke entlanghoppeln.

Sand! Für den Pistenfahrer ist es wichtig, außerhalb der Spuren anderer Fahrzeuge zu bleiben (nicht für Lkw!), ganz besonders gilt es, tief ausgefahrene Spuren zu vermeiden, die das Fahrzeug womöglich mit der Karosserie aufsitzen lassen. Achten Sie auf den Verlauf der Piste, wenn Sie sich von den ausgefahrenen Spuren entfernen, vergewissern Sie sich immer wieder durch Annäherung an die Spuren, daß Sie noch richtig sind. Halten Sie den Wagen in Schwung, schalten Sie rechtzeitig in den nächstniedrigen Gang. Dennoch – irgendwann wird der Zeitpunkt gekommen sein, an dem der Wagen hängt, er sandet ein. Jetzt nur nicht versuchen, mit Hilfe des Motors den Wagen frei zu bekommen, in kürzester Zeit sitzt die Achse, die ganze Karosserie auf, dann heißt es schaufeln. Sobald der Wagen zum Stillstand kommt, haben die Antriebsräder nichts mehr zu mahlen! Jetzt kommen die Bleche raus, die Vorderräder werden geradeaus gestellt, der kleine Sandwall vor ihnen entfernt, die Reifen möglichst gut freigelegt und dann die Bleche vor die Antriebsräder gelegt. Die Reisegefährten dürfen schieben, und ohne langes Schleifenlassen der Kupplung muß sich der Wagen auf das Blech hochziehen, nimmt auf ihm Anlauf, kommt hoffentlich mit diesem Schwung so weit, daß ein neuerliches ›Blechen‹ nicht nötig ist. Falls doch, geht das Spielchen von vorne los. Je niedriger der Luftdruck, desto größer die Auflagefläche der Reifen, desto besser die Sandgängigkeit. Gute Reifen, besonders solche in HR- oder VR-Ausführung, halten auch über lange Strecken Luftdrücke von 0,5 bis 1,5 aus. Wichtig ist bei Schlauchreifen, daß sich dabei ausreichend Talkum zwischen Schlauch und Reifen befindet. Das erleichtert das Walken und schont den Schlauch.

Ganz besonders problematisch ist Sand dort, wo es nicht möglich ist, die tief ausgefahrenen Spuren zu verlassen, etwa wegen Bewuchs oder wegen zu großer Steine. Für normale Fahrzeuge (das gilt mitunter sogar für den Unimog) kann dabei die Bodenfreiheit überfordert sein, der Mittelwall wird zu hoch. Jetzt heißt es, mit zwei Rädern unten in der Spur, mit den anderen beiden hoch oben auf dem Mittelwall oder am Seitenrand zu fahren. Dabei kommen oft abenteuerliche Schräglagen zustande. Mit starkem Vorderradeinschlag, damit der Wagen nicht vom Wall oder von der Kante rutscht, düst man durch die Spur, bemüht, die Geschwindigkeit bei hoher Motordrehzahl möglichst zu halten. Wird der Vorderradeinschlag zu groß, geht die Geschwindigkeit zurück, hilft vor dem Aufsitzen auf dem Mittelwall oft noch eine Radikallösung: Man wirft den Wagen über den Mittelwall auf die andere Seite. Wichtig ist dabei nur, daß der Mittelwall rasch überquert wird, in einem nicht zu flachen Winkel, damit die Aufsetzphase so kurz wie möglich bleibt und durch das Zurücknehmen des Lenkeinschlags und die kurze Befreiung von Wall oder Kante etwas Tempo aufgenommen werden kann.

Die schlimmste und gefährlichste Sandform sind beileibe nicht die Dünen (auf die wir auch noch zu sprechen kommen), sondern das ist Sand, der mit großen Steinen durchsetzt ist, ein Zustand, der sich oft in Wadis findet. Erstens ist der Sand an solchen Steinen oft weicher als anderswo, die Steine bieten Windschutz, so wird der Staub nicht in gewohntem Maße ausgeweht, zweitens kann man nicht mit Tempo in den Sand hineinfahren, drittens sind bremsende Lenkkorrekturen nötig. Auch hier gilt die Regel: Lieber rechtzeitig die Sandbleche auspacken, als den Wagen an einem Stein riskieren. Den Luftdruck in solchen Situationen stark zu ermäßigen, ist wegen der dann noch geringeren Bodenfreiheit oft nicht möglich.

Dünen sind herrlich anzusehen, fordern aber zum

Befahren ein Höchstmaß an Konzentration, wie sonst keine Geländeform. Als Windgebilde sind Dünen häufig fester als Sand im ebenen Gelände, zumindest gilt dies für die Luv-Seiten der Dünen, wo sich harter Preß-Sand findet. Die Sandverhältnisse ändern sich auf kürzesten Strecken, das Gelände ist unübersichtlich, steile Anstiege, steile Abfahrten – das erfordert die ganze Aufmerksamkeit. Ein schräges Überfahren eines Dünenkammes kann bei hohen Aufbauten zum Kippen des Fahrzeugs führen, ein zu schnelles zum Überschlag nach vorn. Fährt man zu langsam, bleibt der Wagen genau oben auf der Kuppe hängen, alle vier Räder in der Luft.

Steine und Berge sind Kupplungsmörder! Steinige Strecken müssen oft sehr langsam gefahren werden, so langsam, daß beim Fehlen eines speziellen sehr kurz übersetzten Geländeganges die Leistung nur mit schleifender Kupplung in den Wagen gebracht werden kann. Das quittiert diese nach stinkigem Gequalme mit einem Einstellen ihrer Dienste. Wagen ohne Geländeuntersetzung können nur ausladen, das Gewicht so niedrig halten wie möglich. Alle verfügbaren Helfer schieben, Wegebau wird betrieben durch Beiseiteräumen von Steinen und durch Auslegen der Sandbleche an den schwierigsten Stellen.

Staub: Bei deutschen Saharafahrern hat sich die Faustformel ›Staub hat Steine‹ gebildet. Staub liegt oft wie Wasser in pfützenartig anzusehenden Löchern. Beim Einfahren in solche Löcher spritzt der Staub wie Wasser zur Seite, im Gegensatz zu Sand ist sein Tragvermögen gleich Null. Da Staub fast immer in Verbindung mit Steinen vorkommt (die Steine garantieren sein Vorhandensein, da ohne Steine der Staub durch den Wind weggeweht werden würde), fährt das Fahrzeug ohne dämpfende Schicht auf die Steine auf. Im Staub gilt also immer die Regel, so sachte wie möglich zu fahren.

Auch eine Piste ohne ausgeprägte Charakteristika erfordert immer viel Aufmerksamkeit. Ein guter Pistenfahrer weiß immer auf den Zentimeter genau, wo seine Räder laufen, der Könner weiß auch in Kurven, wo sich Vorder- und Hinterräder befinden. Ein Stein (als Hindernis) läßt sich dann so umfahren, daß das Vorderrad auf der linken, das Hinterrad auf der rechten Seite des Steines vorbeifährt. In bestimmten Situationen kann es sinnvoll sein, den Wagen in den Drift zu nehmen, um die Hinterräder auch in einer Kurve genau in die Spur der Vorderräder zu zwingen.

Wasser kann man auch in der Sahara erleben, z.B. wenn eine Furt durch weit entfernte Gewitter unter Wasser steht oder bei Unwettern. Beim Durchfahren von Wasser gilt immer die Regel, sehr sehr langsam zu fahren, Schrittempo. Steht das Wasser so hoch, daß der Motorblock in Berührung mit ihm kommt, muß der Motor vorher ausgekühlt sein, um einen Temperaturschock zu vermeiden. Dies gilt besonders bei luftgekühlten Motoren.

Die größte Gefahr einer Sahara-Reise besteht außer in Unfällen darin, die Piste zu verlieren und nicht mehr zu wissen, wo man sich befindet. Man hält dieses Risiko klein, durch eine aufmerksame Beobachtung der Piste und der Markierungen. Auch wenn man glaubt, auf der richtigen Piste zu sein, empfiehlt sich eine laufende mindestens ungefähre Orientierung nach der Himmelsrichtung im Vergleich zu der in der Karte eingetragenen Pisten-Richtung. Zu diesem Zweck ist ein Kompaß unerläßlich! Auch wenn man außer einer Reise auf der Hoggar-Route, der am stärksten befahrenen Strecke in der Sahara, nichts weiter im Schilde führt! Die hoch oder auch senkrecht stehende Sonne verhindert oft eine Orientierung an ihr. So bleibt der Kompaß als einzige wirklich zuverlässige Orientierungshilfe. Gute Karten tun ein übriges. Hat man sich verfahren, heißt es zunächst, klaren Kopf zu behalten und seine Situation genau zu überdenken. Suchaktionen nach einer verlorenen

Der schwierige ›Einstieg‹ zu den Seen von Mandara, Traum aller Sahara-Fahrer.
Beispiel für die Streckenführung im Dünengelände. Die gekreuzelte Linie kann von sehr guten Geländefahrzeugen mit geringer Beladung gewählt werden, alle anderen Fahrzeuge müssen erst im Kessel Schwung holen, um die Groß-Düne bewältigen zu können.

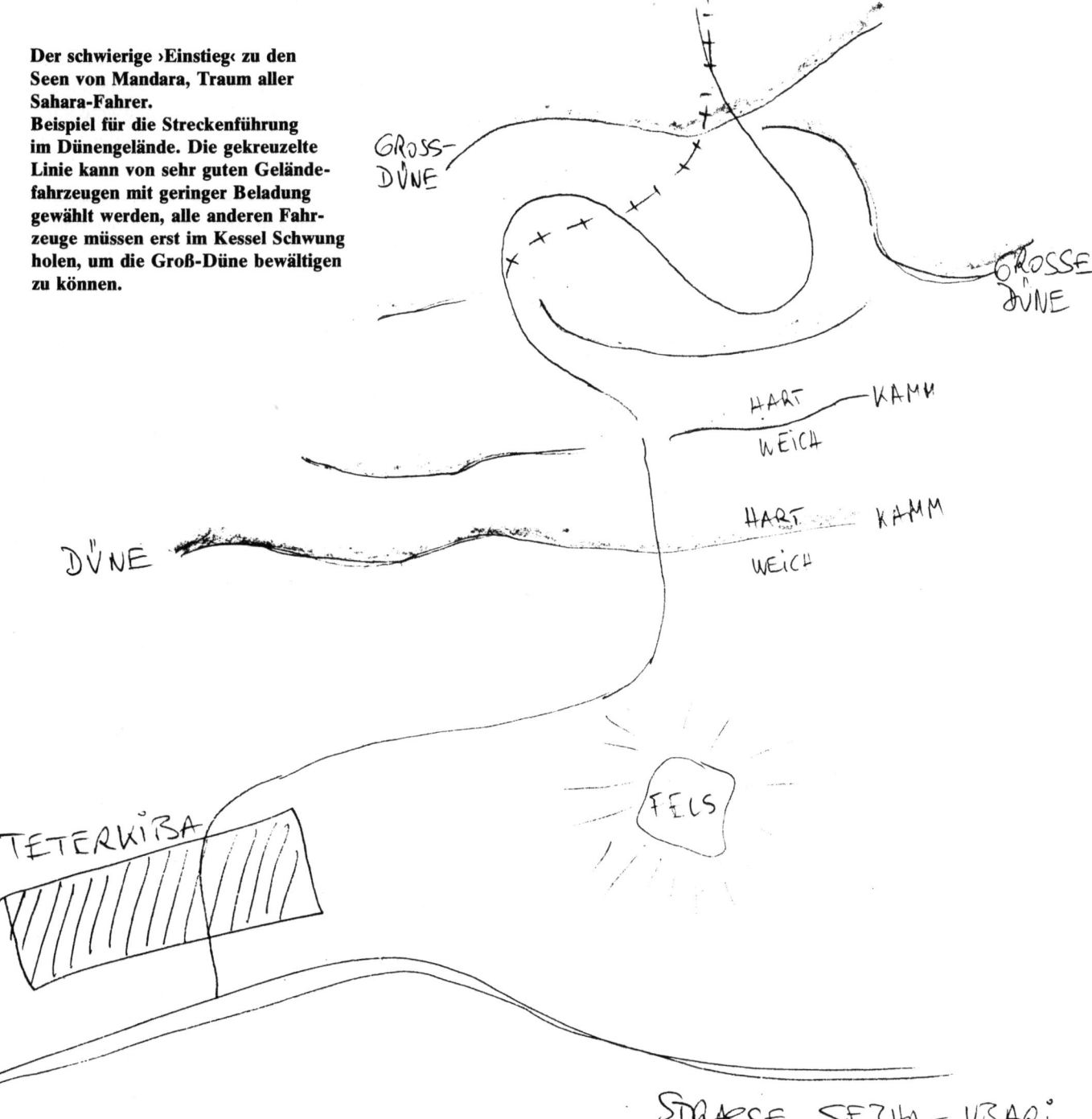

225

Piste sollten immer so erfolgen, daß dabei die Verwirrung und Verirrung nicht noch größer wird. Für mehrere Fahrzeuge gilt abseits der Piste immer die Regel, unbedingt zusammenzubleiben. Hängt man mit einem Fahrzeug abseits einer Piste aufgrund einer Panne oder aus anderen Gründen fest muß man unbedingt beim Fahrzeug bleiben und sich darum bemühen, andere Reisende irgendwie auf sich aufmerksam zu machen. Ein in Flammen stehender Reifen, mit Benzin übergossen, ergibt ein unwahrscheinlich qualmendes Feuer. Mit einem Kosmetikspiegel lassen sich Blinkzeichen über Kilometer weiterleiten. Es ist gut, wenn Sie vor der Reise etwas über Survival-Methoden gelesen haben.

Wartung und Reparaturen

Machen Sie es sich zur Regel, jeden Morgen vor dem Wegfahren Öl und Wasser zu kontrollieren Sehen Sie unter entsprechenden Verhältnissen regelmäßig nach dem Luftfilter, kontrollieren sie täglich die wichtigsten Befestigungspunkte, kontrollieren Sie den Stand der Batteriesäure. Nach besonders schlechten Etappen empfiehlt sich ein Durchschmieren des Wagens. Ölwechsel sollten nicht nach gefahrenen Kilometern, sondern nach verbrauchten Litern Treibstoff vorgenommen werden, dabei ist jedesmal auch der Ölfilter zu wechseln.

Die auf Sahara-Reisen häufigste Reparatur dürfte das Flicken von platten Reifen sein. Hierzu eine Anleitung: Hat sich der Reifen nicht schon von der Felge gelöst, fahren Sie mit einem Rad vorsichtig direkt neben der Felge auf den Reifen, wobei ein Mitreisender auf das defekte Rad stehen muß, damit es sich nicht hochstellt. Eine andere Methode, den Reifen von der Felge zu ›brechen‹ ist, den Wagenheber direkt zwischen Felge und Reifenwulst zu stellen und dann den Wagen langsam hochzubokken. Ist ein sehr schwerer Hammer verfügbar, läßt sich der Reifen auch damit durch Schläge von der Felge bringen. Der Reifen ist jetzt von der Felge gelöst, Sie drücken ihn auf der dem Ventil genau gegenüberliegenden Seite mit den Füßen ins Tiefbett der Felge, hebeln mit dem Montiereisen beim Ventil den Reifenwulst über die Felgenkante. In dieser Position halten Sie ihn entweder mit dem zweiten Montiereisen oder auch mit einem großen Schraubenzieher, hebeln nicht weit daneben noch ein weiteres Mal den Reifen über das Felgenhorn, dann noch mal, dann noch mal und so weiter bis der Reifen auch auf der dem Ventil gegenüberliegenden Seite über die Felgenkante zu ziehen ist. Jetzt wird der Schlauch herausgenommen und das Loch gesucht. Ist dieses gefunden, legt man den Schlauch wieder aufs Rad, so wie er zuvor im Reifen war. Ventil und Ventilloch in der Felge sind Orientierungspunkte. Dort wo das Loch im Schlauch ist müssen Sie den Defekt am Reifen suchen und ggf. beseitigen (z.B. ein Nagel, eine Dorne usw.). Der Schlauch wird geflickt, geprüft, mit Talkum gut eingerieben ebenso das Innere des zuvor gereinigten Reifens. Leicht aufgeblasen bringt man den

Schlauch wieder ein, zieht das Ventil ins Ventilloch und hält es dort fest. Wieder drückt man den Reifen an der vom Ventil abgewandten Seite ins Tiefbett, am besten geht das mit den Füßen.

Dann wird der Reifen Stück für Stück wieder über den Felgenwulst gehebelt, wobei darauf zu achten ist, daß das Montiereisen nicht den eben eingezogenen Schlauch verletzt. Der Reifen wird dann auf einen hohen Druck gepumpt, damit er gut ins Felgenbett rutscht. Anschließend Radmontage, Luftkorrektur. Wenn Sie Glück haben, ist der Reifen nach dieser Aktion wieder dicht!

Was Sie sonst noch an Reparaturen zu bewältigen haben, hängt weitgehend von den Pannen, den mitgeführten Ersatzteilen, ihrem Können, dem vorhandenen Werkzeug usw. ab. Einheimische sind in der Regel alle gelernte Automechaniker. Sie werden immer wieder erstaunt sein, wie geschickt sie irgend etwas instand setzen, wie einfallsreich sie im Improvisieren sind. Wenn gar nichts mehr geht, bleibt nur noch die Möglichkeit, den Wagen zu schleppen. Als Schleppfahrzeug sollten Sie einen im Vergleich zum eigenen Fahrzeug nicht zu großen Partner wählen. Ein großer Lkw reißt Ihnen u. U. das Auto entzwei, ohne davon auch nur etwas zu merken, vorausgesetzt, das Seil ist stabil genug.

Autoverkauf in Afrika

Der Autoverkauf im Zielland ist oft die einzige Möglichkeit, bei begrenzter Zeit eine gute Reise zu unternehmen. Wer drei Wochen unterwegs ist, um nach Westafrika zu kommen, benötigt auch wieder drei Wochen, um wieder zurück in Europa zu sein. Der Autoverkauf geht oft erstaunlich schnell, vorausgesetzt Sie akzeptieren auch ein niedriges Preisangebot. Hier noch einige Tips:

Wenn Sie an einen Verkauf in Afrika denken, wählen Sie schon hier ein entsprechendes Fahrzeug. Gängig sind ausschließlich französische Fahrzeuge, sofern es sich um Pkw handelt. Lkw können nicht groß und nicht einfach genug sein, Pritschen sind gegenüber Kastenwagen vorzuziehen. Die Marken Mercedes, Berliet und Saviem kommen vor allem in Frage. Bei Pkw sind Benziner vorzuziehen. Wählen Sie ein nicht zu kleines Fahrzeug. Sehr bewährt haben sich Peugeot 404 und 504 in GL- und Break-Ausführung.

Beim Verkauf ist zu beachten: Verkaufen Sie nicht, wenn Sie einen Stempel des betreffenden Landes im Carnet haben. Erst muß der Verzollungsstempel vorhanden sein. In Ländern mit Devisenkontrolle ist der Verkauf fast nicht möglich. Länder wie Algerien, Nigeria und Ghana scheiden damit fast aus. Erkundigen Sie sich bei Europäern, die sie unterwegs treffen, nach den Verkaufsriten, sie sind meistens genauso fest eingeschliffen wie die Handelsorte, oft ändern sich aber bestimmte Vorschriften hinsichtlich Verzollung u. a. Übertragen Sie immer die Verzollung und die ›Legalisierung‹, d. h. die Bestätigung des Verkaufs auf der Polizei, dem Käufer. Wenn immer möglich, überwachen Sie, daß dies auch durchgeführt wird. Bereiten Sie Ihren Abflug rechtzeitig vor und verschwinden Sie nach dem Verkauf so schnell wie möglich. In der Regel wird es nicht möglich sein, den Wagen ohne Schlepper, bzw. Vermittler zu verkaufen. Diese bekommen üblicherweise 5 Prozent des Kaufpreises von Ihnen, handeln Sie diesen Satz zuvor eindeutig aus. Erteilen Sie niemals schriftliche Auskünfte oder gar Aufträge den Verkauf betreffend.

Erhoffen Sie sich vom Verkauf des Fahrzeugs keinen Gewinn. Sie müssen froh sein, wenn die Anschaffungskosten und ein Teil der Reisekosten wieder herauskommen. Die westafrikanischen Länder werden derzeit von Touristenautos regelrecht überflutet, was für Sie im Zweifel den Vorteil hat, daß sich niemand darüber wundert, daß Sie Ihr Fahrzeug verkaufen wollen. Wundern aber auch Sie sich nicht darüber, wenn Sie von algerischen Zollbeamten, die ja genau wissen, wohin Sie mit Ihrem Peugeot wollen, als Geschäftsreisender eingestuft und entsprechend behandelt werden.

Viel Glück!

und nun gute Reise.